Harper
Collins

Alexander Kissler

DIE INFANTILE GESELLSCHAFT

Wege aus der selbstverschuldeten Unreife

HarperCollins

HarperCollins®

FSC
MIX
Papier
FSC® C083411

2. Auflage: Oktober 2020

Originalausgabe

Umschlaggestaltung: Hißmann, Heilmann, Hamburg
Umschlagabbildung: plainpicture / Lubitz + Dorner
Lektorat: Judith Schneiberg
Satz: GGP Media GmbH, Pößneck
Printed in Germany
Dieses Buch wurde auf FSC®-zertifiziertem Papier gedruckt.
ISBN 978-3-7499-0014-5

www.harpercollins.de

»Peter Pan ist da und wird uns das Fliegen beibringen.«

J. M. BARRIE

INHALT

1

BABYS IN MITTLEREN JAHREN

Was uns in diesem Buch erwartet
und worauf wir unbedingt hoffen sollten

Wir leben in ernsten Zeiten und sind dennoch eine infantile Gesellschaft. Dieses Buch handelt von beidem. Von der Art, wie wir miteinander umgehen, und von den Strategien, uns den anderen vom Leib zu halten. Von der Mündigkeit, auf die wir lustvoll verzichten, und von den Wegen heraus aus der Unreife. Von der Verantwortung, die wir bei anderen einklagen, und der Verantwortung, die wir selbst scheuen, als wären wir Kinder. Und wie beides zusammenhängt, obwohl es paradox erscheint. Dieses Buch handelt von zwei Seelen in unser aller Brust, auch in meiner. Ich muss Sie darum warnen: Auch von mir wird in diesem Buch die Rede sein.

Die infantile Gesellschaft ist keineswegs eine Erscheinung neueren Datums, wenngleich sie nie ausgeprägter schien als heute. In einem Aufsatz von 1932, erschienen an Heiligabend im »Chicago Herald«, klagt der Schriftsteller Aldous Huxley: Bereits zu Beginn des 19. Jahrhunderts habe ein »morbider Kult des Infantilen« eingesetzt. Dessen Spuren verfolgt der Autor von »Schöne neue Welt« zurück zu seinen Schriftstellerkollegen William Wordsworth und Charles Dickens. Von Wordsworth stammt der erstaunliche Satz, das Kind sei der Vater des Mannes. Aldous Huxley hält dagegen: »Für alle früheren Autoren war der Mann immer und ganz fraglos der Vater des Kindes; mit anderen Worten, die erwachsenen Interessen und Werte standen auf einer höheren Stufe als die der Kindheit.« Dieses Verhältnis habe sich seitdem umgekehrt.

Charles Dickens sei auf dieser falschen Spur weitergeschritten, sodass »die höchste Form des Menschentums« plötzlich nicht mehr »der erwachsene Heros« war, sondern »das Baby in mittleren Jahren«. In seinem Roman über die »Pickwickier« (1836) habe Dickens »kahlköpfigen alten Windelnässern« den »Heiligenschein köstlicher Lächerlichkeit« verliehen. Vollendet wurde die »Mythologie des Infantilen« durch Peter Pan, jenen Knaben, der nie erwachsen wird. Diese Geschichte, folgert Huxley, hätte ohne das Bedürfnis der Leute, »sich im Kindischen zu suhlen«, keinen derart großen, keinen allgemeinen Erfolg gehabt. Was folgt daraus? Nichts Gutes. Huxley schließt scharf und bitter: »Der Kult des Kindischen hindert die Menschen daran, während der letzten zwei Drittel ihrer natürlichen Existenz sinnvoll zu leben.«

Rund neunzig Jahre später können wir diese Befürchtung auf die Gesellschaft übertragen. Sinnvolles Leben, sinnvolle Politik sind kaum möglich, wenn das Unreife zum Leitbild erhoben wird. Mit dem Kindischen ist freilich nicht das Kindliche gemeint. Das Kindische ist Nicht-Kindern vorbehalten. Kinder verhalten sich sehr zurecht kindlich. Kindische Erwachsene sind Erwachsene im Stand selbstverschuldeter Unreife. Kindisch ist es, so zu tun, als wäre man, was man nicht mehr ist: Kind. Kindisch nennen wir den inszenierten Rückfall in eine abgelebte Zeit. Infantilität ist ein einziges großes So-tun-als-ob. Unernst ist es dem Sinn nach, bitterernst wird es ausgeführt. Peinlich kann es werden.

In unserer gegenwärtigen Gesellschaft stoßen wir auf viele machtvolle Infantilismen. Teils dienen sie politischen, teils wirtschaftlichen Interessen. Manchmal sollen sie auch ein Ich vor der Verantwortung für sein Tun schützen. Oder eine Gruppe davor bewahren, gewogen und für zu leicht befunden zu werden. Erwachsene sind nicht zufällig kindisch. Sie sind es, weil sie es sein wollen. Sie inszenieren sich als unmündig, um nicht zur Rechenschaft gezogen werden zu können. Sie greifen zu vorreifen Verhaltensweisen, um ewig unverbindlich spielen zu können. Und werden so zum Spielball der anderen. Darin liegt die Nachtseite von so viel Kinderei, die Gefahr. Der kindische Mensch wird schnell zum manipulierten Bürger – oder zum skrupellosen Machthaber.

Dabei ist die Theorie hinter der Rückverwandlung des Menschen ins Kind, das er war, nicht von vornherein destruktiv. Aus dem Knaben im Mann, dem Kind im Menschen könnte ein ursprüngliches, unverbogenes Dasein sprechen. Das innere Kind soll die Quelle sein zu einem echten Leben, nicht entstellt von Konvention, Tradition, Bildung. Der authentische Mensch wird im Kind verherrlicht. Insofern ist der Ahnherr unserer kindischen Gegenwart der Philosoph Jean-Jacques Rousseau – ein schlimm missverstandener Rousseau freilich. Nicht Rousseauisten, sondern Vulgärrousseauisten sind die heutigen Helden des Kindischen. Rousseau empfahl keineswegs einer ganzen Gesellschaft, am Ende gar einer nach Milliarden zählenden Weltbevölkerung den Weg zurück zur Natur, ins Unvernünftige und zum Naturwesen Kind. Er plädierte für lokale, überschaubare Gemeinschaften, in denen sich Geist und Natur im Gleichgewicht halten. Er wollte keine kindische, sondern eine wahrhafte Gesellschaft, ohne Lug und Trug und Zärtelei. Für »alte Windelnässer« war da kein Platz. Wir werden von Rousseau in diesem Buch oft hören. Es lohnt sich, ihn zu lesen, vor allem seine Erziehungsfantasie »Émile«.

Leider biegen heute viele Zeitgenossen mit Rousseau falsch ab ins Zauberreich der Gefühligkeit – und in ein Bild von Natur, das ganz und gar unnatürlich ist. Ins Unermessliche gestiegen sind die Ratgeber und Erklärbücher, die in der Natur das einzige legitime säkulare Lehramt erblicken. Natürlich ist der Mensch ein Naturwesen, das mit der ihn umgebenden Natur schonend umgehen sollte. Natürlich schadet der Raubbau an den natürlichen Ressourcen dem Menschen am stärksten. Natürlich darf die Sonderstellung des Menschen in der Schöpfung den Homo sapiens nicht dazu verleiten, rücksichtslos alles auszubeuten, was nicht Mensch ist, und so am Ende den Menschen auch. Keineswegs aber hält die nichtmenschliche Natur ein geheimes Wissen bereit, das allein dem verbildeten Menschen den Weg weist zurück zu Glück und Zufriedenheit. Wo Fuchs und Igel sich Gute Nacht sagen, sagen sich Igel und Fuchs Gute Nacht – und halten keinen kategorischen Imperativ für den Menschen bereit, errichten keine Lehrsäle für traurige Großstädter. Vögel singen nicht, Bäume wachsen nicht, weil sie damit Menschen trösten wollen, sondern weil sie tun, was nach Vogelart und Baumart ihre Sache ist. Schön, dass sie's tun.

Besonders deutlich zeigt sich ein kindischer Blick auf die belebte Natur beim Kult um den Wolf. Deutschland ist Wolfsland geworden. Die Ankunft des Raubtiers fällt zusammen mit dem Aufstieg einer nervösen Republik, die vor ihren Abgründen Schutz sucht im Schoß der Natur. Da bietet der edel gewachsene Wolf eine ideale Projektionsfläche. Ungebunden streift er durch Lande, in denen er für ausgestorben galt. Seine Wiederkehr ist in dieser Perspektive das Gütesiegel für eine renaturierte Kulturlandschaft. So klatscht man Applaus, bringt seinen Kindern bei, man müsse vor ihm keine Angst haben – und steht stumm vor der Tatsache, dass Meister Isegrim ein reißendes Raubtier bleibt, das schon vielen Nutztieren den Garaus machte. Wölfe sind eben doch, wer hätt's gedacht, keine besseren Menschen.

Gilt es aber nicht wenigstens als ein Vorzug echter Menschen, der jungen, der minderjährigen, bessere Menschen zu sein? Das Bild vom kindlichen Orakel lässt sich weit in die Vergangenheit zurückverfolgen. Es ist keine spätmoderne Spezialität. Neu allerdings ist die flächendeckende Bereitschaft, dem Kindermund allgemein höchste Weisheitsgrade zuzusprechen. Von den Kindern solle man lernen, tönt es aus Politikermund. Auf die Kinder möge man hören, fordern Künstler und Wissenschaftler. Das eben ist dann doch eine kindische Zumutung zu strategischen Zwecken. Nicht Kindern ist vorzuwerfen, dass sie wie Kinder reden. Aber Erwachsenen ist vorzuwerfen, wenn sie Aussagen von Kindern nutzen, um ihre eigene erwachsene Agenda gegen Kritik zu immunisieren. Insofern sind nicht Greta Thunberg und die anderen kindlichen Klimaaktivistinnen ein Problem für unsere Demokratie. Wohl aber sind's Erwachsene, die meinen, in Kindern jenen Universaljoker gefunden zu haben, mit dem sie jede Debatte zu ihren Gunsten beenden können.

Auch Ökonomie und Kultur haben dem »Kult des Kindischen« (Aldous Huxley) die Pforten geöffnet. Einer Wirtschaft, die auf Bedürfnisbefriedigung und Bedürfniserzeugung setzt, wird man es vielleicht eher nachsehen, wenn sie in kindischen Formen auf Kundenfang geht. Sie bedient einen Markt, den es gibt und den sie ausweiten will. Freilich ist die Frage nach den sozialen Folgekosten nicht geklärt. Der Siegeszug niedlicher Lifestyle-Accessoires aus den Kinderzimmern hinein in die Erwachsenenwelt macht diese gewiss nicht vernünftiger, aufgeklärter, klüger. Und dass der elektronisch betriebene Roller, der E-Scooter, sich zur umweltverschmutzenden Gefahrenquelle entwickelt, kümmert einen echten Peter Pan nicht. Für ihn ist er erfunden worden. Früher fuhren Roller kleine Kinder, denen das Fahrrad zu kompliziert erschien. Heute soll die Großstadt-Elite nach Knabenart dahinrauschen.

Schutz vor der Reife bietet auch eine Verkleidungskultur, mittels der sich Erwachsene in Plüschtiere verwandeln oder das Kindsein simulieren. Oder Emojis benutzen anstelle von Worten. Da wundert es nicht, dass die Leichte Sprache sich anschickt, von der sinnvollen Ausnahme zum falschen Leitbild zu werden. Was gedacht war als Sonderfall für eine unterstützensbedürftige Randgruppe, taugt mehr und mehr als Normalfall. Zwischentöne sind out, Hauptsache, man wird irgendwie verstanden. Ministerien duzen die Bürger, Bildungszentralen erklären die Demokratie mit Piktogrammen, Medien machen aus Nachrichten lustige Clips, Laute und Bilder ersetzen Begriffe wie in Vor- und Grundschule. Kommunikation wird zum niedrigschwelligen Angebot für alle Schichten, alle Generationen.

Am gravierendsten zeigen sich die Tendenzen der Infantilisierung in der Politik. Auch dort triumphiert die Anrede im Kumpelton. Des Argumentierens müde oder unkundig, greifen immer mehr Politiker zum direkten Gefühlsappell. Gut sei, was das Wohlbefinden steigert. Wahr sei, was die Emotion eingibt. Das Ich entäußert sich. In den Debatten im Bundestag, in Talkshows, im Radio siegt das direkte Sentiment über das umständliche Abwägen. Da es jedoch eine öffentliche Zurschaustellung von Gefühlen ist, wird durch solche Inszenierung gerade nicht dem Wahren zum Durchbruch verholfen. Auf der Vorderbühne herrscht eine demoskopisch angeheizte Stimmungsdemokratie, während im Maschinenraum der Macht entschieden wird. So könnte die Republik ihren republikanischen Geist verlieren. Dagegen hilft nur der Mut zur Erwachsenheit.

So stehen wir staunend, irritiert und erheitert vor einer Gesellschaft, in der nicht Kinder vorzeitig hinaufgehoben werden ins Erwachsenenalter, was ihnen einst gewiss nicht gut bekam.

Wir sehen Volljährige, Erwachsene, Ausgereifte, die sich lustvoll hinabbeugen zum Kind, das sie einmal waren. Sie herzen sich selbst. Sie spielen Unschuld. Sie verlachen den Ernst der Lage. Was diesen indes nicht kümmert. Er bleibt wie ehedem. Um die Lage wirklich zu bessern, für sich und für andere, um der Verschleuderung unserer Gaben ebenso zu entkommen wie ihrer Zurichtung zu fremden Zwecken, müssen wir Erwachsenen noch einmal erwachsen werden. Dieses Buch, das Sie in Händen halten, will zu diesem wunderbaren Abenteuer ermuntern. Und muss darum unbedingt beginnen mit Rousseau und mit Peter Pan und kann weder um das infantile Berlin noch um kindische Kirchen einen Bogen machen. Folgen Sie mir?

2

PERMANENT PUBERTÄR

Jean-Jacques Rousseau erfindet die Kindheit,
wird aber von denen missverstanden,
die sich am lautesten auf ihn berufen, und
Peter Pan ist leider ein Vampir

Während ich diese Zeilen schreibe, hat der kleine Jakob eine glückliche Zeit. Jakob ist ein Prachtkerl und der Stolz seiner Eltern. Trifft man sie zusammen im Treppenhaus, strahlen sie um die Wette. Jakob hat immer etwas zu erzählen – mal der Mutter, mal dem Vater, ob diese nun gemeinsam mit ihm die Treppe hinaufsteigen, hinabsteigen oder sich noch drei Stockwerke entfernt von ihm befinden. Jakob lässt sich davon nicht verdrießen. Er sagt alles, was es ihn zu sagen drängt, sofort und laut. Und wohin er möchte, da hält er drauflos, augenblicklich. Zu dritt wohnen sie über mir. Manchmal erkenne ich das Kind, das ich war, im kleinen Jakob wieder, und freue mich mit ihm.

Viel Energie steckt in dem Jungen, der vier oder fünf Jahre alt sein mag. Sein hervorstechendes Merkmal ist Kraft, für mich zumindest. Bisher unterhielt ich mich nur kurz mit ihm im Treppenhaus, sofern der Zufall es wollte. Aber ich höre täglich das stapfende Glück in der Wohnung über mir, wenn Jakob sie durcheilt. Denn nichts tut Jakob lieber, als von der Straßenseite zur Hofseite zu rennen, vom vorderen zum hinteren Zimmer und wieder retour und wieder von vorn. Mal lacht er dabei, mal ruft er, mal bebt seine Stimme vor Zorn. Aber fast immer ist er in Bewegung, und ganz gewiss tut ihm das gut. Nur manchmal, nach der zwanzigsten oder dreißigsten Durchquerung der Zimmerlandschaft, denke ich still bei mir: Warum sagen die Eltern nichts? Wäre es nicht an der Zeit, dass der Junge lernte, dass alles seine Zeit und das meiste seine zwei Seiten hat? Vom Glück des einen kommt beim anderen zuweilen nur Donner an. Doch dann verscheuche ich den garstigen Gedanken. Schön, dass Jakob so putzmunter ist. Den Ernst des Lebens wird er früh genug kennenlernen. Schön, dass die Eltern ihn gewähren lassen. Ob sie Jean-Jacques Rousseau gelesen haben?

Vor dem Schweizer Philosophen nämlich machte sich niemand so ausführlich und so aufwendig Gedanken, was es heißt, ein Kind zu sein. Und weshalb die Kindheit als eine ganz eigene Epoche zu betrachten sei, nicht als bloßer Vorlauf zum Erwachsensein, den es rasch zu durchmessen gelte – fast so wie die Wohnung über mir, wenn Jakob sie erkundet. In der deutschen Übersetzung umfasst »Émile oder Über die Erziehung« knapp tausend Seiten, unterteilt in fünf große Kapitel, die Rousseau *Bücher* nennt. Erschienen ist das monumentale Werk im Mai 1762, zu einer Zeit, da Frankreich eine absolutistische Monarchie war und Europa noch immer unter dem Siebenjährigen Krieg litt. »Émile« wurde – ebenso wie das nur einen Monat zuvor erstveröffentlichte philosophische Hauptwerk Rousseaus über den »Gesellschaftsvertrag« – sofort nach Erscheinen verboten.

Jean-Jacques Rousseau, Uhrmachersohn, Autodidakt, geboren 1712 in Genf, galt als Umstürzler, Monarchenhasser und Kirchenfeind. Tatsächlich findet sich im dritten Buch des »Émile« die hellsichtige Prophezeiung: »Wir nähern uns sichtlich einer Krisis und dem Jahrhundert der Revolutionen.« Unmittelbar darauf, versteckt in einer Fußnote, erläutert Rousseau, er halte es für »eine Unmöglichkeit, dass die großen Monarchien Europas noch lange bestehen können. Alle haben schon ihre Glanzepoche gehabt, und jeder Staat, welcher glänzt, geht seinem Untergang entgegen.« Es sollte dann noch

27 Jahre dauern, bis in Paris die Bastille erstürmt und die Republik ausgerufen würde – nur 27 Jahre.

Länger musste sich in Geduld üben, wer die Früchte von Rousseaus Reformpädagogik reifen sehen wollte. Deren Hauptsatz lautet, niedergelegt im zweiten Buch von »Émile«: »Liebet die Kindheit, begünstigt ihre Spiele, ihre Vergnügungen, ihren liebenswürdigen Instinkt.« Rousseau wollte im »Émile« und anhand der ersten rund zwanzig Lebensjahre des fiktiven Knaben Émile zeigen, was gute Erziehung vermag. Von welchen angeblich bewährten Regeln sie sich fernzuhalten habe, damit aus Kindern gute, glückliche Menschen werden. Er wollte, in anderen Worten, das »unwahre Prinzip unserer Erziehung« aufzeigen. So hieß, achtzig Jahre nach »Émile«, eine Schrift des deutschen Philosophen Max Stirner. Auch 1842 also war das Anliegen des »Émile« uneingelöst. Das zeigt, wie sehr Rousseau seiner Zeit voraus war. Oder wie unrealistisch sein kolossales Programm sich anließ.

Aus Sicht des Kindes, scheint es, kann man sich ein Aufwachsen nach der Methode Rousseaus nur wünschen. Der »Émile« ist die Lizenz zum Schreien, Toben, Spielen. Lesen soll das Kind wenig und spät, »Robinson Crusoe« reicht erst einmal. Stattdessen führt Rousseau seinen Émile, in der Fiktion ein gesundes Kind aus wohlhabendem Elternhaus, zur Erkenntnis des Lebens hinaus in die Natur. Aufwachsen soll Émile im Dorf, nicht in der Stadt, in Einfachheit, nicht im Luxus, auf Wiesen, nicht auf Kissen, keusch, nicht lustbetont: »Die erste Regel ist, die Natur zu beobachten und dem Wege zu folgen, den sie vorzeichnet.« Die Natur spricht aus dem Menschen, solange die Gesellschaft ihn nicht verformt hat. Rousseau dachte zeitlebens groß vom einzelnen Menschen, während er der Menschheit insgesamt allerhand List und Tücke unterstellte. Der größte, der beste, der echte Mensch hört auf die Stimme der Natur in sich, den Instinkt. »Nehmen wir uns nur immer den Instinkt zum Muster.« Das unverbildete Kind, das im Gegensatz zum Erwachsenen den Instinkten freien Lauf lässt, wird zum Symbol gelungener Schöpfung. Der Naturmensch hat die Bande zum Ursprünglichen nicht gekappt. Nur er ist authentisch. »Es gibt im menschlichen Herzen keine angeborene Verderbtheit.«

Darum soll, ja muss das kleine Kind tun, was ihm behagt. So spürt und übt es die Kräfte der Natur in sich, und die Natur hat in Rousseaus Welt alles zum Besten bestellt. Kinder, heißt es im »Émile«, »müssen springen, laufen, schreien dürfen, so oft sie Lust dazu verspüren. Bei allen ihren Bewegungen folgen sie den Bedürfnissen ihrer Natur, die sich zu stärken sucht.« Wer Kindern zu früh die Kindlichkeit abtrainiert, der verhindert ihre Entwicklung zum gesunden, zum ganzen Menschen. Rousseau sah die ersten beiden Lebensjahrzehnte als einen Schonraum der Individuation an. Natürlich bedürfe es von frühester Kindheit an eines Erziehers, wie Rousseau gerne einer gewesen wäre, theoretisch.

Praktisch schickte er die eigenen fünf Kinder, Frucht einer Beziehung mit Marie-Thérèse Levasseur, einer Pariser Schneiderin, ins Heim. Mit dem »Émile« ging aus dem faktischen Rabenvater der theoretische Musterpädagoge hervor. Doch die Erziehungsfantasie war auch als eine solche gekennzeichnet, als Gedankenspiel, und hat als solche ihren herausragenden Rang zurecht. »Gibt es überhaupt einen Naturzustand?«, lässt sich mit dem Rousseau-Experten Jean Starobinski und dessen 1971 auf Französisch erschienenen Studie »Rousseau – Eine Welt von Widerständen« fragen – und mit ihm antworten: »Jedenfalls wird er höchstens ein virtueller Ort auf halbem Wege zwischen den Extremen sein.«

Gegen den Vorwurf, er sei ein »Rabenvater und Kinderhasser« gewesen, verwahrt sich Rousseau übrigens in seinem Spätwerk »Träumereien eines einsamen Spaziergängers«, wo es heißt: »In Wahrheit aber hat mich eindeutig etwas ganz anderes zu diesem Schritt bewogen, nämlich die Sorge, meinen Kindern ein schlimmeres Schicksal zu ersparen, das sonst unweigerlich ihrer geharrt hätte. Wäre mir gleichgültiger gewesen, welches Los ihnen drohte, hätte ich sie – da ich selbst in meiner Situation sie nicht hätte erziehen können – von ihrer Mutter oder deren Familie betreuen lassen müssen. Erstere hätte sie verhätschelt, Letztere Monstren aus ihnen gemacht. (…) Ich wusste nur, dass die für meine Kinder am wenigsten gefährliche Erziehung die des Findelhauses war, also gab ich sie dorthin.«

Die Natur im Kind soll sich in dessen Lebendigkeit äußern. Ihr ist zunächst alles unterzuordnen: »Ich kenne nur ein einziges erfolgversprechendes Mittel, den Kindern ihre Unschuld zu bewahren, und dies besteht darin, dass ihre ganze Umgebung die nötige Rücksicht auf sie nimmt und sie liebt.« Abermals sollen Kinder Liebe erfahren – »Liebet die Kindheit, begünstigt ihre Spiele« –, und abermals ist der praktische Test dieser Liebe die Entgrenztheit des Spiels. »Seine Spiele sind seine Beschäftigungen«, lesen wir im »Émile«. Später sollte der französische Schriftsteller Émile Chartier, genannt Alain, einen Schritt weitergehen und in den Spielen »die Religion der Kindheit (…) oder, was dem gleichkommt, die Kunst dieses Kindervolkes, das nicht arbeitet« erblicken. So steht es in »Les idées et les âges«, auf Deutsch »Von der Liebe, von der Arbeit, vom Spiel« (1927/1962).

Aufgabe der Erwachsenen ist es laut Rousseau, optimale Bedingungen für Spielen und Springen, Laufen und Schreien zu schaffen, drinnen wie draußen. Konkret rät Rousseau: »Lässt man der Ausgelassenheit der Kinder völlig freien Lauf, so ist es freilich ratsam, alles aus ihrer Nähe zu verbannen, wodurch sie teuer zu stehen kommen könnte, und nichts Zerbrechliches und Kostbares in ihrem Bereich zu lassen. Ihre Stube muss mit starken und dauerhaften Möbeln ausgestattet sein; kein Spiegel, kein Porzellan, keine Luxusgegenstände darf man darin antreffen.« Ob die Wohnung über mir in diesem Sinne eingerichtet wurde? Der kleine Jakob muss sich hörbar keine Rücksichtnahmen auferlegen, und das macht mich neidisch. Als ich klein war, lautete das Motto, Kindern müsse man Grenzen setzen. Sonst entwickelten sie sich zu Tyrannen.

Rousseau war freilich als Mensch ebenso widersprüchlich wie als Philosoph. Er wollte »lieber für einen paradoxen Mann gelten, als ein Mann voller Vorurteile sein«. Die »Gesetze der Natur« galten ihm im »Émile« als höchste Richtschnur, die Natur nannte er die »Meisterin«, die nicht irre, weshalb er forderte: »Gewährt der Natur einen langen Spielraum, bevor ihr an ihrer Stelle handelnd auftretet, und hütet euch, ihre Wirkungen zu verhindern.« Er empfahl sogar, was Jakob über mir noch nicht genießen durfte, »viele Spiele zur Nachtzeit«. So verliere der Mensch die Furcht vor dem Dunklen. Überhaupt steckt im »Émile« neben dem Kuschelpädagogen, der die Streiche seines Zöglings bewundernd beobachtet, der strenge Lehrer. »Kindern gegenüber geziemt sich Gewalt, Männern gegenüber Vernunft; das bringt die Ordnung der Natur mit sich; der Weise bedarf keiner Gesetze.« Auch diese Erkenntnis findet sich im »Émile«.

Der fiktive Pädagoge Jean-Jacques will sein Erziehungsobjekt abhärten. Schlimmer als alles Frühreife sei die Verzärtelung. »Leiden und Dulden ist das erste, was er lernen muss.« Émile werde durch Jean-Jacques an »Flinten-, Büchsen- und Kanonenschüsse, ja an die furchtbarsten Detonationen« gewöhnt, damit er später kein Grauen fürchte. Kinder »weinen viel, und das muss so sein«. Sie müssten sich im Wald verlaufen, sich nachts ängstigen, hinfallen auf abschüssigen Pfaden, um für das erwachsene Leben gewappnet zu sein. Zur »natürlichen Erziehung« gehöre es, dem Kind beständig »das menschliche Elend vor Augen« zu führen und so Mitleid zu wecken. »Unglückliche, im Sterben Liegende, Bilder des Schmerzes und des Elends, welch ein Glück, welch ein Genuss für ein junges Herz, das eben erst zum Leben erwacht!« Der Erzieher müsse »Gewalt über das Herz eines Jünglings« gewinnen – und dabei den »Schein der Freiheit« wahren. Zum Wohl des Zöglings, versteht sich.

Die Widersprüchlichkeit des Menschen Rousseau wie auch von dessen Philosophie vererbte sich auf den Nachruhm, bis heute. Derzeit überwiegt die Deutung, hier habe jemand erstmals alle Erziehung radikal vom Kind her gedacht. Was eben auch stimmt, angesichts solcher Sätze im »Émile«: »Das Kind darf nie etwas auf das bloße Wort tun; nichts ist ihm so gut als das, wovon es selbst fühlt, dass es gut ist.« Oder: »Wir verstehen nie, uns an die Stelle der Kinder zu versetzen; statt auf ihre Ideen einzugehen, leihen wir ihnen die unsrigen, und indem wir beständig unseren eigenen Schlüssen nachgehen, häufen wir mit all den Reihen von Wahrheiten nur verschrobene Ansichten und Irrtümer in ihrem Kopf auf.« Insofern hat es seine Berechtigung, wenn man in Jean-Jacques Rousseau einen Vordenker sieht von Summerhill und der Waldorf- und Montessori-Schulen und wenn auch die Praktiker der antiautoritären Erziehung sich auf ihn berufen. Vor und nach 1968.

Die Liebe zur Kindheit, die Achtung des Kindes bedeutete für Rousseau jedoch nicht, die Generationengrenze zu leugnen. Er verschob nur die Marken und änderte die Perspektive. Insofern dominieren in heutigen Debatten die Vulgärrousseauisten. Sie erklären das Kind zum Orakel, aus dem höhere Mächte sprechen. Sie modellieren sich ein Kind nach ihren

Maßstäben. Sie wollen durch das vorgestellte Kind als die besseren Erwachsenen erscheinen. Sie schieben Kinder ins Rampenlicht, um sich Zugriff auf eine Zukunft nach eigenem Gusto zu sichern. Sie schaffen sich durch Kinder auf dem Podest eine Tabuzone, in der die Positionen des Podestebauers nicht kritisiert werden sollen. Das argumentative Kindchenschema sorgt für neue Dogmen. Ihr eigenes kindgemäßes Verhalten soll ihnen, den Reifen, vor sich und aller Welt bezeugen, dass in ihnen jugendliche Kräfte sich regen. So wie in dem damals 61-jährigen amerikanischen Theaterregisseur Peter Sellars, als dieser am 27. Juli 2019 die Salzburger Festspiele mit einer Rede eröffnet. Er erklomm die Höhe einer infantilen Zeit ganz.

Dazu muss man wissen: Die Eröffnungsreden der Salzburger Festspiele schreiben nicht selten Geschichte. Etwa 1972, als Eugène Ionesco über die »bedrohte Kultur« sprach. Der rumänische Dramatiker war düster gesinnt, bedauerte den »Hass, der die Völker gegeneinander aufwiegelt«. In diesem »Zeitalter des Zorns« mit seinen waffenstarrenden Machtblöcken warb er für einen anderen Blick auf den Menschen: »Wir haben vergessen, was Kontemplation sein kann. Wir sind nicht mehr imstande, zu betrachten. Wir können nicht mehr zum Himmel aufblicken. (...) Wir müssen wieder lernen uns zu wundern.« Im Juli 2019 rief Sellars eine neue globale Zivilisation aus und riet Frauen, »im Kampf gegen den Klimawandel« weniger Kinder zu bekommen – im Namen der lebenden Kinder.

Ein Foto vom Tage zeigt Sellars als alten Punk mit irrem Blick, wirrem Haar. Das Bild mag in einem ungünstigen Augenblick aufgenommen worden sein, trifft aber den Kern der Rede. Stringenz suchte man vergebens. Symptomatisch ist die Rede für eine Gegenwart, die es nicht unter Weltrettung macht und die ganze Schöpfung aus einem einzigen Blickwinkel zu betrachten sich angewöhnt – dem des Klimawandels. Natürlich ist nicht die ganze Welt von diesem messianischen Holismus befallen, wohl aber sind es »wir, die Bewohner der westlichen Hemisphäre«, in deren Namen Sellars das Wort ergriff. Und die er züchtigte mit Sätzen wie Peitschenhiebe: »Wir bewegen uns in eine vollkommen falsche Richtung. (…) Die Wissenschaft gibt uns noch genau fünfzehn Jahre, um eine neue, eine ökologische Zivilisation zu schaffen.«

Man muss in vormodernen Zeugnissen suchen, um sich dem Trugbild von »der« Wissenschaft hinzugeben. Die Rationalität moderner Wissenschaft besteht darin, dass sie Zweifel operationalisiert, auch Zweifel an den eigenen, stets nur vorläufigen Ergebnissen. »Die Wissenschaft« gibt es nicht. Der Regisseur aus den Vereinigten Staaten muss diese überholte Fiktion verwenden, um der Zahlenspekulation von den »genau fünfzehn Jahren« Autorität zu verleihen. Was wird sich 2034 ereignen, wenn wir Westler bis dahin keine »neue Zivilisation« geschaffen haben werden? Wird das schlimme Ereignis am 27. Juli 2034 eintreten oder ein paar Tage später, ein paar Wochen eher? Sellars hielt eine pseudoreligiöse Erweckungsrede. Er empfahl sich als Apostel der Klimareligion. Deshalb verwies er auf »Buddhas erste Lehre« und die »sichtbaren und unsichtbaren Naturwelten«.

Was soll der Westler – eine Minderheit der Weltbevölkerung – in den kommenden fünfzehn Jahren zur Weltkatastrophenabwehr tun? Sellars zufolge müssen »wir dringend die Strukturen des Kapitalismus und des internationalen Bankensystems hinterfragen«, müssen zweitens »auf alte, tradierte Erkenntnisse indigener Völker zurückgreifen«, drittens »die Umstellung auf pflanzliche Ernährung intensivieren«, viertens und vor allem auf die Kinder hören: »Kinder sprechen eindringlich mit ihren Eltern. Sprecht weiter! Ihr habt den größten Einfluss auf eure Eltern! Und ihr Eltern, hört auf eure Kinder!

Unsere Generation war die Generation der Imperien und der Konsumgesellschaft. Jetzt ist es an der Zeit, eine neue Generation von engagierten, schöpferischen, fürsorgenden jungen Menschen willkommen zu heißen.«

Was hat es mit dem demografischen Faktor auf sich? Frauen sollten »als Partner auf Augenhöhe die Möglichkeit haben, selbstbestimmt zu entscheiden, ob und wann sie Kinder bekommen. Das allein wird schon eine weitreichende Wirkung erzielen« – eine Wirkung, heißt das, auf den Klimawandel. Weniger Kinder, besseres Klima: Darauf läuft die harte Gleichung hinaus. Vom besseren Klima aber werden dann die Kinder profitieren, die heute schon ihren Eltern sagen, wo es langzugehen habe, »hört auf eure Kinder!«

Bereits elf Tage vor dem moralischen Imperativ des Peter Sellars, am 16. Juli 2019, äußerte sich Ursula von der Leyen ähnlich, in deutlich abgeschwächter Version freilich und nur am Rande. Die damalige Kandidatin für das Amt der Präsidentin der Europäischen Kommission stellte im Straßburger EU-Parlament »einen neuen Migrations- und Asylpakt« in Aussicht. Ihr Werben hierfür schloss sie mit einer »Geschichte« aus dem privaten Umfeld: »Vor vier Jahren konnte ich einen 19-jährigen Flüchtling aus Syrien bei uns zu Hause aufnehmen. Er sprach kein Deutsch, und die Erfahrungen im Bürgerkrieg und auf der Flucht hatten ihn tief gezeichnet. Heute, vier Jahre später, spricht er Deutsch, Englisch und Arabisch fließend. Er absolviert tagsüber gewissenhaft seine Ausbildung und erwirbt in der Abendschule einen weiteren Abschluss. Er ist uns allen eine Inspiration.«

In der Live-Übertragung der Rede im Fernsehsender »Phoenix« sprach die Übersetzerin aus dem Englischen vom »Quell der Inspiration«, zu dem sich der junge Syrer für die ganze Familie entwickelt habe – ein doch recht bizarres, wenngleich planvoll eingesetztes Szenario: Man stelle sich den Küchentisch im Hause von der Leyens, der siebenfachen Mutter, vor, an dem Jung und Alt, Frau und Mann, Verwandte, Bekannte und Angestellte sich von den Worten eines Jugendlichen aus fernem Land inspirieren lassen, also begeistern und entfachen. Bedurfte es eines Teenagers, um die Sinn- und Morallücke im Haushalt einer Ministerin zu schließen?

Wer das Kind, das real erlebte oder das strategisch herbeiimaginierte, zum generationenübergreifenden Rollenvorbild erklärt, fällt leicht selbst zurück ins kindliche, wenn nicht kindische Reden. Benannt, nicht ganz gebannt ist diese Gefahr in einer weiteren Bibel des natürlichen Lebens, in Ralph Waldo Emersons Essay »Natur« von 1836, erschienen 74 Jahre nach dem »Émile«. Im rousseauschen Duktus schreibt der amerikanische Schriftsteller: »... niemals erscheint die Natur auf gemeine Art und Weise«. Emerson, ein überzeugter Christ und im Gegensatz zu Rousseau kein Kulturpessimist, – »der glücklichste Mensch ist der, welcher von der Natur die Lektion der Gottesverehrung lernt,« – sieht in der Natur einen Ausdruck des Geistes. So gelangt er zur bemerkenswerten Aussage, Natur sei »das Medium des Denkens«. Er schätzt also gerade nicht die Nähe zum Instinkt, die ein »naturgemäßes Handeln« sichere, sondern die Wirkung auf den Intellekt. Im Wald erfahre die Seele Schönheit und erhalte der Geist Nahrung. Insofern verbindet Emerson auf geschmeidigere Weise als Rousseau zwei große Sehnsüchte auch unserer Tage: das Bedürfnis nach freier Natur und jenes nach Kreativität.

Emerson war 33 Jahre jung, als er »Natur« schrieb. Rousseau erfand seinen »Émile« im Alter von 50 Jahren. Auch der Amerikaner verherrlicht die Jugend. Auch bei ihm ist sie die Phase werdender Kräfte, wobei Emerson vor allem an moralische und geistige Kräfte denkt, weniger an körperliche, die bei Rousseau eine ebenso große Rolle spielen. Der Genfer wünscht sich eine in jeder Hinsicht starke Kindheit, in der körperliche und seelische Ertüchtigung sich ergänzen. Emerson lobt am lebenslang bewahrenswerten »Geist der Kindheit«, dass er innere und äußere Sinne in Einklang bringe. Der Wald ist gewissermaßen ein Trainingscamp für diese geistige Harmonie: »Auch in den Wäldern wirft der Mensch seine Jahre von sich wie eine Schlange ihre Haut und ist, in welchem Alter auch immer, stets ein Kind. In den Wäldern ist immerwährende Jugend.« Damit aber ist das Höchste erreicht, was ein Mensch werden kann, ein Kind, wieder ein Kind.

Emerson denkt wie Rousseau »Kinder und primitive Völker« zusammen. Eine Portion Antiintellektualismus ist der emersonschen Liebe zum inneren Kind beigemischt. Er idealisiert wie Rousseau einen historisch nicht greifbaren Naturzustand, die »Kindheit« der Geschichte, in der die menschliche Sprache »ganz Poesie« gewesen sei. Bei Rousseau hingegen war die »erste Sprache des Menschen« der »Schrei der Natur«: ein Ausruf, eine Reaktion, keine Kunst. Romantisch dachte Rousseau, anders als Emerson, in dieser Hinsicht nicht. Im »Émile« schrieb er: »Alle unsere Sprachen sind künstlich entstanden. Man hat weitläufige Untersuchungen angestellt, ob es eine natürliche und allen Menschen gemeinsame Sprache gebe. Unzweifelhaft gibt es eine solche, nämlich die, welche die Kinder sprechen, ehe sie reden können. Diese Sprache ist zwar unartikuliert, aber trotzdem akzentuiert, klangvoll, leicht verständlich. Die Gewöhnung an die übliche Sprache der Erwachsenen hat sie uns bis zu dem Grade vernachlässigen lassen, dass wir sie völlig vergessen haben.«

So war Rousseau einerseits ambitionierter, wollte er doch die Gesellschaft grundlegend ändern, sie gerechter machen, schöner, gewissenschonender, indem er durch ein neues Erziehungsideal neue Menschen heranbildete. Andererseits war er realistischer als Emerson, der sich von der »Weisheit der Kinder« nicht nur heilende, sondern heiligende Wirkungen versprach – zumindest im Medium des Textes. Schriftsteller war er, Philosoph blieb er, Mister Ralph Waldo Emerson: »Die Kindheit ist der immer wiederkehrende Messias, der in die Arme der gefallenen Menschen kommt und sie anfleht, in das Paradies zurückzukehren.« Einspruch! Die geistvolle Unschuld, die Emerson der Kindheit zuerkennt, die Balance der Sinne kann vom erwachsenen Menschen nicht wieder eingeholt werden – sofern es sie je gegeben hat. Man kann sich nicht zurückverpuppen. Man kann nicht leben im Status des Als-ob. Man kann Erfahrungen nicht durchstreichen. Eine zweite, eine reflektierte Naivität ist nicht zu haben.

Mit dem Loblied auf Kind und Kindheit, das Rousseau und Emerson zu unterschiedlicher Zeit und mit verschiedenen Refrains anstimmten, ging ein doppelter Blickwechsel einher. Weil das ideale Kind die Frühe idealisiert, folgt aus der besonderen Beschäftigung mit ihm die Sehnsucht nach den Ursprüngen. Der mythische Anfang des Menschengeschlechts zieht neues Interesse auf sich, das Goldene Zeitalter. »Immer«, schreibt der Schriftsteller Émile Chartier, genannt Alain, »hat der Mensch seine besten Gedanken hinter sich gesucht und nicht vor sich. In allen Legenden lebt das goldene Zeitalter als ein wirkliches und fühlbares Erinnern an einen besseren Zustand (…). Das irdische Paradies ist gewiss nichts anderes als jener Kindheitszustand, ausgesponnen durch des zarten Alters Träume, die noch gar nicht Träume sind; der Traum ist Traum erst dann, wenn das Leben kein Spiel mehr ist.«

Weil das Kind zugleich das meiste Leben noch vor sich hat, sind forciertes Kinderlob und flammende Zukunftsbegeisterung ebenso wenig zu trennen. Zurecht weist der Schriftsteller Aldous Huxley, Autor von »Schöne neue Welt«, 1956 in seinem Essay »Morgen und morgen und dann wieder morgen« auf diesen Zusammenhang hin: »Zwischen 1800 und 1900 räumte die Lehre von der ›Taube auf dem Dach‹ in der Mehrzahl westlicher Hirne ihren Platz der Doktrin vom ›Spatzen in der Hand‹. Die motivierende und kompensierende Zukunft wurde nicht mehr als entkörperlichter Glückszustand aufgefasst, den ich und meine Freunde nach dem Tod genießen sollten, sondern als Bedingung irdischen Wohlergehens für meine Kinder oder (…) für meine Enkel oder Urenkel.« Der Blick ist nicht länger zum erhofften Himmel, sondern ins vorgestellte Morgen gerichtet.

Schon damals, anno 1956, ortete Aldous Huxley das »Glück ihrer Urenkel im 21. Jahrhundert« als den argumentativen Knock-out im Mund der unbeirrbaren Fortschrittsapostel, Technikjünger, Umverteiler und Kommunisten. Heute, da das 21. Jahrhundert gekommen ist, weiß sich der 1925 geborene Journalist Wolf Schneider unter den vollen Segeln des Zeitgeistes, wenn er ein Büchlein vorlegt mit dem Titel »Denkt endlich an die Enkel! Eine letzte Warnung, bevor alles zu spät ist«. Es gebe zu viele Menschen auf der Erde, und diese seien »zu tüchtig, zu gierig« und vermüllten, zertrampelten, vergifteten sie. Kaum drastischer sagt es die ökologische Endzeitbewegung »Extinction Rebellion«.

Das Kind als Begriffsjoker im Gespräch unter Erwachsenen: Aldous Huxley analysiert die Instrumentalisierung genau. Er war es auch, der deutlich früher, 1929 im Essay »Swift«, den »Protest gegen die Wirklichkeit« als einen spezifisch kindlichen Zug charakterisierte, denn »nur ein Kind kann sich weigern, die Natur der Dinge zu akzeptieren« – und gemeint war dieser Vorwurf an Erwachsene keineswegs als Aufruf, alles

Bestehende gutzuheißen. Huxley stritt für eine liberale, aufgeklärte Gesellschaft. Liebenswert, mag man seine Mahnung ergänzen, ist eine prinzipiell trotzige Haltung, wenn eine Vierjährige die Augen schließt in der Erwartung, dann ihrerseits nicht gesehen zu werden. Oder wenn ein Fünfjähriger sich im strömenden Regen die Hand über den Kopf hält, um nicht nass zu werden.

Bei Erwachsenen – da ist Aldous Huxley unerbittlich – ist die »letzte Form von Kinderei« erreicht, sobald sie »die Realität (…) hassen, weil sie nicht den Märchen gleicht, die die Menschen erfunden haben, um sich über die Beschwernisse und Schwierigkeiten des täglichen Lebens hinwegzutrösten; oder sie (…) hassen, weil das Dasein nicht so viel Sinntiefe zu enthalten scheint, wie irgendeiner unserer Lieblingsautoren ihm zuschreibt«. Die Realität ist kein Märchen und keine tiefe Offenbarung? Umso schlimmer denn für die Realität! Huxley sieht sich geradezu umstellt, »extrem häufig«, von Erwachsenen, die »bewusst die Verhaltensweise der Kindheit« nachäffen, vom »gemeinsten und widerlichsten Typ des Sentimentalisten«. Konkret dachte Aldous Huxley an den Schriftstellerkollegen Jonathan Swift, aber auch an die blindgläubigen Anhänger der »Utopie des Sozialismus«.

Swift, schloss Huxley seinen gleichnamigen Aufsatz von 1929, habe vielleicht 200 Jahre zu früh gelebt. Hätte der 1745 verstorbene Autor »Gullivers Reisen« in Huxleys Gegenwart geschrieben, »in unserer routinegeplagten, mechanisierten Welt schlapper subhumaner Sentimentalisten«, hätte er sich »für seine Infantilität nicht mehr genieren müssen«. Ein Swift des Jahres 1929, so Huxley, wäre »der vergötterte, mit Adelstitel prämierte, Verdienstorden tragende Autor (…) von ›Cinderella‹ und ›Peter Pan‹.« Endlich dann wird der Name aufgerufen, den Sie, liebe Leser, zurecht schon längst erwartet haben:

Peter Pan. Willkommen! Fliege herein in mein Buch, du frecher Lümmel! Selbstverständlich wäre eine Rekonstruktion der infantilen Versuchung ganz und gar unvollständig ohne den Jungen, der nicht erwachsen werden wollte.

Peter Pan steht für ein Syndrom unserer Tage: für die Unfähigkeit oder den Unwillen, die Kindheit hinter sich zu lassen. Für Kinderei und Kindischkeit im fortgesetzten Alter. Als sich im Dezember des Jahres 2019 zwei junge Milliardäre aus der operativen Leitung ihres Unternehmens zurückzogen, schrieb das »Handelsblatt«: »Immer Start-up sein zu wollen – das ist das Peter-Pan-Syndrom der Wirtschaft. Auch Larry Page (46) und Sergey Brin (46), die Gründer von Google, litten darunter. Die Dynamik aus den ersten Tagen 1998 versuchten sie zu konservieren wie eine seltene Orchidee.« Der Medienwissenschaftler Norbert Bolz schrieb im Oktober 2019, wir schlitterten »in eine Peter-Pan-Gesellschaft, in der man nicht belogen, sondern infantilisiert wird«. Bolz war es auch, der im Februar 2020 in einem Essay im Monatsmagazin »Cicero« präzisierte: »Nicht die Kindheit verschwindet, sondern die Welt der Erwachsenen. Man wird nicht mehr erwachsen, die Prozesse der psychosozialen Reifung werden frühzeitig unterbrochen, und im Gegenzug werden alle möglichen Formen von Regression normalisiert. Dan Kiley hat also mit seinem schon in den achtziger Jahren beschriebenen Peter-Pan-Syndrom recht behalten. Die entscheidenden Charakteristika dieses Typus sind: Verantwortungslosigkeit, mangelnde Selbstdisziplin, Tagträumerei, Gruppenkult und Narzissmus.«

Schauen wir in den Urtext von 1904, hier in einer deutschen Übersetzung von 2015. Sehr genau nämlich sind wir informiert über die Fähigkeiten, die Ab- und die Zuneigungen des Knaben Peter Pan. Sein Erfinder James Matthew Barrie lässt uns in nahezu keiner Hinsicht im Unklaren. Die Seele des Peter Pan liegt vor uns wie ein offenes Buch – und nicht nur Schönes erblicken wir. Der Erzieher Jean-Jacques hätte seine liebe Not mit dem launischen Peter, heißt es doch im »Émile«: »Das Kind muss seine Mutter lieben, noch ehe es weiß, dass ihm dies die Pflicht gebietet.« Peter jedoch verachtet »alle Mütter mit Ausnahme von Wendy«. Er behauptet dreist, keine Mutter zu haben. Und warum? Weil seine Mutter abwesend war, ihm nie Geschichten vorlas, ihn nie zudeckte, ihn verstieß. »Peter Pan« ist die Geschichte einer furchtbaren Entfremdung und ein Kinderbuch nur in dem Sinne, dass Kinder die Hauptakteure sind. Ein ungeliebter Knabe nimmt Reißaus, flieht die Eltern und entwickelt sich zum Totschläger. Peter, mir graust vor dir.

Doch der Reihe nach. Wie alt Peter Pan ist, weiß er nicht. Er nennt Milchzähne sein Eigen, die »perlweißen Zähnchen«, er hat noch »sein erstes Lächeln«. Schätzen wir ihn auf fünf oder sechs Jahre und somit jünger, als er in den meisten Peter-Pan-Filmen und Peter-Pan-Kinderbüchern dargestellt wird. Wie jedes Kind in diesem Alter spielt er gerne, »Peter konnte nie einem Spiel widerstehen«. Peter lebt auf der Insel Nimmerland, »Neverland«, zusammen mit anderen »lost boys«, verlorenen Jungen. Diese eint ein trauriges Schicksal – und vielleicht ist das der Hauptgrund, warum Michael Jackson, der Popstar, der nie erwachsen wurde, seine Ranch »Neverland« nannte. Auch er hatte keine schöne Kindheit. Die »lost boys« fielen einmal aus dem Kinderwagen und wurden dann von Vater und Mutter vergessen. Elterliche Hartherzigkeit steht am Beginn der Kolonialisierung von Nimmerland. Diesen Eltern war es ganz recht, dass ihnen ihre Kinder abhandenkamen. Sie vermissten sie nicht, sie vermissten nichts ohne sie. Kann man sich schlimmer von seinem eigenen Fleisch und Blut lossagen?

Das Leben auf der »furchterregenden Insel«, auf der Peter Pan landet, ist kein Kindergeburtstag. »Die Anzahl der Jungen auf der Insel variiert natürlich, je nachdem, wie viele getötet werden und so weiter; und wenn sie erwachsen zu werden drohen, was gegen die Regeln verstößt, dezimiert Peter ihre Zahl; diesmal jedenfalls waren es sechs.« Sechs plus Peter, ihren furchtlosen Anführer. Sie alle haben ihre natürlichen Feinde. Sie alle können ihre Flucht aufs Eiland mit dem Tod büßen. Wie genau »dezimiert« Peter gegebenenfalls die überschüssige Zahl? Ich will es gar nicht wissen.

Peter kann fliegen, sofern er genügend Feenstaub an sich trägt, aber er kann weder lesen noch schreiben. Jean-Jacques' Segen hätte er für diese intellektuelle Askese, denn »ein Kind, welches liest, denkt nicht«. Peter Pan ist niedlich und dreist, ja die »personifizierte Dreistigkeit«. Er tut, wonach ihm der Sinn steht. Er lacht gerne, tanzt gerne, fechtet gerne. Er ist ein charmanter Draufgänger, Trägheit ist ihm zuwider. Er lebt aus dem Bauch heraus, Launen regieren ihn. Schein und Wirklichkeit sind für ihn dasselbe. Er hat kein Zeitgefühl und vergisst, was er soeben tat. Das fehlende Gedächtnis sorgt für ein abgründiges Wesen.

Mit Menschen, die sich vorsätzlich nicht erinnern, lassen sich keine Beziehungen führen, keine Freundschaften, lassen sich keine Verträge schließen, keine Gesellschaften aufbauen, keine Konflikte befrieden. Erinnerungslosigkeit ist entweder ein schlimmes Schicksal und therapiebedürftig oder schlicht asozial. Rousseau schrieb: »Das Gute und das Böse zu unterscheiden, den Grund der menschlichen Pflichten zu erkennen, übersteigt die Fähigkeiten eines Kindes.« Und: »Ich behaupte demnach, dass die Kinder, da in ihnen die Urteilskraft noch nicht geweckt ist, auch kein wirkliches Gedächtnis haben.« Was der kleine Émile »gestern tat, hat keinen Einfluss auf sein heutiges Tun«. Deshalb wäre eine vollkommen infantile Gesellschaft eine Nicht-Gesellschaft, ein Schreckbild, ein loser Bund der Rücksichtslosen, die es nicht besser wissen und nichts dabei finden. Und zugleich eine Gesellschaft der erwachsenen Manipulateure, die von so viel Voraussetzungslosigkeit wunderbar profitierten. Diesem Doppelaspekt werden wir noch öfter begegnen. Wer sich infantilisiert, verkapselt sich zum reizbaren, sentimentalen Einzelgänger. Wer sich infantilisieren lässt, wird zum Objekt souveräner Instanzen, die mutwillig mit ihm verfahren.

Welche sind nun die natürlichen Feinde der verstoßenen Jungen? Auf der Insel Nimmerland gibt es wilde Tiere, Indianer, Piraten. Mit allen kommt es zu Auseinandersetzungen. Die sieben Burschen lechzen geradezu nach Blut und gehen keinem Kampf aus dem Weg. Die »blutdürstigen Degen der Jungen« richten in der finalen Entscheidungsschlacht ein Massaker an. Genau fünfzehn Piraten werden getötet. Peter persönlich sticht seinem Intimfeind, Captain Hook, »die Klinge (…) zwischen die Rippen«. So erlangen die drei Geschwister, die zu Beginn der Geschichte mit Peter nach Nimmerland geflogen waren, Wendy, John und Michael Darling, ihre Freiheit wieder. Die Piraten hatten sie entführt. Unmittelbar danach kehren die drei Geschwister zurück zu ihren Eltern – gefolgt von den sechs Jungs, die allesamt von der Familie Darling adoptiert werden.

Nur Peter lehnt ab. Er will nicht erwachsen werden, keinen Beruf ergreifen, kein Geld verdienen, keine Verantwortung übernehmen: »Ich will immer ein kleiner Junge bleiben und Spaß haben.« Märchenhafterweise gelingt es ihm. Peter altert nicht. Das Mädchen Wendy, das auf Nimmerland die gute Mutter der »lost boys« spielte, wird wirklich Mutter, und Peter behält seine Milchzähne. Wendys Tochter Jane wird später ihrerseits Mutter, und Peter behält sein erstes Lachen. Er kehrt eines Tags zurück ins Haus der Darlings und nimmt, elfenstaubgestärkt, Janes Tochter Margret mit nach Nimmerland, die Enkelin von Wendy. Jedes Jahr wird er das fortan tun, »so geht das ständig weiter«, endlos, denn Peter braucht die je neuen Töchter der Familie Darling »zu jedem Frühjahrsputztermin«. Wie Vampire sich vom Blut junger Frauen ernähren, nährt sich das System Nimmerland von eingeflogenen Töchtern aus gutem Haus. So bedrückend, so unbarmherzig endet die Fabel von Peter Pan.

Gute Märchen kommen selten ohne Gewalt aus. James Matthew Barrie folgt dem Gesetz der Gattung. Gewalt im Märchen ist Gewalt im Modus des Als-ob, Gewalt als pädagogischer Effekt und erzählerisches Knallbonbon, ist vorgestellte Gewalt. Dass Kinder nach Blut lechzen, wird niemand ernsthaft behaupten. Doch zum Peter-Pan-Komplex gehört Gewalt gegen Menschen wie gegen Sachen. Wer die Art und Weise betrachtet, wie Erwachsene sich nach seinem Vorbild öffentlich zum Kind modellieren, dem nicht zu widersprechen sei, kommt um diese beiden Fragen nicht herum: Wie steht es mit der moralischen Indifferenz, die man Kindern nicht vorwerfen kann, Erwachsenen aber sehr wohl? Was hindert den Erwachsenen daran, den kindlichen Erkenntnismangel zu überwinden? Eine Gesellschaft, die sich unter dem Banner Peter Pans lustvoll infantilisiert oder infantilisieren lässt, muss wissen, dass der Preis ewiger Jugend ewige Unmündigkeit wäre. Und jene Launenhaftigkeit und Unzuverlässigkeit, die Peter Pan kultivierte. Barrie nennt ihn »fröhlich und unschuldig und herzlos« wie jedes Kind.

Sechs Jahre nach Aldous Huxleys Warnung vor jener »letzten Form von Kinderei«, welche die Realität auf sentimentale Weise hasse, sah Johan Huizinga in »permanenter Pubertät«

ein Kainsmal seiner Gegenwart. Der Kunstgeschichtler, weltbekannt für seine Studie über den »Herbst des Mittelalters«, war 62 Jahre alt, als er am 8. März 1935 in Brüssel den zur Buchveröffentlichung später überarbeiteten Vortrag »Im Schatten von morgen« hielt. Das 16. Kapitel heißt »Puerilismus«. Huizinga trennt den titelgebenden Begriff scharf vom Infantilismus. Puerilismus gehöre in den Bereich der Psychoanalyse, während er, Huizinga, nur mit »Wahrnehmungen und Feststellungen kulturhistorischer und soziologischer Art« dienen könne, »die auf der Hand liegen«. Was damals aber auf der Hand lag und es heute kraftvoller denn je tut, lässt sich sehr wohl als Infantilisierung bezeichnen.

Huizinga beklagt die »weitgehende Contamination von Spiel und Ernst«. Eine »allgemein gewordene Haltung des Halbernstes« breite sich aus. Das meine: »In den Verhaltungen, die als ernst gelten wollen, steckt verborgen und verhohlen ein Spielelement. Das anerkannte Spiel hingegen (...) verliert die unentbehrlichen Qualitäten der Entrücktheit, Unbefangenheit und Freudigkeit.« Bitterernst werden Spiele gespielt, während das Ernste nicht ernst genommen wird. So sei eine Gesellschaft entstanden, »die sich unmündiger benimmt, als es der Stand ihres Unterscheidungsvermögens ihr erlauben würde, eine Gemeinschaft, die statt den Knaben zum Mann zu erziehen, ihr eigenes Verhalten demjenigen der Knabenzeit angleicht«.

Stehen die Dinge heute besser? Können wir Johan Huizinga in voller Überzeugung widersprechen, wenn er 1935 »die nivellierende Wirkung der Gruppenorganisation« angreift, »die ein eindeutiges Gedeck von Meinungen fix und fertig zum Gebrauch vorsetzt«? Oder wenn er einen »Mangel an Gefühl für das Schickliche und Menschliche« diagnostiziert, »einen Mangel an persönlicher Würde, an Ehrerbietung gegen andere

Menschen oder Meinungen, durch eine übermäßige Konzentration auf die eigene Persönlichkeit«? Das nämlich sind zwei dramatische Nebenfolgen des Trends zum öffentlich ausgestellten inneren Kind: dass wir um uns selbst kreisen und dass wir anfällig werden für weltanschauliche Erziehungsmaßnahmen.

Die Beispiele Huizingas entstammen dem Zeitalter der Extreme und der sich verdichtenden totalitären Tendenzen. Er führt als Belege der Infantilisierung an: Kreuzfahrtschiffe, die mangels Nachfrage nur im Sommer fahren, »ein Hohn für jedes Seemannsherz«, ein »ekelhafter Luxus«; das Spiel der »Parteiintrigue«, das dem Parlamentarismus schade; Politikerreden als bloße »bösartige Lausbuberei«; öffentliche Paraden, in denen sich Heroismus und Puerilismus vermischen; Kongresse, Zeitungsrubriken und Lehrbücher, die »Gesellschafts- oder Verstandesspiele« bierernst abhandeln; die »übermäßige Bedeutung« von Sportereignissen in den Medien und deren nationale Überhöhung; der Siegeszug des »Slogans«, einer »Spielfigur«, von der man wisse, dass ihr Inhalt »nur sehr teilweise wahr ist«.

Das spätmoderne PR-Deutsch, zu dem Politiker ebenso gern greifen wie Manager, um Sachverhalte zu vernebeln und Diskussionen zu verhindern, hat einen solchen Slogan-Charakter. Man denke nur an phrasenhafte Wendungen wie »suboptimal«, »nachbessern«, »gemeinsam nach vorne schauen«, »zur Sacharbeit zurückkehren«, »Wir schaffen das«. Die Allgegenwart des Fußballs in Presse, Funk und Fernsehen ist heute so epidemisch wie ehedem, und gab es je eine ernsthafter betriebene Kinderei als fingiertes Ballspiel am PC, das E-Soccer? Schon ertönen Forderungen, Computerspiele olympisch zu machen. Auch die Verbissenheit, mit der in virtuellen Welten Rollenspiele betrieben werden, erschließt sich nur Eingeweihten. Längst wurden Kreuzfahrtschiffe zu schwimmenden Spaßfabriken und Landgänge zu knappen Unterbrechungen des kindgemäßen Daueramüsements an Bord – bis ein Coronavirus die Dampfer zur unfreiwilligen Reede oder Heimfahrt zwang. Ob der Intrige unter Parteifreunden ein spielerisches Element innewohnt, sei dahingestellt. Auf jeden Fall hat der gespielt treuherzige Augenaufschlag nichts an Wirkung eingebüßt, gilt es jenen Konkurrenten zu stürzen, den man zuvor noch zu stützen behauptete, weil er »unser vollstes Vertrauen« genieße.

Die Welt, räsoniert Huizinga, sei dem Menschen zum Spielzeug geworden, was Wunder also, wenn er »sich in ihr wie ein Kind benimmt«? Ernste Zeiten seien es heute, mag man da einwenden, zwischen Coronavirus-Krise und Weltrezession. Ja, doch waren sie 1935 um einen Deut weniger ernst? Hat man sie deswegen mit der nötigen Ernsthaftigkeit gehandhabt, die Welt? Nein, lautet Huizingas überzeugendes Urteil. Auch heute, denke ich, herrscht dasselbe Missverhältnis, um ein Vielfaches freilich potenziert durch die elektronischen Medien. Nie war es leichter, sein Leben als Spiel zu organisieren. In der Ära der digitalen Wunschsofortbefriedigung wurde Rousseaus Leitspruch »Tout dire«, »alles sagen«, zur globalen Äußerungspflicht entstellt, die man sich selbst auferlegt: »alles kommentieren«, »alles persönlich nehmen«, »alles raushauen«, »alles jetzt«. Reife spricht nicht aus diesem Verhalten.

Rollenvorbild solch allzeit vorhersehbarer Reaktionsmuster ist das Kind, wie es im »Émile« erscheint und mir zuweilen im Treppenhaus, wenn der kleine Jakob alles sagt. »Ein Kind«, schreibt Rousseau, »hat nur zwei deutlich ausgeprägte Seelenzustände, Freude und Schmerz, es lacht oder weint; die dazwischenliegenden Abstufungen kennt es nicht. Unaufhörlich geht es von einer dieser Erregungen zur anderen über.« Womit die Daumen-rauf-Daumen-runter-Kultur in den heutigen sozialen Medien präzise beschrieben wäre. Auch da gibt es kein Drittes, keinen Raum für jenes Abwägen, jenes Dazwischen, in dem allein eine freie Gesellschaft gedeiht. Wer sich bei jeder Äußerung entäußert, ist außer sich, ohne im Innern zu wurzeln.

Weil Rousseau die menschliche Seele kannte, rief er dazu auf, die Kindheit zu lieben und die Kinder zu achten, ohne selbst kindisch zu werden. Mit Blick auf die absolutistischen Monarchen, deren baldigen Abgang er voraussah, dekretierte er: »Wir sind geschaffen, Männer zu werden; die Gesetze und die Gesellschaft haben uns aber wieder in den Zustand der Kindheit zurückversetzt. Die Reichen, die Großen, die Könige, die sind alle nichts weiter als Kinder, welche, da sie sehen, dass sich jeder bemüht, auch die kleinste Unannehmlichkeit von ihnen fernzuhalten, dadurch allmählich wahrhaft kindisch eitel werden, und die förmlich stolz auf Dienstleistungen sind, die man ihnen, wenn sie echte Männer wären, nimmermehr erweisen würde.« Kinder müssen sich helfen und bedienen lassen, und man möge es unbedingt tun, geduldig, nachsichtig, liebevoll – Erwachsene aber sind zur Selbstständigkeit verpflichtet.

Auch in anderer Richtung lehnt Rousseau die »Contamination von Spiel und Ernst« (Huizinga) ab. »Vierzigjährige Kinder ohne Kraft und Festigkeit« und »Menschen (…), die nie das kindliche Wesen ablegen«, sind ebenso wider die Natur wie der »Anblick eines gebieterischen und eigensinnigen Kindes, welches seiner ganzen Umgebung Befehle erteilt und denen gegenüber, die es nur zu verlassen brauchen, um es umkommen zu lassen, ungescheut den Ton des Herrn annimmt«. Ich gestehe: Bei dieser Zeile dachte ich wieder kurz an den bewegungsfreudigen Jakob über mir. Der aber wahrte schon eine ganze lange Weile klösterliche Ruhe. So schob ich den ungerechten Gedanken von mir.

Wie man es dreht und wendet: Wir würden heute öffentlich nicht derart offen, offensiv und oft in strategischer Absicht über das Kind reden ohne eine Pioniertat des Jean-Jacques Rousseau namens »Émile«. Der Mann aus Genf ersann ein bis dato unbekanntes Erziehungsprogramm und inszenierte sich selbst als den perfekten Erzieher. Er deutete auf einen erfundenen Zögling, um die Prinzipien seiner Zucht ins Schaufenster zu stellen. Er sprach zu einem Kind seiner Fantasie und stellte seiner eigenen Fantasie das beste Zeugnis aus. Seit »Émile« ist die öffentliche Rede über Kinder immer zweierlei: ein Bekenntnis zur Kindheit und ein Bekennen seiner selbst.

Zugleich war Rousseau weitsichtiger als viele seiner geistigen Erben. Er sagte eben nicht, »hört auf eure Kinder«, sondern »liebt die Kindheit«, »achtet die Kinder«. Er hielt fest an der Grenze zwischen den Generationen und lehnte kindische Erwachsene ebenso ab wie frühreife Kinder. Er wollte den Schonraum der Kindheit verlängern, bis ans Ende des zweiten Lebensjahrzehnts, ohne deshalb eine lebenslange Kinderei auszurufen. Das fünfte und letzte Buch des »Émile« handelt von der Liebe Émiles zu Sophie, von seiner Mannwerdung und Familiengründung.

Anders als Emerson sah Rousseau im Kind keinen Messias. Anders als Sellars brachte er das Kind nicht gegen die Eltern in Stellung. Ja, Rousseau versprach sich viel vom Instinkt des Kindes und war skeptisch gegenüber allzu selbstgewisser Intellektualität der Erwachsenen. Aber nein, er wollte die Vernunft nicht vor den Richterstuhl des Instinkts zerren, wenngleich er wusste, dass dieser stärker war als jene. Er erkannte die Spannung an, damit sie fruchtbar werde und damit gelte: »Menschen, seid menschlich, das ist eure erste Pflicht; seid es gegen alle Stände, gegen alle Lebensalter, gegen alles, was der menschlichen Natur eigen ist. Kennt ihr noch eine Weisheit außer der Humanität?«

Das Kind widersteht in dieser Perspektive aufgrund seiner größeren Nähe zum Instinkt und zur Natur der »Tyrannei der hergebrachten Meinung« besser als der Erwachsene. Das Kind durchtrennt »die Schranken der widerwärtigen Einförmigkeit«, ohne dass es dazu eine besondere intellektuelle Anstrengung bräuchte. Insofern ist das Kind, wie es uns im »Émile« fantastisch präsentiert wird, ein Traumbild des programmatischen Außenseiters Jean-Jacques Rousseau von sich selbst. Als Kind gäbe es die teuer erkämpfte Lizenz zum Exzentrischen gratis. Als Kind könnte er sich unbeliebt machen durch Eigensinn und Egoismus, ohne sich die Liebe seiner Umwelt zu verscherzen. Als Kind müsste er für die Folgen seines Tuns – selbst für eine fünffache Vaterschaft – nicht einstehen, denn er hätte ja kein richtiges Gedächtnis und kein moralisches Unterscheidungsvermögen. Niemals wird dies der Fall sein, und darum schreibt er tausend Seiten, fast tausend Seiten, um den Traum am Leben zu erhalten. »Émile« ist die längste Selbstumarmung der Literaturgeschichte.

3

TRAU DER SAU, FOLGE DEM VOGEL, HILF, AMÖBE, HILF!

Die Natur wird zum neuen Lehramt,
doch ihre Dogmen machen Erwachsene zu Kindern

Berti hat es nicht leicht. Dabei schaut er putzig drein auf diesen Zeichnungen aus dem Nationalpark Harz. Können solche Äuglein lügen? Kann ein so kleiner Schelm Böses im Schilde führen? Nein, natürlich nicht. Den Unterschied zwischen Wahrheit und Lüge und jenen zwischen Gut und Böse kennt Berti nicht. Er will nur leben, graben, kauen, fressen. Der lustige Berti, wie er uns hier als Cartoon präsentiert wird, mit seinem bernsteinfarben schimmernden Panzer ist in der Realität ein Winzling, gerade einen halben Zentimeter groß. Doch wo er knabbert, wächst kein Baum mehr. Wo er für Nachkommen sorgt, rieselt das Mehl aus der Rinde auf den Waldboden. Darum hat Berti es nicht leicht im Land der Menschen.

Als Borkenkäfer muss der so lustig gezeichnete Berti sich jenseits der Comicwelt schlimme Bezeichnungen anhören. Die Menschen schreiben über ihn, er sei »klein und gemein«. In einer Zeitung stand zu lesen, er vermehre sich rasend schnell und töte Bäume: »Wegen des trockenen und heißen Sommers ist der Schädling nun auf dem Vormarsch.« Auch »Totengräber des Waldes« wurde er schon genannt. Er sei für einen »Friedhof der Bäume« verantwortlich; »der achtzähnige Fichtenborkenkäfer alias Buchdrucker alias Ips typographus lebt zwischen Baum und Borke geschwächter Fichten und vermehrt sich rasant.« Das Land Baden-Württemberg warnt: »Der Buchdrucker als gefährlichster Fichtenborkenkäfer besiedelt in Zeiten hoher Käferdichten auch gesunde Bäume.«

Alle Menschen denken schlecht vom Buchdrucker und seinen Brüdern, dem Kupferstecher und dem Gestreiften Nutzholzborkenkäfer. Alle? Nein, nicht alle. Jene, die ihm einen niedlichen Namen gaben, ihn stellvertretend für seine Art Berti tauften, meinen es gut mit ihm. Sie ließen ihn malen in Comicform und machten Berti zum Helden einer Harzer Aufklärungskampagne – neben Lena Luchs, Wilma Wasseramsel, Frieda Fledermaus, Wolle Wolf, Friedrich Forelle und Felix Feuersalamander. Die bunte Schar soll unter dem Motto »Schau der Wildnis beim Wachsen zu!« Verständnis schaffen für eine groß angelegte Renaturierung. Die bunten Aufkleber und Logos präsentieren Tierarten, die sich künftig besonders wohlfühlen sollen im Nationalpark Harz. Der Harz freut sich auf die Borkenkäfer.

Außerhalb des Harzes gibt man sich keinen Illusionen hin. In der Broschüre »Borkenkäfer erkennen, vorbeugen, managen. Hinweise für Waldbesitzende«, herausgegeben vom Stuttgarter Ministerium für Ländlichen Raum und Verbraucherschutz, heißt es: »Besonders wenn Sturmwurf oder Schneebruch und trocken-warme Witterung zusammentreffen, kann es ohne Gegenmaßnahmen zu einer massenhaften Vermehrung von Borkenkäfern kommen. Gesunde Waldbestände können in der Folge großflächig absterben.« Bei bereits befallenen Bäumen seien ein sofortiges »Entrinden auf Unterlagen und kontrolliertes Verbrennen der Rinde mit offener Flamme« nötig und der »Einsatz eines zugelassenen Pflanzenschutzmittels«. Der Borkenkäfer sei ein »Forstschädling«. Das sind sehr harsche Worte.

Die Baden-Württemberger unterscheiden zwischen »ungenutzten Wäldern«, etwa einem Naturpark, in dem »Borkenkäferschäden zur Dynamik der natürlichen Lebensabläufe« gehörten, und »bewirtschafteten Wäldern«. Die Borkenkäferfreunde vom Nationalpark Harz berufen sich auf diese Unterscheidung, wenn sie Berti und seiner Sippschaft den Rindenschmaus gönnen. »Natur Natur sein lassen« lautet die Losung, Berti speziell legt man die Worte in den Mund: »Ich schaffe Wildnis.« Berti tut, wie ihm geheißen. Im Jahr 2018 »sind uns etwa 800 Hektar Fichtenforsten verloren gegangen«, wird die stellvertretende Leiterin des Nationalparks Harz zitiert. Das sei aber nicht schlimm, »die Fichten sind nicht wirklich verloren, sie wachsen ja nach. Die Natur kennt den Begriff Katastrophe nicht.« Doch muss man deshalb den Borkenkäfer comicbunt willkommen heißen, sich freuen über sein gefräßiges Werk? Entsetzt ist der Verband der Waldbesitzer. Die Kampagne des Nationalparks mit Berti sei vor dem Hintergrund der Schäden, die der Borkenkäfer verursache, »respekt-, empathie- und verantwortungslos«. Der forstpolitische Sprecher der CDU-Landtagsfraktion von Sachsen-Anhalt wendet sich gegen die »Verniedlichung eines ernsthaften Schadinsektes« und beklagt zu wenig »Sensibilität für die Waldbesitzer«. Dennoch wird der Borkenkäfer vom Nationalpark als »Geburtshelfer für den neuen wilden Wald« gepriesen.

Die Harzer Tierkampagne mag in ihrer Ansprache zunächst an Kinder gerichtet sein. Sie zeigt jedoch am regionalen Sonderfall die allgemeine Selbstverständlichkeit, mit der Tiere nicht nur vermenschlicht, sondern geradezu verherrlicht werden. Das Insekt wird zum Baumeister emporgeschwindelt, der im Wald nach dem Rechten sehe. Der Borkenkäfer »schafft« die gewünschte Wildnis. Durchsetzungsstark muss er sein und kreativ. Dass so viel anthropomorpher Überschwang sich gegen dessen Agenten kehrt, ist eine bittere Pointe. Den Harzer Naturfreunden wirft man vor, ihnen mangele es präzise an

Respekt, Empathie, Verantwortung und Sensibilität für Menschen – das sind exakt jene Fähigkeiten, die der spätmoderne Mensch sich gerne von Tieren beibringen lässt. Hier schlug aus Sicht der Berti-Kritiker die Überidentifikation mit Tieren in ein sozusagen altmenschliches Verhalten aus. Der neue Mensch soll Maß nehmen am Tier.

Infantil ist die Sehnsucht mündiger Erwachsener nach Unreife. Infantil ist die Weigerung, Grenzen anzuerkennen – zwischen dir und mir, Alt und Jung, Tier und Mensch. Niemand macht Kindern einen Vorwurf, wenn sie vertrauensselig die Hand ausstrecken nach einem Hund, der sie nicht kennt. Oder wenn sie jede und jeden duzen, auch die ältere Generation, auch Fremde. Wenn sie Entfernungen falsch einschätzen, die Zeit durcheinanderbringen, heute nichts von gestern wissen wollen. Wenn ihr eigener Nabel jener der Welt ist. Kinder dürfen das. Sie sind Menschen im Werden, Personen, die sich entwickeln und denen man hierfür hoffentlich alle Zeit und Liebe schenkt.

Erwachsene freilich, die sich hinabflunkern zum Kind, das sie nicht mehr sind, sind ein trauriger Fall. Sie fingieren einen Stand von Unmündigkeit, den sie überwunden haben sollten. Sie prunken mit jenem Verstand, auf den sie verzichten. Sie bilden Herde der Ignoranz, die eine Republik mit Unvernunft infizieren. Kindern sind sie ein schlechtes Beispiel, sprechen sie ihnen doch den Ehrgeiz ab, sich entwickeln zu wollen. Dem sozialen Zusammenhalt schaden sie. Jeder Sinn für Gemeinschaft verkümmert, wenn wir im Stil der Teletubbies miteinander verkehren.

Der infantile Mensch blickt auf zum Kind, das er war, auf zum Tier, das er nie sein wird. Er genießt seine zur Schau gestellte, künstlich vergrößerte Unvollkommenheit. Er bedauert nicht, ein Mängelwesen zu sein, er sucht stolz neue Mängel.

Das Tier soll ihm beibringen, wie man menschlich lebt. Die Paradoxie wird vom Gag zur Norm: Tier musst du sein, um Mensch zu werden. Dass der Mensch faktisch nicht perfekt und die Natur nicht sein Spiel- und Ausbeutungsmaterial ist, mit dem er verfahren darf nach Belieben: Wer aus dieser Wahrheit praktische Konsequenzen ziehen will, darf gerade nicht auf einen erwachsenen Geist verzichten.

Der Mensch, der es in seiner Menschenhaut nicht aushält, liest im Bestseller »Einfach Mensch sein. Von Tieren lernen« (2019) der amerikanischen Autorin Sy Montgomery: »Auch wenn unter meinen Lehrern fabelhafte Menschen waren (…), so waren doch die meisten meiner Lehrer Tiere. Und was habe ich von den Tieren gelernt? Einfach Mensch sein.« Doch schon gleich nach diesen Worten wird es konfus. Sy Montgomery spricht erst von den »Fähigkeiten« der bewunderten Tiere, dann von deren »Wahrheiten«. Die Fähigkeit aber der Spinne, »die Welt mit ihren Füßen [zu] erschmecken«, wird nie die Fähigkeit der Sy Montgomery sein. Kein Mensch wird je wie die Grille »mit den Beinen singen und mit den Knien hören«. Oder wie der Hund »Töne wahrnehmen, die weit über den Frequenzen des menschlichen Hörvermögens liegen«. Da gibt es nichts zu lernen. Die spezifisch tierischen »Fähigkeiten« haben die Tiere exklusiv. Nie werden Menschen über sie verfügen.

Wie steht es um die »Wahrheiten« der Tiere? Kann der Mensch sich wenigstens diese zu eigen machen? Und sind es »Wahrheiten«, die sich den Menschen auf anderen Wegen nicht erschlössen? Vorstellen will uns Sy Montgomery in ihrem Buch ausdrücklich »Lehrmeister (…) mit vier, zwei, acht oder gar keinen Beinen, einige mit Skelett, andere ohne«. Wie lautet das tierische Lehrprogramm, damit wir Menschen zu wahren Menschen werden? Sechs Monate verbrachte Sy Montgomery im australischen Busch bei den Emus, flugunfähigen

Riesenvögeln. Die Emus gaben der Frau »einen inneren Frieden (…), eine innere Freude, (…) eine so wohlige Befriedigung wie ein Bauch voller Misteln«. Das ist schön, entspringt aber keiner Pädagogik und vermittelt keine Wahrheiten. Und die im Busch »gelernte« Fähigkeit, im Freien zu urinieren, »ohne mir die Schuhe nasszupinkeln«, hätte Sy Montgomery auch im eigenen Garten erwerben können.

Doch vielleicht habe ich nur das falsche Tier gewählt. Die Emus sind vielleicht schlechte Pädagogen. Welche Lehre hält beispielsweise das Schwein im Haushalt der Montgomerys bereit, von Sy auf den Namen des Dirigenten und Barockmusik-Spezialisten Christopher Hogwood getauft? Die Lexik des Schweins besteht aus zwei Lautfolgen, einem »Oink!« von verschiedener Dauer und Tonhöhe, und einem »Reee!«. Sy Montgomery hört den Geräuschen die jeweiligen Bedürfnisse von Schwein Chris ab; »ich liebte ihn so sehr, dass es mir Angst machte.« Radikal verknappte, letztlich regredierte Kommunikationsformen sorgen für schöne Momente: durch Komplexitätsreduktion zum Glück. Der Worte braucht es keine, Grunzen genügt.

Die täglichen Erlebnisse mit dem Schwein liefern Sy Montgomery außerdem jede Menge Stoff für Small Talk auf Partys, worüber die Frau sich sehr freut. Sie führt Chris auch an der Leine spazieren. Wie froh bin ich, dass mir dieser Anblick erspart blieb. Das Fazit der Autorin zur Beziehung zu Chris lautet: Sie »lernte von ihm, die irdischen Gaben zu genießen: das goldene Licht der Sonne auf der Haut, die Freude beim Spielen mit den Kindern«, das Schwein »lehrte uns zu lieben, was das Leben uns gibt. Selbst wenn es Schweinepampe ist.« Mit dieser wie mit jeder Erfahrung lässt sich nicht rechten. Doch man muss – Pardon – recht überspannt sein, um für die menschheitsgeschichtlich uralte Erkenntnis, dass wir auch die kleinen

Dinge des Lebens schätzen sollten, die Liebe zur Sau zu brauchen. Für die, nebenbei bemerkt, »Schweinepampe« womöglich eine Delikatesse ist und gerade keine »Pampe«. Was Chris lehrt, muss Sy längst gewusst haben, bevor sie das Schwein kennenlernte. Weil sie ein Mensch ist.

Ähnlich verhält es sich mit den Lektionen jener Vogelspinne, der Sy Montgomery den Namen Clarabelle gab. Clarabelle ist riesig, hat »acht hufähnliche Füße« – acht Zähne hatte Borkenkäfer Berti –, und Sy schloss Clarabelle im südamerikanischen Dschungel in ihr Herz. Die Spinne eröffnet der Frau »eine neue Welt«. Wie und warum? Weil die Spinne »unglaublich wandelbar« ist; »war ein Bein verletzt, konnte sie es abziehen und auffressen, um Platz für ein neues zu schaffen.« Diese Fähigkeit freilich kann Sy nicht übernehmen. Wieder verbleibt eine tierische Kompetenz beim Tier und nur bei ihm. Wie es sich mit der pädagogischen Wahrheit der Spinne verhält, wissen wir Außenstehende nicht. Sy Montgomery schreibt, sie habe von Clarabelle gelernt: »Die Welt war randvoll mit Leben, voll der Seelen kleinster Wesen, die ihr Dasein genauso lieben wie wir das unsere.« Ob Tiere eine Seele haben, ist umstritten. Sollte es sich um daseinsliebende Seelenwesen handeln: Gilt das auch für die Heuschrecke, die Sy Clarabelle zum Fraß vorwarf, weil sie ihr »auch einmal etwas bieten« wollte? Der toten Heuschrecke werden keine Nachrufe geschrieben. Die Heuschrecke lehrt nichts, sie war nur Futter.

Die Beispiele wechseln, Tonfall und Moral tun es nicht. Sy Montgomery schrieb ein rasend erfolgreiches Erbauungsbuch für Menschen, die menschliche Wahrheiten erst glauben, wenn sie sie Tieren unterschieben können. Ein Wiesel taucht zu Weihnachten vor Sys Haus auf? Das kleine Tier mit dem weißen Fell verbannt »Wut und Ärger aus meinem Herzen« und schafft »Platz für ehrfürchtiges Staunen und den Balsam der Vergebung«. Die immer fröhliche Border-Collie-Hündin Tess wiederum ist für Sy »der Inbegriff der Grazie« mit ihren »hündischen Superkräften«, »nie zuvor hatte mich jemand so tief und rückhaltlos geliebt. Und nie zuvor hatte ich so allumfassende Gnade empfunden«. Der Tod von Schwein Christopher und Hündin Tess stürzt Sy tatsächlich in eine »tiefe Depression«. Die »Gnade des Universums« – so steht es da wirklich – sorgt dafür, dass eine neue Border-Collie-Hündin den Weg zu den Montgomerys findet. Sie wird Sally gerufen, »Sally machte mich unsagbar glücklich. (...) Ich liebte ihre großen, aufgerichteten Ohren.« Sy liebt Sally »genauso abgöttisch« wie zuvor Tess und Chris – und wie später Octavia, den Oktopus. Dessen Lektion für Sy taugt als Fazit das Buches: »Die Erde ist heilig, das Leben auf ihr von einem Reichtum, der den Verstand weit übersteigt.«

Die Geschichte von einer, die auszog, mit Tieren zu leben, und die dabei ihr Glück fand: Das wäre der ehrlichere Titel als »Einfach Mensch sein. Von Tieren lernen«. Sy Montgomery ist eine Tiernärrin. Es gibt schlimmere menschliche Eigenschaften als die Liebe zum Tier, selbst wenn diese »abgöttische« Ausmaße annimmt und mütterliche Gefühle kompensatorisch stillt. Sy Montgomery lebt mit Schwein und Hund, Huhn und Wiesel auch deshalb eng zusammen, weil sie »nie« schwanger werden wollte: »Wozu auch, wenn ich schon keine kleinen Hunde bekommen konnte. Die Erde war ohnehin mit Menschen überbevölkert.« Tiefenpsychologen überlasse ich gern die weitere Ausdeutung der Sehnsuchtsfantasie, als Frau Hunde zur Welt bringen zu wollen. Zumindest ist der emotionale Nahumgang mit liebem Vieh die politisch korrekte Alternative zur Menschenfamilie. Wir erinnern uns an den Appell des Opernregisseurs Peter Sellars und anderer Umweltaktivisten, das Klima durch Gebärstreik zu retten.

Zu lernen aber, wirklich und handfest zu lernen gibt es von Tieren nichts – nichts zumindest, worauf man durch Nachdenken und Nachlesen nicht auch selber käme, ohne tierische Hebammenhilfe. Sy Montgomery scheint zu ahnen, dass ihre geliebten Tiere eben doch keine »Lehrmeister« sind. Mehr und mehr verfällt sie in esoterischen Kitsch, um die Lücke zwischen Anspruch und Wirklichkeit zu übertünchen. Wenn es nichts zu lernen, sondern bestenfalls dies und das zu bewundern, zu bestaunen, zu erklären gibt, ändert der Ausfallschritt ins Esoterische die Ebene, auf der argumentiert wird. Ob Sy Montgomery wirklich, wie sie schrieb, »Gnade« erfuhr, als sie sich um die Tiere kümmerte, ob sie ergriffen war vom hündischen Tun, gerührt vom Treiben der Spinne: Das weiß niemand als Sy Montgomery allein, das kann niemand bestreiten oder bestätigen. So endet ein Buch, das pädagogisch sein will, als religiös gefärbte Bekenntnisfibel.

Stopp. Bin ich zu ungerecht? Sy Montgomery steht an der Spitze einer Pyramide von Büchern, Büchern, Büchern, Artikeln und Filmen, die allesamt versprechen, was Sy Montgomery nicht einlösen konnte: dass man von Tieren etwas lernen könne. Vielleicht gelingt es anderen Autoren, anderen Büchern, vielleicht jenem, das im Titel zu verraten ankündigt, »was wir von Vögeln lernen können«? Oder dem hier, das die »Weisheit alter Hunde« entschlüsseln will und »was wir von grauen Schnauzen über das Leben lernen können«? Erfahre ich alles im Werk »Die Intelligenz der Tiere: Wie Tiere fühlen und denken«? Oder bei Gary Ferguson, der ab Juni 2020 im gleichnamigen Sachbuch »die 8 großen Lehren der Natur« vorstellte und »was wir von Tieren und Pflanzen lernen können«? Der deutsche Verlag wirbt für Ferguson mit den Worten, das Buch handele von »empathischen Wildgänsen, respektvollen Affen und nachsichtigen Moosen« – drei Tugenden, die im klassischen philosophischen Denken ausschließlich Menschen zukommen. Oder weiß Florian Werner mehr, dessen Werk »Die Weisheit der Trottellumme« den Untertitel trägt »Was wir von Tieren lernen können«?

Prompt steht in Florian Werners Vorwort der ambitionierte Satz: »Tiere geben uns – manchmal durch lautliche Äußerungen, meist durch ihr vorbildliches Handeln – Antworten auf die größten Fragen der Philosophie«. Sy Montgomery sieht in Tieren »Lehrmeister«, Werner in ihnen »Vorbilder«. Ist das ein noch größerer Anspruch? Soll der Mensch dann wie Vogelspinne Clarabelle Heuschrecken »mit den Zähnen zermalmen«? Das wird kaum gemeint sein. Was aber dann? Wie ist Werners einleitender Appell zu verstehen, »werden wir Tiere wie sie«? Man solle als Mensch, schreibt Werner, den »Lehren« der Tiere folgen, sich an ihrem »Beispiel« orientieren. Generationen von Menschen vor uns hätten diese Anweisung als antiaufklärerische Anmaßung empfunden. Da will uns jemand, hätte es geheißen, zurückstoßen ins Dunkel der Unvernunft, uns die Krone vom Haupt rauben.

Das Buch, das Florian Werner vorlegt, scheitert dann auf glückliche Weise an seinem Anspruch. Der promovierte Literaturwissenschaftler stellt in feuilletonistischen Miniaturen von wenigen Seiten Umfang Denker vor und Künstler, die sich mit Tieren beschäftigt haben. Er zeigt, was Menschen von Menschen lernen können, die über Tiere nachgedacht haben. Oder die nun mit Tieren in Verbindung gebracht werden. Den Nacktmull konfrontiert Florian Werner auf pfiffige Weise mit Arthur Schopenhauers »Fabel von den Stachelschweinen«. Das haarlose Tier wird über diesen bildungskulturellen Umweg zum Protagonisten des ganz und gar menschengemachten Trends »Cocooning«, der Vorliebe für die häusliche Daseinsform. Die Trottellumme dient als Absprungbrett für Gedanken von und über Sören Kierkegaard, die Ameise darf Paul Lafargues »Recht auf Faulheit« illustrieren, das Axolotl veranlasst Florian Werner zu einem Kurzreferat des österreichischen Philosophen Robert Pfaller – von ihm werden wir im zehnten Kapitel wieder hören. Und so weiter und so fort.

Erhellend ist die Lektüre von »Die Weisheit der Trottellumme« allemal. Die 31 Glossen sind amüsante Expeditionen des menschlichen Geistes. An keiner Stelle aber werden Tiere als Tiere zu wirklichen Vorbildern. Die Ankündigung in der Einleitung, man solle sich an ihnen orientieren, erweist sich als großspurige Lümmelei. Wie auch, wenn das letzte Kapitel dem Brathähnchen gewidmet ist? Vermutlich wollte der Autor sich einen Scherz erlauben, vielleicht gar eine Parodie schreiben auf den unzähmbaren Trend zur Vermenschlichung aller Natur. Andererseits schwimmt sein Buch auf der Schaumkrone eines altmenschlichen Zerknirschungsfurors: Schlapper Mensch, heißt das lehramtliche Mantra, du hast gefehlt, du warst böse – nun wende dich ab von deiner Gattung und der Tierwelt zu. Die Krone der Schöpfung soll, frei nach Goethe, gern und lustig Staub essen, Haufen bauen, Höhlen graben, mit den Schnauzen grunzen.

Nach Witzeleien ist einem anderen Autor nicht zumute. Ironiefrei heißt ein im September 2019 erschienenes Buch des österreichischen Journalisten Oliver Tanzer »Animal Spirits. Wie uns Fledermäuse, Pantoffeltierchen und Bonobos aus der Krise helfen können«. Die Krise, die er meint, betrifft »das Wirtschafts- und Gesellschaftssystem« dieser Tage, dem der Autor das Etikett »neoliberal« verpasst. Es sei gekennzeichnet durch »die Ausbeutung von Ressourcen, die Reichtums-Disparität, die Zerstörung von Lebensräumen und das Massensterben der Arten.« So weit die bekannte Diagnose, das Lamento, das je nach Betrachtungsweise bitter notwendig oder heillos übertrieben ist. Tanzer ortet am Grund dieser Fehlfunktionen die alte, in seinen Augen falsche »Idee (…), wonach der Mensch allein das Maß aller Dinge ist. Wir müssten gleichsam herabsteigen vom hohen Thron und einmal genauer hinsehen, wie denn das die anderen Lebewesen so machen, das ›Probleme-lösen‹: also etwa die Amöben, die Ameisen, die Bienen oder die Menschenaffen.« Erneut wird ein Gang nach unten empfohlen, um emporschauen zu können. Die Umkehrung der Hierarchieverhältnisse ist die Bedingung aller Infantilisierung oder Animalisierung.

Oliver Tanzers Buch enthält kluge Beobachtungen. Die Beispiele aus der Bionik – »die Blätter der Lotuspflanze dienten als Struktur für wasserabweisende Oberflächen« – überzeugen. Auf dieser instrumentellen Ebene lässt sich von der Funktions- und Lebensweise der Tiere und Pflanzen tatsächlich etwas lernen, genauer: abschauen. Das Erkenntnisziel aber ist größer gefasst. Die nichtmenschliche Natur soll in menschlichen Angelegenheiten den Menschen übertreffen. Gleich zu Beginn behauptet der Autor, »Einzeller können uns zeigen, um wie viel bessere Krisenmanager sie sind als die Profis der Zentralbanken«. Bei allem Verständnis für Kritik an EZB und Federal Reserve: Wer die schlichtesten Organismen in einen intellektuellen Wettlauf mit dem Homo sapiens schickt und sie gewinnen lässt, zeigt ein arg simples Menschenbild. Eine solche Behauptung hat ihren Platz auf der Kabarettbühne, nirgends sonst.

Aufschlussreich ist Oliver Tanzers Buch, weil es im ersten Teil ein bedrückendes Szenario schildert, den Hintergrunddonner der neu erweckten Sehnsucht nach dem Tier im Menschen. Andernorts bleibt dieses Grundrauschen ausgespart. Hier wird es explizit. Am Anfang der Überlegung steht eine menschengemachte Krise, aus der dann die Hinwendung zum

Tier befreien soll. Kulturpessimismus ist die Basis der animalischen Aufrufe. Die Erde muss in einem riesengroßen Schlamassel stecken, aus dem kein Mensch heraushelfen könne. Was gestern der fatalistische Blick war hinauf zu den Göttern, ist heute der Blick hinab zum Tier: Hilf, Amöbe, hilf! Beim Bonobo!

Der Kapitalismus, so Oliver Tanzer, schaffe keine »stabile Ordnung«, »wir stehen vor einem unübersehbaren Wust an Problemen, die von Steueroasen bis zum Klimawandel reichen«. Die Welt ist aus dem Lot, ließe sich mit Shakespeare sagen. Überall entdeckt Tanzer Macht und Herrschaft, Herrschaft und Macht zu unheiligen Zwecken. Jesus von Nazareth habe diese Hierarchien und den durch sie gebildeten narzisstischen Charakter herausgefordert, indem er die »Gnade Gottes« ins Spiel brachte. En passant: Gnade war ein Schlüsselbegriff auch in Sy Montgomerys Lehre von der unbedingten Tierliebe, wenngleich sehr eigenwillig aufgefasst als »Gnade des Universums«. Der Weg zum inneren Tier ist mit religiösen Begriffssteinen gepflastert.

Mit einem Tusch heißt Oliver Tanzer die Pantoffeltierchen in seinem Buch willkommen: »Die Bakterien antworten auf Krisen mit einer Strategie, die höchst erfolgreich genau das Gegenteil von dem tut, was die Krisenmanager der angeblich höchstentwickelten Spezies vorschlagen – und schädlicherweise auch noch umsetzen.« Nämlich? Die »großartigen Extremlebewesen« kennen den Wert der multilateralen Zusammenarbeit. Die Menschen täten »derzeit das Gegenteil von dem, was Einzeller im Krisenmodus tun würden. Anstatt horizontal in Austausch zu treten und intensiver als je zuvor miteinander zu kooperieren, ziehen wir künstliche Grenzen ein. Wir entwickeln politische Leitbilder, die alles Fremde als Gefahr brandmarken und die Nationen isolieren – unter dem

Vorwand, ›das Volk‹ oder ›das Abendland‹ retten zu wollen.« Wer hätte das gedacht! Die Einzeller haben demnach die Europäische Union und die Vereinten Nationen vorweggenommen. Es muss sich um wahre Geistesheroen handeln. Oder hat Autor Tanzer ihnen nur seine eigene Weltanschauung abgelauscht? Wer will's entscheiden?

Danach hat der neuerdings unvermeidliche Wolf bei Tanzer seinen Auftritt. In seinem rund achtköpfigen Rudel beweise der Wolf, dass flache Hierarchien am besten geeignet sind, um »situtionsgebundene Antworten« für komplexe Herausforderungen zu finden. Der Wolf sei ein Meister in der »erfolgreichen situationsbedingten Korrektur von mangelhaften Abläufen« – sozusagen der perfekte Prozessoptimierer. Warum aber tötet er dann zuweilen im sogenannten »Surplus Killing« viel mehr Schafe, als er zu fressen vermag? Einen Meister der Abläufe und Lehrer der Komplexität dachte ich mir klüger.

Die ebenso unvermeidliche Biene führt uns im folgenden Kapitel bei Tanzer vor, wie man Kommunikation »vorbildlich transparent« gestaltet, denn »das Bienenbeispiel zeigt, wie konstruktive, zielorientierte Kommunikation positiven Wettbewerb im Sinne einer umfassenden Problemlösung stiftet und eine vollkommen effiziente, auf Wettbewerb gründende Kooperation. Vergleicht man diese Mechanismen nun mit jenen in unserer Gesellschaft, wird klar, dass wir bei globalen oder internationalen Problemlösungsversuchen immer dem genauen Gegenteil dieser optimalen Lösungen den Vorzug geben.« Die Menschen hören nicht auf Wolf und Biene, verharren trotzig im puren Gegenteil. Oder wollen sie nur nicht auf den Autor hören, der Tiere vorschickt, um der Welt den Marsch zu blasen? Wenn freilich die Bienen wirklich ein Vorbild sein sollen, müsste sofort die Monarchie eingeführt werden. Der Bienenstaat ist streng hierarchisch organisiert, mit einer Königin an der Spitze. So wird es Tanzer nicht gemeint haben. Nur um den Preis eines Scheuklappenblicks auf die Tierwelt ist diese menschenkompatibel. Man muss sie im Walt-Disney-Maßstab wahrnehmen, um aus ihr nur solche honigsüßen Botschaften ableiten zu können.

Selbst ein so abwechslungsreiches Buch wie »Animal Spirits. Wie uns Fledermäuse, Pantoffeltierchen und Bonobos aus der Krise helfen können« entlockt den Tieren lediglich allerlei billige Botschaften, auf die ein vernünftiger Mensch auch ohne tierische Vergleichsmaßstäbe kommt. Wenn Tanzer dem »Bienen-Beispiel« nachrühmt, dort sei eine »rationale Mehrfachprüfung der Informationen« zu erkennen, während bei den Menschen »ideologische Prägungen« vorherrschten, wird es unfreiwillig komisch: »Die effizienten Bienen würden in den USA wohl eher über die wirklichen Kernprobleme der Gesellschaft beraten – das dramatisch steigende Ausmaß an Ungleichheit, die systematische Benachteiligung der Schwarzen, die Abhängigkeit der gesamten politischen Klasse vom Geld großer Konzerne und so fort.« Ein Wahlrecht für Bienen, heißt das wohl auch, hätte den Präsidenten Donald Trump verhindert. Im Bienenstaat, wie gesagt, sind jedoch keine Wahlen vorgesehen. Die Königin herrscht.

Was genau wir von Fledermäusen und Bonobos, dem »Vorbild für reife Menschlichkeit«, und schließlich von Wasserflöhen lernen sollen, überlasse ich dem eigenständigen Selberleser. Die Moral des Buches hat sich uns mittlerweile erschlossen: Tiere leben dem Menschen vor, wie man erfolgreich kooperiert und in flachen Hierarchien seine Ziele erreicht. Davon abgesehen, dass es ein sehr anspruchsvolles Verlangen ist, zutiefst menschliche Begriffe wie Erfolg und Effizienz auf die belebte Natur zu übertragen: Ihren Vorbildcharakter erhalten Tiere auch in dieser Optik dadurch, dass sie sich gegen jene

Prinzipien in Stellung bringen lassen, die der jeweilige Tierautor ablehnt – oder die objektiv ein Problem sind. Ohne Dressur durch den Menschen ist die neue Begeisterung fürs Tier nicht zu haben. Tiere vollführen in der hierfür präparierten ideologischen Manege weltanschauliche Tricks und Kunststücke, die der gute Dompteur ihnen abverlangt. Ein Misstrauensvotum des Menschen an den Menschen sind diese Beifallsstürme für Flora und Fauna. In ihnen steckt ein Vorwurf an die ganze Gattung: Was hat dich bloß so ruiniert, Mensch?

Natürlich sind die Beobachtungen aus der Tierwelt lehrreich und meistens amüsant. Natürlich ist der Aufruf, möglichst schonend mit Tieren und Pflanzen umzugehen, vernünftig. Natürlich kann es nie schaden, sich der Menschennatur als eines kleinen Teils der Schöpfung neu zu vergewissern. Mehr Demut hat noch keinem geschadet. Der Anspruch der Tierautoren und -apostel jedoch ist ein anderer, und er wird um einen zu hohen Preis erkauft. Hier werden im Medium der Tierbeobachtung Handlungsanweisungen an den Menschen ausgesprochen. Die Natur wird in das moralische Korsett des jeweiligen Autors gezwungen. Indem man sich dabei auf Bienen beruft statt auf Aristoteles oder Thomas von Aquin oder Immanuel Kant, tritt man aus der menschlichen Gattung heraus. So wird die eigene Weltanschauung immunisiert gegen Einwände. Wer wollte ernsthaft Bienen dafür kritisieren, dass sie so transparent kommunizieren? Oder Vogelspinnen ihre Wandelbarkeit vorwerfen? Na bitte.

Halb im Scherz wies Sy Montgomery die Vorstellung, schwanger zu werden, mit der rhetorischen Frage von sich, »wozu auch, wenn ich schon keine kleinen Hunde bekommen konnte. Die Erde war ohnehin mit Menschen überbevölkert.« Bis in die persönliche Lebensplanung kann die Abwendung von der Gattung reichen. Jeder und jede hat das Recht, sein oder ihr Leben individuell zu gestalten, fraglos. Die Idealisierung der Tiere und die Abwertung des Menschen ergänzen einander jedoch oft. Welches Urteil sprechen wir uns, wenn wir uns eine Antwort auf die menschliche Frage von tierischen Sachwaltern versprechen? Die Sehnsucht nach einer Rückabwicklung des menschlichen Projekts können solche Rangumkehrungen verdecken. »O dass wir unsere Ururahnen wären«, seufzte der Schriftsteller Gottfried Benn, ein Kulturpessimist der ersten Garde, »ein Klümpchen Schleim in einem warmen Moor«.

Kinder können nicht nur keine Kinder bekommen. Kinder sind auch mit einem großen Vertrauensvorschuss gesegnet, glücklicherweise. Kindlich ist es, dem Gegenüber erst einmal keine List, keine Bosheit zuzutrauen. Kindisch und gefährlich wird es, wenn Erwachsene sich mit derselben Haltung der Welt nähern. Wenn sie im Tier nur einen Spielpartner, einen Bau- und Lehrmeister sehen, einen Geburtshelfer besserer Welten. Die Brutalität von Tieren, jenseits aller Menschenmoral, bleibt dann ausgespart. Die Zähne werden ihnen buchstäblich gezogen. Natürlich lesen wir in den tierischen Besserungsfibeln für Menschen nichts von der Brutalität, mit der Krähen kleine Igel zu Tode hacken, nichts von der Lust der Katze, den Tod der Maus hinauszuzögern, nichts vom Schmarotzer Kuckuck, der anderer Vögel Eier aus dem Nest stößt.

In der TV-Dokumentation »Mörderische Mieze« (2019), zu sehen bei Arte, wird von der allseits beliebten Katze gesagt, »die Evolution hatte genug Zeit, aus ihr eine kleine Tötungsmaschine zu machen. (…) In einer Zeit, in der die Artenvielfalt ohnehin schon auf dem Spiel steht, sind die geschickten Fleischfresser eine immense Gefahr für viele bedrohte Tierarten.« Ob man dem zustimmt oder nicht: Ein reduziertes Menschenbild mündet in ein verkürztes Bild von Natur. Aufklärung stellt sich auf diesen Pfaden nicht ein. Wer mit Blick auf die Natur mehr Instinkt und weniger Vernunft wagen will, darf sich nicht wundern, wenn Menschen sich in ihren eigenen Unvernünftigkeiten einrichten und abschotten. Aller Beschwörung tierischer Solidarität zum Trotz.

Mit Berti nahm es übrigens kein glückliches Ende. Der Nationalpark Harz gab Ende 2019 bekannt, künftig auf den Borkenkäfer als Kampagnenhelden zu verzichten. Die Proteste waren zu groß geworden. Man wolle keine Gefühle verletzen, hieß es aus den Reihen des Nationalparks. Womit tatsächlich die Gefühle der Menschen gemeint waren.

4

TAPFER, WILD UND KOMPETENT

Der Kult um den Wolf zeigt, warum
Robert Habeck und Andreas Hoppe irren
und weshalb sich hinter Tierliebe ein Misstrauensvotum
an den Menschen verstecken kann

Es waren große Tage im Harz, in Württemberg, im Odenwald, als der letzte Wolf endlich getötet war. Sonst hätte man diesen Abschieden kein Denkmal gesetzt, keine Wolfssteine. Darauf steht zu lesen: »Unter der Regierung des Grafen Jost Christian zu Stolberg-Roßla wurde im Monat Januar 1724 der letzte Wolf allhier erlegt.« Oder: »Hier wurde am 10.3.1847 der letzte Wolf in Württ. durch Waldschütz Sorg aus Eibensbach erlegt. Er hatte in der Umgegend über 50 Schafe in einem Jahr gerissen.« Oder auch: »Hier wurde am 12. März 1866 der letzte Wolf des Odenwalds (...) nach einer Treibjagd erschossen.« Ein letztes Halali dem grimmigen Tier, heißa und juchhe. Man atmete auf.

Kein Tier hat in den vergangenen Jahrzehnten einen derart rasanten, derart radikalen Imagewandel hingelegt wie der Wolf. Jeder PR-Berater wäre stolz auf eine solche mediale Neuerfindung. Aus dem bösen wurde der liebe Wolf, aus dem Eindringling der Rückkehrer, aus dem Feind der neue Nachbar, aus einem Raubtier der bessere Mensch – zumindest dort, wo man von den auch blutigen Nebenfolgen dieser Neuansiedlung verschont bleibt und sein Geld nicht gerade mit Schafen verdient. In den erbittert geführten Debatten um Meister Isegrim sind die größten Begriffe gerade recht.

Der Wolf wird dann zum Symbol für eine bessere Welt, nimmt eine Harmonie von Tier und Mensch vorweg, lehrt seine Wolfsweisheit, heilt uns. Der damalige brandenburgische

Umweltminister Matthias Platzeck (SPD) verstieg sich 1993 zur Aussage, an der Rückkehr des Wolfes werde sich zeigen, »ob wir einen Mosaikstein in den Friedensvertrag mit der Natur setzen können oder endgültig an einer Scheinwelt fern der ursprünglichen Lebensquellen festhalten«. Kein echtes Menschenleben, heißt das, ohne Wolf. Kein endgültiger Friede ohne Wolf. Keine Wahrheit ohne zurückgekehrte Rudel, keine Ursprünglichkeit ohne sie. Wolf muss sein, sonst ist da nur Schein. Wer es anders sieht, der gehört den »Schafsnaturen« an. Diesen Begriff prägte Wolf-Dieter Storl, Kulturanthropologe und »Ethnobotaniker«, in seinem Buch »Wolfsmedizin« (2018). Wölfe hätten »die Reinheit und Kraft der wilden, unverdorbenen Natur«.

Auch in Stein gemeißelte Wahrheiten können sich als vorläufig erweisen. Wurde der letzte Wolf Württembergs wirklich im Jahr 1847 abgeschossen – oder doch erst 1865? Im Stadtarchiv von Neudenau bei Heilbronn fand sich 2014 die Aufzeichnung des Schreinermeisters Josef Anton Nonnenmacher. Im Eintrag für das Jahr 1865 schrieb dieser: »Am 15. November wurde von Ökonom und Jagdpächter Scheufler in Siglingen in der Nähe des hiesigen Tannenwaldes, nämlich im Reichertshäuser Privatwald, eine junge Wölfin geschossen.« Ergo, folgerte die »Heilbronner Stimme«, starb der »letzte Wolf nicht 1847, sondern frühestens 1865. Und nicht im Stromberg bei Cleebronn, sondern bei Neudenau-Siglingen.«

Es sei, wie es sei: Der letzte württembergische Wolf war besagte Wölfin nicht. Im Juni 2017 wurde ein Wolf bei Überlingen am Bodensee gesichtet. Im August 2017 wurde ein aus dem niedersächsischen Schneverdingen stammender Wolf tot, erschossen, aus dem fast 800 Kilometer entfernten Schluchsee gezogen. Im Oktober 2017 wurden drei Schafe in Widdern bei Heilbronn von einem Wolf getötet, im April 2018 insgesamt 44 Schafe in Bad Wildbad. »Wir stellen uns darauf ein«, erklärte daraufhin der baden-württembergische Umweltminister Franz Untersteller (Bündnis 90/Die Grünen), »dass der Wolf im Nordschwarzwald sesshaft wird.«

Wenn schon nicht die betroffenen Bauern und Nutztiere, so doch die Kinder in den Kindergärten und Kitas freuen sich darüber unbändig. Zumindest dann, wenn es nach zahllosen Kinderbüchern geht und nach dem NABU, der als Losungen »Willkommen Wolf« und »Der Wolf kommt nach Hause!« ausgab. Der Naturschutzbund Deutschland e.V. stellt den Kleinen und Kleinsten sogar ein Lied zur Verfügung, das sie gemeinsam singen sollen: »Ahuu. Das NABU-Wolfslied.« An falschen Reimen herrscht darin kein Mangel, und auch der Optimismus kommt nicht zu kurz. Hören wir einmal hin. Besagter »Wolfssong von Eckhard Pieper« verkündet, begleitet von Wolfsgeheul und Synthesizer, Wölfe seien »wunderschön. Leider gab's in unserm Land lange keine mehr. Doch vor ein paar Jahren kamen wieder welche her.«

Pieper denkt also zurück an das Jahr 1998, als sich ein Wolfspaar aus Polen auf dem Truppenübungsplatz Oberlausitz niederließ, wo zwei Jahre später Welpen zur Welt kamen. Damit war ein Anfang gemacht, der heute noch glücklich macht. So soll es den Kindern vermittelt werden. Wölfe tun gut, Wölfe sind wunderbar. Doch weiter im scheppernden Takt, es ist Zeit für den Refrain: »Jetzt woh'n wieder wilde Wölfe hier bei uns im Wald. Seid willkommen, ihr seid noch nicht viele, aber bald. Wundervolle Wesen wandert'n von Ost nach West, und es werden mehr, wenn du sie lässt.« Direkt angesprochen wird das hörende, summende, singende Kind. Es soll sich aktiv dafür einsetzen, dass dem Wolf keine Hindernisse in den Weg gelegt werden. Mami und Papi haben hierfür gewiss ein offenes Ohr. Und auch die Klassenlehrerin freut sich schon auf engagierte Debatten.

Die Sorge, der Wolf verbreite sich dank menschlicher Bedenken zu langsam, kann man Eckhard Pieper nehmen. Im Monitioringjahr 2018/19 wurden für Deutschland 105 Rudel gemeldet, daneben 29 Wolfspaare und elf sesshafte Einzelwölfe, deutlich über 1 000 Wölfe insgesamt. Im Jahr zuvor waren es 77 Rudel, 40 Paare und drei Einzelwölfe gewesen. Die Wolfspopulation in Deutschland wächst jährlich um rund 30 Prozent und hat damit laut Deutschem Jagdverband eine Höhe erreicht, die »weit über dem liegt, was in anderen europäischen Ländern als Gesamtbestand zugelassen werde. Im Nachbarland Frankreich sei beispielsweise eine Grenze von 500 Wölfen festgelegt.« Die Franzosen kennen demnach eine Kategorie, die in Deutschland bis zum Auftreten der Covid-19-Pandemie mehrheitlich scharf abgelehnt wurde, die Kategorie der Obergrenze. Der Viren suchte man dann im Jahr 2020 mit diversen Obergrenzen Herr zu werden. Mal war es eine Reproduktions-, mal eine Verdoppelungszahl, mal eine Quote an Neuinfizierten, die eine bestimmte Grenze nicht überschreiten durften.

Was aber sagt beziehungsweise singt Eckhard Pieper zur Obergrenzenfrage? »Ahuuuu, ahuuuu, ahuuuu.« In Menschensprache: »Märchen ham nicht immer recht. Sie sind ziemlich alt. Denn die Wölfe warn nie schlecht. Wild, das sind sie halt. (…) Nein, du bist kein Streichelhund, nein, du bist nicht zahm. Doch das ist noch lang' kein Grund, dich nicht gern zu ham.« Gute Wesen, heißt das, bitten nur um das, was ihnen zusteht, um etwas Platz und ganz viel Verständnis. Wölfe gehören zu uns, gehören hierher. Der NABU wünscht sich, dass Piepers Lied »im Kindergarten oder in der Schule genutzt« werde. Ich weiß nicht, welche Pflanzstätten der Jugend diesem Wunsch bisher nachkamen. Verbürgt ist, dass ein Wolf in Südpolen im Juni 2018 zwei Kinder angriff und verletzte. Und dass im

Dezember 2019 die Johanniter-Waldkita Christianslust (Schleswig-Holstein) vorübergehend geschlossen wurde, nachdem ein Wolf in der Nähe mehrere Schafe gerissen hatte.

Dennoch stimmt, was die Monatszeitschrift »National Geographic« in ihrer Titelgeschichte »Die Rückkehr der Wölfe. Sind wir bereit für so viel Wildnis?« schon im August 2017 schrieb: »Eine Analyse des norwegischen Wildbiologen John Linnell dokumentierte 2002, dass es seit 1950 in Europa neben einigen Zwischenfällen mit tollwutkranken Tieren 21 Angriffe von gesunden Wölfen auf Menschen gegeben hat – die meisten davon im Norden Spaniens in den Fünfziger- bis Sechzigerjahren. Von diesen verliefen fünf tödlich. Am meisten sind Kinder gefährdet.« Freilich können auch »Zwischenfälle« mit tollwutkranken Wölfen schlimme Folgen haben. Den Opfern sind die Befindlichkeiten der Täter egal. Kinder sind nicht schon deshalb vor wölfischen Übergriffen geschützt, weil sie vom Wolf gut denken und dessen Laute im Lied nachahmen.

Ganz und gar gefahrlos wäre die Begegnung mit jener lieben Wölfin, die in dem Kinderbuch »Habt ihr schon vom Wolf gehört?« von Quentin Gréban die Hauptrolle spielt. Unübersehbar geworden ist mittlerweile die Flut an wolfsfreundlichen Kinderbüchern. Sie heißen »Komm, ich zeige dir die Wölfe«, »Auf den Spuren der Wölfe«, »Vom Wolf, der lieb sein wollte« oder eben »Habt ihr schon vom Wolf gehört?«. Die Pointe dieses Bilderbuches besteht darin, dass es vor lauter Freundlichkeit hier und Klatsch- und Tratschsucht dort nur zu einer einzigen Begegnung der Wölfin mit einem anderen Tier kommt. Damit setzt sich eine Lawine der antiwölfischen Vorurteile in Gang, getreu dem alten lateinischen Sprichwort »Fama crescit eundo« – das Gerücht wächst, indem man es weitererzählt.

Die Wölfin, bei Quentin Gréban »kein böses Tier«, sondern »sehr freundlich«, lächelt am Beginn der Geschichte ein

Lämmlein an. Auf Lamm also hat sie gerade keinen Appetit. Weil sich beim Lächeln aber die »spitzen Zähne« der Wölfin entblößen, flieht das Lämmlein. Das war schon die Urszene, der Stein, der alles ins Rollen bringt. Dem Schwein erzählt das Lämmlein nämlich und flunkert dabei: »›Ein böser Wolf hat mich angegriffen. Er hatte große, spitze Zähne und wollte mich beißen!‹ Ein Lamm übertreibt immer ein bisschen.« Aber auch Schweine, Gänse, Esel, Ratten, Hühner, Katzen, Enten, Ziegen übertreiben gerne. Der Staffellauf des Erzählens nimmt Fahrt auf.

Jedes Mal, wenn eines dieser Tiere die Geschichte der Begegnung von Lamm und Wolf weiterreicht, wird sie greller und stets zum Nachteil des Wolfes. Man schmückt sich mit einer Drastik, die man frei hinzuerfindet. Am Ende lautet »das Gerücht«, das sich zur Horrorgeschichte auswuchs, bei den erschrockenen Meisen, »ein grausames Monster streift durch die Gegend und vernichtet jeden, der ihm in die Quere kommt!« In dieser heillos überzeichneten Fassung hört die Wölfin davon, die unterdessen »friedlich im Wald lebte«. Sie nimmt aus Angst Reißaus, die Arme. Sie fürchtet sich vor dem Schreckbild ihrer selbst, dessen Entstehen sie unabsichtlich in Gang gesetzt hat. Die Verleumdungen schlagen die Verleumdete in die Flucht, »man hat sie nie wiedergesehen«. Armer, armer Wolf. Übel hat man dir mitgespielt.

Die Moral der Geschichte? Es sind die anderen, die den Wolf böse machen. Von Natur aus ist der Wolf auch nur ein Mensch. Er lächelt gern, will seine Ruhe, und wenn man ihm die nicht lässt, haut er ab. Nur in der Fantasie jagt der Wolf Schrecken ein. Das Buch erschien 2009 auf Französisch, 2017 auf Deutsch. Vielleicht kann man mildernd ins Feld führen, dass solche vermenschlichenden Illusionen damals noch ihr Recht hatten, zumal in einem Kinderbuch, das sich an Vier- bis

Sechsjährige richtet und sich nicht in Furcht einflößenden Szenarien ergehen sollte. Riskant kann es dennoch sein, Kinder in eine Wolfskuschelpädagogik einzuhüllen. Wie würden etwa die Kleinen der Johanniter-Waldkita Christianslust sich nach solcher Lektüre verhalten, wenn sich ihnen ein Wolf tatsächlich näherte, so unwahrscheinlich es sein mag? Da war NABU-Bänkelsänger Pieper realistischer, der zugestand, Wölfe seien »kein Streichelhund« und »nicht zahm«.

Vergleichen wir den Tonfall des Kinderbuches von 2009/2017 mit den Äußerungen der damaligen brandenburgischen Umweltministerin Anita Tack (Linkspartei) aus dem Jahr 2010. Noch heute, da ich diese Zeilen schreibe, ist Tacks Statement aus der Broschüre »Wölfe in Brandenburg – Eine Spurensuche im märkischen Sand« abrufbar auf der Homepage des Ministeriums für Landwirtschaft, Umwelt und Klimaschutz, das 2010 Ministerium für Umwelt, Gesundheit und Verbraucherschutz hieß. Abermals wird der Wolf in ein ideologisches Raster eingepasst. Ministerin Tack schreibt: »Die Bestandsentwicklung des Wolfs ist ein Indikator für den Bewusstseins- und Wertewandel in unserer Gesellschaft gegenüber Entwicklungen in der Natur. Wenn wir von den ärmsten Ländern erwarten, dass sie Löwen, Tiger oder Elefanten schützen sollen, müssen wir selbst mit gutem Beispiel vorangehen. Die Entwicklungsländer beobachten sehr genau, wie das – im Weltmaßstab betrachtet – wohlhabende Deutschland mit einer vergleichsweise unproblematischen Tierart wie dem Wolf umgeht.« Deutschland, das reich sei und deshalb moralisch zu führen habe; Naturschutz als Ausdruck eines Wertewandels; ein Tier, das wenig Probleme mache: So wird der zugewanderte Wolf vom traurig entbehrten zum glücklich begrüßten Bürger der Wälder. Er beglaubigt ein neues deutsches Bewusstsein. Er spricht uns gerecht. Wir sind auf ihn angewiesen.

Anders klingt es acht Jahre später in Niedersachsen. Dort wird 2018 »die Rückkehr der konfliktträchtigen Wildtierart Wolf (Canis lupus) durch die Landesjägerschaft Niedersachsen e.V. (LJN) wissenschaftlich dokumentiert«. Bemerkenswert ist ebenso die Zuständigkeit der Jäger für das Wolfsmonitoring wie auch die Formulierung vom »konfliktträchtigen«, nicht mehr »vergleichsweise unproblematischen« (Anita Tack) Tier. Die meisten Wolfsrudel lebten im Monitoringjahr 2018/19 in Brandenburg (41), gefolgt von Sachsen (22) und Niedersachsen (21). Wer sich an einem verregneten Sonntagnachmittag die Zeit vertreiben will, kann sich Stunde um Stunde in die Datenbank der »Dokumentations- und Beratungsstelle des Bundes zum Thema Wolf« vertiefen.

Wenn irgendwo das Wort von der deutschen Gründlichkeit Sinn hat, dann hier. Unbemerkt bleibt kein Wolf, bleibt keines Wolfes Tun oder Erleiden. Alles wird verzeichnet, jede Regung dokumentiert. Genetikproben sammelt man das ganze Jahr über. Wölfe werden mit hohem Aufwand verzeichnet, verfolgt, gerastert und präziser dokumentiert als beispielsweise verstorbene Menschen – im Zuge der Coronavirus-Krise erfuhr man auch das. Wer hätte denn gedacht, dass sich die beiden rudellosen Wolfspaare von Mecklenburg-Vorpommern in Billenhagen und Lübtheen niedergelassen haben, während der nordrhein-westfälische Einzelwolf mit Schermbeck vorliebnimmt? Oder dass seit 1990 bis Mai 2020 in Deutschland 471 tote Wölfe aufgefunden wurden, von denen 357 Opfer eines Verkehrsunfalls waren? Keine Fragen lässt die Datenbank offen.

In den Amtsstuben und bei den Praktikern von Wald, Feld und Flur hat sich ein nüchterner Blick auf den Wolf durchgesetzt. Davon zeugt das Ende 2019 vom Deutschen Bundestag beschlossene Zweite Gesetz zur Änderung des Bundesnaturschutzgesetzes. Der Bundesrat stimmte Mitte Februar 2020 zu.

Nun ist ausdrücklich »das Füttern und Anlocken mit Futter von wildlebenden Exemplaren der Art Wolf (Canis lupus) (...) verboten«. Das Füttern von Wölfen führe zu einem »Verlust der Scheu vor Menschen und muss daher aufgrund der damit verbundenen Risiken untersagt werden«. Der Abschuss des Wolfes bleibt in jedem Fall individuell genehmigungspflichtig, kann jedoch gestattet werden »zur Abwendung ernster land-, forst-, fischerei- oder wasserwirtschaftlicher oder sonstiger ernster Schäden«, nicht nur, wie bisher, bei »erheblichen Schäden«. Auch der Abschuss ganzer Rudel kann zur Schadensabwehr erlaubt werden. Da erlangte ein neuer Realismus Gesetzeskraft. Auf dem Buch- und Zeitschriftenmarkt dominiert indes weiterhin die Wolfsromantik, die desto infantiler wirkt, je verbissener an ihr festgehalten wird. Das allgemeine Bild vom Wolf wurde erwachsener, abwägender, enthält Licht und Schatten. Wer bei den großen leuchtenden Augen eines Kindes verharrt, stellt der eigenen Reife kein gutes Zeugnis aus.

Oder was ist von solchen Sätzen zu halten? Der Wolf stehe »stellvertretend (...) für unseren Umgang mit der Natur, unserer Erde und der (...) Wildnis«. »Wir stehen am Scheideweg.« Sollte »das Projekt der Rückkehr« der Wölfe scheitern, »wird sich für mich damit auch eine weitere Hoffnung auf eine positive Entwicklung meiner Heimat zerschlagen«. Der Wolf sei »stark, schlau«, es handele sich um »unglaublich schlaue, geschickte, fürsorgliche und soziale Tiere«. Berichtet Wolfsbotschafter Andreas Hoppe, besser bekannt als langjähriger Assistent der »Tatort«-Kommissarin Lena Odenthal, in seinem Buch »Die Hoffnung und der Wolf. Wollen wir mit unseren neuen Nachbarn leben?« (2019). Diesen schönen Status muss sich der Wolf jedoch mit den Füchsen teilen, »unseren wilden Nachbarn«, wie es das gleichnamige Buch von Adele Brand aus dem Jahr 2020 verheißt. Wir erfahren bei Hoppe, dass der sympathische Schauspieler die »Grünen« schätzt und »Rechtspopulisten« ablehnt. Auch solche weltanschauliche Positionierung findet sich in einer Liebeserklärung an den Canis lupus. Der Wolf soll ein Hebel sein, der Weltanschauung des Wolfsfreundes Nachdruck zu verleihen. Mit dem Wolf soll eine »bessere Welt« Einzug halten. Hinter öffentlicher Tierliebe verbirgt sich oft eine politische Willenserklärung.

Insofern verwundert es kaum, dass sich der Co-Vorsitzende der Partei »Bündnis 90/Die Grünen« persönlich des Themas angenommen hat. Gemeinsam mit seiner Ehefrau Andrea Paluch schrieb Robert Habeck das 2019 erschienene Jugendbuch »Ruf der Wölfe«. Zuvor hatte das Duo bereits »Jagd auf den Wolf« (2001), »Wolfsspuren« (2005) und »Wolfsnacht« (2011) verfasst. Das nennt man wohl ein nachhaltiges Interesse. In »Ruf der Wölfe« treten als Retter des Wolfs zwei Schüler auf wie aus dem Lehrbuch für Parteinachwuchs. Clara, benannt nach der Gefährtin des heiligen Franziskus, der als Patron des Naturschutzes gilt, Clara, die Helle – diese Clara ist Veganerin, Pazifistin, engagiert sich bei der Tierschutzorganisation »Peta« und weiß, »dass nicht der Wolf gefährlich ist, sondern der Mensch«. Sie bringt ihren Verehrer, Schulkamerad Jan, auf die richtige ideologische Spur, indem sie dessen Leidenschaft für Wölfe weckt. Clara hält nur Händchen mit einem echten Wolfsfreund. Jan muss sich dafür nicht verbiegen.

Gemerkt, getan. »Ich muss den Wolf retten«, durchfährt es Jan auf Seite 103. Womit jener Wolf gemeint ist, dem Jan kurz vor Weihnachten im Wald begegnete. Er vertrieb ihn mit einem lauten Schrei. »Meine Knie schmelzen unter mir weg.« Bald darauf werden bei Bauer Jessen die Hühner gerissen. Die Lokalzeitung bringt nach einem Interview mit Jan einen alarmistischen Artikel über den »Killer-Wolf«; ein lupenreines Beispiel für Fake News, von Habeck/Paluch bemerkenswert grell gestaltet. Als gäbe es eine »Lügenpresse«. Daraufhin wird die Jagd eröffnet. Der Überfall des Wolfes auf den Hühnerstall von Bauer Jessen macht ihn vogelfrei. Nur Clara beharrt, es sei kein Wolf gewesen, der Bluthochzeit hielt im Stall, sondern ein Wiesel oder ein Iltis.

Ehe Jan zu seiner Wolfsrettungsmission aufbricht, um den wolfsfeindlichen Jägern zuvorzukommen, erfahren wir manches über »Klimaveränderung« und »Klimakrise«, über eine Umgehungsstraße, die gebaut werden soll, »weil Autos eben wichtiger als Tiere« sind, und lernen von Clara, »dass auch Massentierhaltung zur Klimaerwärmung beiträgt«. Jan hat mittlerweile kapiert, »ein Wolf frisst nur, um zu überleben. Der Mensch tötet Tiere aus Vergnügen.« Warum es dann zum »Surplus Killing« kommt, bei dem der Wolf mehr Tiere tötet, als er zu fressen vermag, wird im Buch nicht erörtert. Hier ist die Welt moralisch geordnet: Wer Wölfe nicht schätzt, ist kein guter Mensch, was hier besonders für Polizisten gilt. Sie geben bei Habeck/Paluch eine Pappkameraderie des Missvergnügens ab. Der eine »blafft«, der andere ist »unfreundlich« und »nicht der Hellste«, ein Dritter »blickt müde«, ein Vierter »scheint der Mann fürs Grobe zu sein, der Leute abführen, fesseln und foltern muss«. Aus diesen Worten spricht jugendliche Lust am Übertreiben, Ironie, aber auch ein stabiles Feindbild. Fast kann man nachvollziehen, warum Clara »allen Polizeiautos und Jägerjeeps die Reifen durchstechen« will. Doch da macht Jan nicht mit. Bei aller Liebe.

Am Ende wird es dramatisch. Jan gerät im verschneiten Wald in jenen Käfig, in den der Wolf gelockt werden soll. Der erscheint prompt. Junge und Wolf verbringen eine gemeinsame Nacht in freier Natur, durch Gitterstäbe getrennt. Jan sitzt im Käfig, der Wolf liegt davor. Das Happy End lässt sich davon nicht abhalten. Die Jäger haben das Nachsehen, weil

Herr Dr. Koopmann ihnen zuvorkommt. Der hinzugeeilte Mann ist »Experte für Wölfe«, das Landesministerium hat ihn geschickt, »um den Wolf zu retten«. Koopmann trifft den Wolf mit einer Betäubungspistole. Solchermaßen unschädlich gemacht, wird der Wolf außer Landes gebracht. Zurück bleiben ein böser Landwirt – Bauer Jessen muss wegen Tierquälerei seinen Betrieb schließen –, tumbe Polizisten, ausgetrickste Jäger, vor allem aber ein junges Glück mit einem bekehrten Knaben und einem blitzgescheiten Mädchen: »In den Köpfen der Menschen ist kein Platz für den Wolf.« Clara hat gesprochen. Armer Wolf, du hast noch einmal Glück gehabt. Danke, lieber Staat.

Rousseau begnügte sich mit der gerechten Gesellschaft, Klimaschützer wollen eine bessere Zukunft, Wolfsfreunde eine bessere Welt – unter Umständen, und der Umstände gibt es viele. Auch der sachliche Artikel im »National Geographic« endet mit der Formel, der Wolf lehre uns, »was es bedeutet, beziehungsfähig zu sein«. Das Tier als Lehrer ist meistens der Kern der menschenkritischen Tierbegeisterung unserer Tage. Der Mensch begibt sich zurück in den Status eines Kindes, das zentrale Lehren des Menschseins noch zu empfangen habe. Nur eben nicht vom eigenen Vater, von der eigenen Mutter, nicht von den Schriften der Alten, sondern von der nichtmenschlichen Kreatur. Erwachsen wäre es, darauf zu antworten: Wer Tiere braucht, um beziehungsfähig zu werden, hat größere Probleme mit sich, als irgendein Tier sie je wird lösen können.

Die amerikanischen Dokumentarfilmer Jim und Jamie Dutcher schreiben in »Das geheime Wissen der Wölfe: Die Weisheit der Wölfe, was wir von ihnen lernen können und warum sie uns so ähnlich sind« (2019): »Wenn wir den Lehren der Wölfe lauschen, bereichern wir unser Leben.« Worin bestehen die wölfischen Lehren, die wölfischen Verhaltensregeln für den Menschen genau? »Wölfen gelingt alles als Teil einer Gruppe. Sie leben und funktionieren innerhalb einer Gemeinschaft: sie kommunizieren, kooperieren, lehren die Jungen und teilen alle Alltagspflichten. (…) Ein Wolf weiß, wer er ist, und er erkennt seine Kameraden als Individuen. Er hat eine Vorstellung davon, wie sein Handeln von anderen wahrgenommen wird. Er kann mitfühlen, sich entschuldigen, und er kann andere ermutigen.«

Das wäre durchaus bemerkenswert für ein Tier, ist aber hoffentlich das Allernormalste für jeden Menschen. Der vollkommene Egoist wäre der vollkommene Idiot. Schon das Kind weiß ab einem gewissen Alter, was es ist. Die Interaktion mit der Mutter etwa beginnt in deren Leib. Auch was Dutcher und Dutcher am Wolf vor allem preisen – »Wölfe können vergeben« –, löst bei mir die Nachfrage aus, ob sich ein solcher Begriff auf die Tierwelt überhaupt übertragen lässt; aber ganz gewiss stellt sich nicht jene ergriffene Bewunderung ein, die aus solchen Darstellungen in breiten Schwaden wabert. So zeigt sich hier wie schon bei den verherrlichten Schweinen und Hunden der Sy Montgomery: Ohne ein reduziertes Menschenbild lässt sich das Tier nicht zum menschlichen Vorbild maximieren.

Es handelt sich bei all den Büchern und Artikeln zur höheren Ehre des Wolfes um eine moralische Rede unter Menschen über Tiere, die sich jenseits von Gut und Böse befinden. Das moralunempfindliche Tier soll den Menschen Moral beibringen. Darum auch die rhetorische Inflation des Müssens, aus dem ein Appell spricht. »Man muss sich halt darauf einlassen«, schreibt Andreas Hoppe und meint den Herdenschutz, »auch wenn es mühsam ist und Veränderungen mit sich bringt.« Die sächsische »Fachstelle Wolf« weiß: »Nach langer Abwesenheit müssen wir uns wieder an die Anwesenheit von Wölfen in unserer Nachbarschaft gewöhnen.« Der NABU gibt bekannt: »Wir Menschen in Deutschland – auch als Naturschützer – müssen erst wieder lernen, mit dem Wolf in unserer Nachbarschaft zu leben.« Die Wolfsbotschafterin Christine Günther sagt: »Wir müssen lernen, mit ihm – dem Wolf – zu leben. Wölfe gehören zu Deutschland wie Rehe oder Wildschweine, sie holen sich Lebensraum um Lebensraum zurück. Es zeugt von einer fortschrittlichen Gesellschaft, wenn sie das zulässt.« Da möchte man fast, wenn es nicht zu derb wäre, mit dem Titel des Erfolgsbuches von Tommy Jaud antworten, »einen Scheiß muss ich« – aber nur fast, nein, ich tu's nicht, nein, nein, das wäre zu derb. Ich habe nichts gegen den Wolf, gar nichts. Er ist nicht gut, er ist nicht böse. Er ist ein Tier.

Am angeblich bösen Wolf entzündete sich lange die menschliche Fantasie. Noch in »Brehms Thierleben« von 1882/87 heißt es: »Der Schaden, welchen er durch seine Jagd anrichtet, würde, obschon immer bedeutend, so doch vielleicht zu ertragen sein, ließe er sich von seinem ungestümen Jagdeifer und ungezügelten Blutdurst nicht hinreißen, mehr zu würgen, als er zu seiner Ernährung bedarf. Hierdurch erst wird er zur Geisel für den Hirten und Jagdbesitzer, zum ingrimmig oder geradezu maßlos gehassten Feinde von Jedermann. (…) Unter dem Wilde räumt er entsetzlich auf, reißt und versprengt Elche, Hirsche, Damhirsche, Rehe, und vernichtet fast alle Hasen seines Gebietes, würgt, wenn er seinen Rückzug gedeckt sieht, alles vorhandene Kleinvieh ohne Gnade und Barmherzigkeit, in gleichsam blinder, unüberlegter Mordgier wie ein Tiger hausend (…). So viel ist sicher, dass der Wolf auf alles Lebende Jagd macht, welches er bewältigen zu können glaubt.«

Dann aber folgt die Einschränkung, »immer und überall« hüte er sich »so lange wie irgend möglich, mit dem Menschen sich einzulassen. Die schauerlichen Geschichten, welche in unseren Büchern erzählt und von unserer Einbildungskraft bestens ausgeschmückt werden, beruhen zu den allergeringsten Teilen auf Wahrheit.« Dass Wolf und Lamm aber friedlich beieinander weiden, wird im Alten Testament zurecht für eine paradiesische Zukunft aufgespart. Wie sich auch Märchen und Mythen auf altes Menschheitswissen und reale Erfahrungen stützen. Für Hochnäsigkeit haben wir Nachgeborenen keinen Anlass.

Grund allemal, die Sache und den Wolf heute nüchtern zu sehen und nicht vom alten in ein neues Extrem zu verfallen. Der Wolf war nicht böse, und er ist nicht gut. Es war damals falsch, ihm mangelnde Barmherzigkeit vorzuwerfen, und es ist heute falsch, ihn zum Weltweisen zu verklären. Weder soll er blind abgeschossen noch blind bejubelt werden. Wer sich mit menschlichen Kategorien der Tierwelt nähert, wird weder den Menschen noch den Tieren gerecht. Der ist entweder sehr schlecht informiert oder arg infantil.

Sachlich, nüchtern, aufgeklärt, im besten Sinn erwachsen ist es, wenn Peter Wohlleben, Deutschlands inoffizieller Oberförster, darauf hinweist, dass Wölfe Rehe und Hirsche jagen und töten und dezimieren und so eine »durch den massiven Holzeinschlag« aus dem Ruder gelaufene Population regulieren könnten. Oder wenn man die deutsche Lage mit anderen Ländern vergleicht, mit der französischen Obergrenze für Wölfe etwa oder der russischen, schwedischen, norwegischen Abschusspraxis, um einer »Wolfsplage« (»Schwarzwälder Bote«) Herr zu werden. Hinter gar so viel Wolfsmanagement, Wolfsbegleitung, Wolfsromantik hierzulande steckt nicht nur die punktgenaue Umsetzung rechtlicher Vorgaben, die das gefährdete Raubtier zum schützenswerten Sondergut erklären, dessen ungenehmigter Abschuss eine Straftat darstellt. Sondern auch ein Zerknirschungsfuror, ein Wiedergutmachungsehrgeiz, der zuweilen über das Ziel hinausschießt.

Der Wolf soll heute mit Girlanden willkommen geheißen werden, weil er einmal ausgerottet schien. Die Nachfahren der Vertreiber von einst wollen sich als Umarmer neu erfinden. Statt der »Wolfssteine« für den letzten wurden schon Willkommenssteine errichtet für den ersten »wiedergekehrten« Wolf. Dabei kann übersehen werden, auf durchaus infantile Weise – man denke an Quentin Grébans Kindergeschichte von der freundlich lächelnden, ängstlichen Wölfin –, dass der Wolf in ganz anderer Weise als erhofft tatsächlich pädagogische Fähigkeiten hat. Im Jerichower Land in Sachsen-Anhalt, dem Landkreis mit der höchsten Wolfsdichte Deutschlands, wurden laut mdr.de zwischen Januar und September 2019 über 50 Schafe von Wölfen gerissen. Die als sicher geltenden sogenannten »Rappa-Zäune« haben die Wölfe nicht abgehalten. »Der Wolf ist einfach drübergesprungen«, sagt ein betroffener Schäfer. Die Lokalzeitung erklärt, die Raubtiere hätten »offenbar gelernt zu springen. Ein Wolf, der springt, ist gefährlich, denn er kann jeden Zaun überwinden.« Der »Leitrüde des Parchener Rudels« habe »offenbar auch schon andere Wölfe gelehrt, wie man Zäune bezwingt«. So wird das nichts mit der »alten Allianz zwischen Mensch und Wolf«, die Andreas Hoppe beschwört.

Sehr frei nach dem Schriftsteller Ödön von Horváth folgt manche infantile Wolfsbegeisterung der Devise: Der Wolf ist eigentlich Vegetarier – er kommt nur so selten dazu. In den Worten des NABU-Sängers und Liedtexters Eckhard Pieper: »Ahuuuu, ahuuuu, ahuuuu.«

5

GRETA, LUISA, FELIX & CO.

Das kindliche Klimaorakel führt die Demokratie an ihre Grenzen und sorgt für Frustrationen bei denen, die es loben, um selbst von ihm gelobt zu werden

Mit ihr ist nicht gut Kirschen essen. Die Arme hat sie in die Hüften gestemmt, sodass sich zwischen den Händen an der Taille, den Ellenbogen und den Schultern ein Dreieck bildet. Dazwischen strahlt ein grünes Weizenfeld hervor. Zornigen Blicks steht sie mitten auf dem Feld, die Ähren reichen bis oberhalb des Nabels. Sie trägt ein weißes T-Shirt. Wäre sie alt genug, um Falten zu bilden, sähe man Furchen auf der Stirn. Die Augen hat sie energisch zusammengezogen, die Nasenwurzel tritt hervor. Das blonde Mädchen dürfte neun oder zehn Jahre alt sein. Sie ist ein zorniges Kind und also kein Einzelfall. Ihr Foto liegt auf meinem Tisch. Es ist das Titelbild eines Heftchens, das »für eine enkeltaugliche Landwirtschaft« wirbt. Darum soll gelten, was auf dem weißen T-Shirt des Mädchens in einem grünen Kreis geschrieben steht, in welchem eine lachende Biene die lustig hinzuerfundene Hand zum Gruß erhoben hat: »Ackergifte? Nein danke!«

2019 war das Jahr der zornigen Kinder. Manchmal waren es, wie bei der Aktion gegen Ackergifte und für »das Pestizid-Monitoring«, echte Kinder, manchmal junge Erwachsene, die sich ihren kindlichen Auftritt bewahrt hatten, manchmal kindische Erwachsene mit und ohne Kind. Sie eilten in die Arena der Öffentlichkeit und wurden begeistert willkommen geheißen. Der Stimme der Jugend lauschte man gern. Daran gibt es wenig zu kritisieren. In einer liberalen Republik darf das Alter der Diskursteilnehmer keine Rolle spielen. Es gibt Senioren, die Unsinn erzählen, und Teenager mit verblüffenden Einsichten. An ihren Argumenten sollt ihr sie erkennen. Leider wuchs, je rascher die Monate ins Land zogen, der Eindruck: Das Kind hat recht, weil es Kind ist, und wer es anders sieht, der mag keine Kinder. Darum war 2019 auch das Jahr, in dem sich eine Gesellschaft infantilisierte.

Oh, Pardon. Ich sehe gerade, dass ich das fragliche Titelbild unvollständig beschrieben habe. Im Hintergrund des zornigen Mädchens fährt ein Traktor mit Anhänger über das Weizenfeld. Aus einem Dutzend Düsen regnet es kegelförmig herab. Hier wird ein Acker vergiftet. Das zumindest ist die Botschaft. Blättern wir im Heftchen, lesen wir auf Seite 5: »Das Bündnis für eine enkeltaugliche Landwirtschaft setzt sich für eine fundamentale Landwende ein. Die Akteurinnen und Akteure wollen die Lebensgrundlagen der kommenden Generationen schützen, erhalten und – wo sie bereits beschädigt sind – wiederaufbauen. (…) Das Ziel dieser Kampagne ist ein Verbot von synthetischen Ackergiften.« Auf der Homepage des Bündnisses, unter www.enkeltauglich.bio, kann man für 85,86 Euro Laborkosten ein Urinprobenset bestellen. Oder Flyer, Buttons, Aufkleber.

Das Bündnis teilt mit: »Wir brauchen eine grundlegende Veränderung, um den Erhalt der Bodengesundheit, einer intakten Tier- und Pflanzenwelt, sauberer Atemluft und die Versorgung der Menschen mit giftfreier Nahrung zu sichern.« Das Bündnis fragt: »Was werde ich antworten, wenn mich einst meine Enkelinnen und Enkel danach fragen, was ich getan habe, um die Übernutzung der Erde, das Aussterben der Arten, die Verseuchung der Gewässer, die Verschmutzung der Ozeane, die Überhitzung der Atmosphäre etc. zu beenden?« Beantwortet wird die Frage auf den Seiten 6 bis 11 des Heftchens. Weil das »Bündnis für eine enkeltaugliche Landwirtschaft« ein Unternehmenszusammenschluss ist von Herstellern und Händlern der Biobranche, werden auf diesen Seiten ökologische Produkte und deren Produzenten vorgestellt. Den Enkeln und Enkelinnen wird man dereinst sagen können, man habe damals Dinkelflocken, Fruchtsäfte und bioorganisches Katzenfutter gekauft. Zum Beispiel. So habe man gegen das Artensterben und die Meeresverschmutzung aufbegehrt.

Doch keine Häme. Das Ziel ist ehrenwert und wichtig und hat meine volle Sympathie. Auch ich möchte keine chemisch belasteten Äpfel essen. Und mir sicher sein, dass teuer gekauftes Gemüse aus dem Bioladen wirklich nach den ökologischen Vorgaben angebaut worden ist. Ich besitze kein Auto, fliege selten und verbringe den Urlaub meistens in Deutschland oder angrenzenden Ländern. Meine CO_2-Bilanz dürfte vor jedem kritischen Kinderblick bestehen. Mein Klimagewissen ist rein, mein Beichtspiegel ist ein offenes Buch, dieses hier nämlich. Entscheidend und eben auch fragwürdig ist indes die moralische Instanz, die diese Kampagne ins Rennen um Aufmerksamkeit schickt – im Einklang mit weiten Teilen von Politik, Gesellschaft, Medien. Es sind die Kinder von heute, die geborenen und ungeborenen Enkel, es sind die zornigen Mädchen auf gefährdeten Wiesen, die richten. Damit das Gericht der Kinder über die Erwachsenen nicht allzu schlimm ausfällt, müssen die Kinder es heute schon richten. Müssen drohen, fordern, zornig werden. Die Botschaft lautet: So nicht!

Da hat eine Umkehrung stattgefunden. Die Formeln, mit denen einst Erwachsene ihren Kindern, ihren Schülern die Ohren lang zogen, haben sich gegen die Erwachsenen gekehrt. Die Jungen lassen die Alten wie Pennäler dastehen. Erwachsene zucken zusammen, verfallen in innere Habachtstellung, in sofort zerknirschte Duldungsstarre. Ja, das Kind hat recht. Nein, unterbrich es nicht. Hör ihm zu. Stimmt. Sorry. Wir hörten schon von Aldous Huxleys Beobachtung, im 19. Jahrhundert habe diese Entwicklung begonnen. »Die motivierende und kompensierende Zukunft« sei allmählich verstanden worden als »Bedingung irdischen Wohlergehens für meine Kinder oder (…) für meine Enkel oder Urenkel«. Der Himmel leerte sich, die Schulen füllten sich. Heute – und das war bei Huxley das Jahr 1956 – tröste der »Gedanke an das Glück ihrer Urenkel im 21. Jahrhundert die ernüchterten Nutznießer des Fortschritts«.

Damals wie heute sind es Ernüchterungskompensationsbewegungen, die zum Sturm auf die Gegenwart blasen. Der Fortschritt hat an Faszination eingebüßt, nachdem er vielerorts gesiegt hat. Das zerknirschte Gewissen schweigt. Darum gab es lange ein wortloses Einverständnis mit den kindlichen Helden. Für den Sänger Konstantin Wecker ist die von Jugendlichen getragene Klimaschutzbewegung »Fridays for Future« ein neues, ein zweites Achtundsechzig und eine »Bewegung gegen den Kapitalismus«. Wecker wurde 1947 geboren. »Sag ihm, dass er für die Träume seiner Jugend soll Achtung tragen, wenn er Mann sein wird«: Der sterbende Marquis Posa, ein Freiheitskämpfer, hinterließ dem Freund Don Carlos in Schillers gleichnamigem Trauerspiel diese Botschaft. Auch da fand mittlerweile eine Verschiebung statt. Man bewahrt sich Pubertät bis ins hohe Alter, indem man der Enkelgeneration applaudiert in ihrem Zorn. Dem »So nicht!« der einen entspricht ein »Es war nicht alles umsonst!« auf der anderen Seite. Dazwischen droht die Vernunft zermalmt zu werden. Und mit ihr jene, die weder heute panisch sein wollen noch damals die Barrikaden stürmten. Die Mitte.

Wir lasen bei dem Philosophen Jean-Jacques Rousseau, es gebe kaum »etwas Abstoßenderes und Unnatürlicheres als den Anblick eines gebieterischen und eigensinnigen Kindes, welches seiner ganzen Umgebung Befehle erteilt« und gegenüber seinen Eltern »ungescheut den Ton des Herrn annimmt«. Das Mädchen im Weizenfeld hat den Mund fest geschlossen. Die Lippen hält es streng in der Waagerechten. Wir wissen aber, was es uns sagen will. »Mach mit!« steht über seinem Kopf geschrieben. Die Erwachsenen sollen sich einreihen, »gemeinsam gegen Ackergifte« losziehen. Das Kind gebietet. Erwachsene jedoch haben das Mädchen so instruiert. Sie borgen sich die Autorität des Kindes, das wie bei Rousseau als naturnah, unverbildet, authentisch gilt. Anders als zu den Zeiten Émiles erscheint das Kind als richtende Instanz. Es soll nicht erzogen werden zum ganzen Menschen. Es soll bleiben, wie es ist, damit die Erwachsenen wieder Kind sein können. Es soll die Erwachsenen lossprechen von der Schuld, in die sie sich durch ihre Vernunft verstrickt haben. Rousseau sah sich als unumschränkter Lehrer des Nachwuchses. Die heutigen Vulgärrousseauisten wollen sich erziehen lassen zum Kind durch das Kind. Durch das reale ebenso wie durch das vorgestellte Kind.

Mit aufmerksamkeitsökonomischen Knappheitspreisen prämiert eine Gesellschaft aus Kleinfamilien ihre wenigen Kinder. Die Großfamilie ist von der landesüblichen Normalität zur Chiffre geworden für zugewanderte Milieus. Das Kind im Rampenlicht ist immer auch das rare Gut auf dem Sockel der Menge. In rascher Folge lösen heute Geschichten vom tollen Kind einander ab. Laurent Simons, Jahrgang 2010, studiert Elektrotechnik und will einmal künstliche Organe entwickeln. Alma Deutscher, Jahrgang 2005, spielt Klavier und komponiert. Selah Schneiter bezwingt mit zehn Jahren den legendären Berg »El Capitan« im Yosemite-Nationalpark. Greta Thunberg, geboren am 3. Januar 2003 in Stockholm, will die Menschheit vor dem Untergang bewahren. Die Klimaschutzaktivistin ist das Urbild der zornigen Klasse von 2019.

Der Ehrgeiz der jungen Schwedin löst religiöses Entzücken aus, vor allem in Deutschland. Franz Jung, römisch-katholischer Bischof in Würzburg, vergleicht Greta Thunberg vor Kommunionkindern mit David, dem Helden und König Israels. Thunberg, »ein kleines Mädchen«, bringe »die Großen dieser Welt« ins Zittern – wie einst David den Riesen Goliath, den er freilich brutal tötete. Dieses nicht unwichtige Detail setzt der Vergleichbarkeit von Altem Testament und 21. Jahrhundert eine harte Grenze. Wird Greta Thunberg mit Blut an den Händen enden? So steht Franz Jungs Fazit schräg in der biblischen Landschaft, die er mutmaßlich besser kennt: Die Erwachsenen hätten »immer schon Lösungen und wissen immer schon, wie es geht. Aber die Jungen, die Kleinen, die wissen oft besser, was notwendig ist.« Was in des Bischofs lobender Absicht demnach von Greta Thunberg gilt, einem Vorbild für Frankens katholische Kinder. Sie weiß, was nottut.

Heiner Koch, römisch-katholischer Bischof in Berlin, predigt anlässlich des Palmsonntags 2019 über »echte Propheten«, die eine Gesellschaft brauche. Greta Thunberg und die »Fridays for Future«-Bewegung kommen ihm da in den Sinn, denn »mich erinnern die Freitagsdemos ein wenig an die biblische Szene vom Einzug Jesu in Jerusalem«. Im Sommer und im Herbst des Jahres 2019 gab es an vielen Freitagen in vielen Städten Demonstrationen von Schülern, die die Schule boykottierten, um gegen den auch menschengemachten Klimawandel auf die Straße zu gehen. Als Jesus Christus in Jerusalem auf einem Esel einzieht, beginnt seine Passion, sein Leiden. Man jubelt ihm zu oder verdammt ihn. Am Karfreitag, eine knappe Woche später, stirbt er am Kreuz. Prophezeit der Berliner Bischof der »echten« Prophetin Greta ihren baldigen gewaltsamen Tod? Wird man sie an ein Kreuz nageln? Auch hier verpufft die Aktualisierungsenergie im interpretatorischen Klima der Bibel.

Gebhard Fürst, römisch-katholischer Bischof in Stuttgart, hält es knapper: »Ich bewundere Greta Thunberg.« Kurz danach empfängt Papst Franziskus Greta zum Handshake auf dem Petersplatz in Rom. Eine Privataudienz ist es nicht, die Schwedin steht in der sogenannten Prima fila, der ersten Reihe, und wechselt einige Worte mit dem Argentinier. Es werden Fotos gemacht, Fotos für die Welt. Fotos erst machen aus Menschen Ikonen, wie es früher Gemälde taten. Greta Thunberg gilt zurecht als »globale Ikone« (Hubert Patterer von der »Kleinen Zeitung« aus Graz), und Ikonen bedürfen der massenhaften Verbreitung in möglichst viele Länder. Ikonen sind einerseits popularisierte Symbole, andererseits Andachtsbilder, die den Weg zum Himmel weisen. Andächtig sprachen viele von Greta Thunberg anno 2019. Viele befiel himmlische Ergriffenheit. So überschnitten sich die beiden Bedeutungen der Ikone, die säkulare und die ursprüngliche religiöse.

Zu Greta Thunbergs Ruhm tragen, schon aus Eigeninteresse, prominente Protestanten bei, die im Nachkriegs- und im wiedervereinigten Deutschland dem linken Teil des politischen Spektrums nahestehen. In ihrer Kanzelrede in der Duisburger Salvatorkirche predigt die Grünen-Politikerin und ehemalige Theologiestudentin Katrin Göring-Eckardt im März 2019 über das Alte Testament: »Mich erinnert Greta an die Stelle aus dem Prophetenbuch Amos, wo es heißt, sie hassen den, der im Tor Recht spricht, und verabscheuen den, der die Wahrheit sagt.« Wieder fällt der jungen Frau Thunberg die Rolle der wahrheitsliebenden Prophetin zu – wodurch die politisch identische Wahrheit einer grünen Spitzenfrau sich selbst krönt. Man findet, was man sucht: die Bestätigung, wie richtig doch die eigene politische Position, wie wichtig der eigene politische Kampf sei. Es steht aber auch geschrieben: »Seht euch vor vor den falschen Propheten, die in Schafskleidern zu euch kommen, inwendig aber sind sie reißende Wölfe.« Die Bibel ist ein Schatzkästlein, aus dem sich jeder bedienen kann.

Ohne religiöse Aufhübschung geht es bei der Begegnung mit dem ehemaligen amerikanischen Präsidenten Barack Obama zu. Er empfängt Greta Thunberg im September 2019 und gibt zu Protokoll: »You and me, we're a team.« Auch in Washington sind dem Mädchenlob einige ordentliche Löffel Eigenlob untergemischt. Wer sich selbst in einer Mannschaft aufstellt, die nach allgemeiner Lesart Gutes will und Gutes tut, spricht dem eigenen Sinnen und Trachten höchste Lauterkeit zu – mag er zu Recht oder zu Unrecht ein Friedensnobelpreisträger sein. Selbstnobilitierung, wohin man schaut. Das bleibt nicht ohne Nebenfolgen.

Der Bürgermeister von New York City, Bill de Blasio (Demokratische Partei), ruft den mit Greta Thunberg demonstrierenden Jugendlichen zu, sie seien »unser Gewissen«: Dankt aber das Gewissen nicht ab, sobald es outgesourct wird? Kann man es delegieren? Was taugt ein Gewissen, wenn es dieses »Weckrufs« (UN-Generalsekretär António Guterres) wirklich bedarf? Hat es dann selig, tumb und stumm geschlummert all die Jahre hindurch und könnte jederzeit wieder sich ins Schneckenhaus der Amoral zurückziehen? Schwierige Fragen sind das. Es wäre ungerecht, alle Antworten darauf von Greta Thunberg zu erwarten. Es sind Erwachsene, die ihre Erlösungssehnsüchte auf die Schwedin projizieren. Und sie damit heillos überfordern. Vielleicht auch deshalb ihr zorniger Trotz?

Die restlichen Seiten dieses Buches ließen sich mit Glückwunschadressen für Greta Thunberg füllen. Richard Lutz, Vorstandsvorsitzender der staatseigenen Deutschen Bahn AG, schreibt im Vorwort einer »grünen Ausgabe« des Kundenmagazins »DB mobil« im November 2019: »Die Jugend fordert ihre Rechte ein.« Dass es nur ein kleiner Teil der Jugend in einem geografisch eng begrenzten Raum ist, der freitäglich jenen »gesellschaftlichen Wandel« fordert, »der von unseren Kindern ausgeht«: geschenkt. Hier zeigt eine moralische Zugewinngemeinschaft ihre Krallen. Staat, Staatsbetrieb, Medien, Politik und politisierte Erstwähler wollen zu den Gewinnern der Geschichte gehören. Und diese Geschichte wird in grellen Farben und plakativen Alternativen gemalt. Jetzt oder nie. Wir oder niemand. Klimaschutz oder Untergang.

Wenn Bahnchef Richard Lutz bemerkt, »je mehr Menschen einsteigen, desto besser« sei es, weil die Deutsche Bahn AG im Fernverkehr mit 100 Prozent »Ökostrom« fahre, ist das Chuzpe und Berechnung. Ein in Teilen dysfunktionales Unternehmen wirbt kompensatorisch um eine fehlertolerable Kundschaft. Jeder Halt auf offener Strecke, jede umgekehrte Wagenreihung sorgt nun als Beitrag zum Umweltschutz für gutes Karma. Mir persönlich graut es übrigens, ausgehend von den Zuständen vor der Covid-19-Pandemie, vor dauerhaft »mehr Menschen« in den Fernzügen. Dann wären die Toiletten noch eher verschmutzt, die Speisewagen noch frühzeitiger defekt, die Abfahrtszeiten noch weniger planbar, die Bahnsteige noch deutlicher überfüllt.

Im »DB mobil«-Heft von November 2019 hat unter anderem die 13-jährige Maia Stimming aus Hamburg ihren Auftritt, ein blondes, laut Beschreibung im Text »hochgewachsenes Mädchen mit dunkel umrandeter Brille« und mit genügend »Demoerfahrung«. Sie war 2015, also im Alter von neun Jahren, »mit ihren Eltern auf vielen Kundgebungen zur Aufnahme von Flüchtlingen«. Wenn ich an meine eigene Kindheit zurückdenke: Mit neun Jahren macht man in der Regel das, was die Eltern wollen. Ist es mit 13 Jahren so viel anders? Maia tat mit neun Jahren, was die Eltern sie hießen, vielleicht tut sie es auch anno 2019. Lässt sich daraus eine Kronzeugin für »gesellschaftlichen Wandel« (Lutz) basteln? Das richtende Kind kann auch das instrumentalisierte Kind sein, in dem die Eltern sich bespiegeln.

Wenn Bundeskanzlerin Angela Merkel vom »Weckruf der Jugend« spricht und im Juli 2019 lobt, Greta Thunberg habe »uns zur Beschleunigung bei der Klimapolitik getrieben«, oder wenn der Intendant der Bayerischen Staatsoper, Nikolaus Bachler, beeindruckt ist, wie Greta Thunberg »die ganze Welt (…) sprachlos« gemacht habe mit einer einzigen Rede, oder wenn Ernst Ulrich von Weizsäcker, Ehrenpräsident des Club of Rome, Greta Thunberg, das »junge Mädchen«, eine »beeindruckende und außergewöhnliche Persönlichkeit« nennt, die »Dinge bewegt, und zwar in die richtige Richtung« – dann zeichnet sich eine gewaltige Win-win-Situation ab. Vereinfacht ausgedrückt lautet deren Prinzip: Wir loben die, von der wir gelobt werden möchten. Ein Lob aus Kindermund wäre das Höchste. Kinder sind schließlich nicht korrupt, lassen sich nicht auf taktische Spielchen ein, berechnen nicht die Opportunitätskosten ihres Handeln. Das ist die große Hoffnung der Erwachsenen, die sich auf Kinderaugenhöhe beugen.

Greta aber lobt nicht. Sie bleibt zornig. Sie bleibt die Meisterin der »So nicht!«-Rede. Auf lange Sicht kann das nicht gut gehen. Hier rasen zwei gleichermaßen schwer beladene Moralsattelschlepper aufeinander zu – in der Illusion, sich in dieselbe Richtung zu bewegen. Greta Thunbergs Gebot lässt sich nicht in Politik übersetzen, zumindest nicht in demokratische Politik: »Alles muss verändert werden. (…) Alles und alle müssen sich ändern.« Das werden alle niemals tun. Dafür gibt es keinen Grund. Und es wäre, in dieser Absolutheit, fürchterlich. Alle Grenzen fielen in sich zusammen, die momentan noch, wie brüchig auch immer, Vernunft und Unvernunft, Recht und Willkür, Mein und Dein voneinander trennen. Ein Notstandsregiment der Sachzwänge bräche aus.

Der fragliche Doppelsatz Thunbergs fiel am 6. Oktober 2018 in Brüssel. »Alles muss verändert werden. (...) Alles und alle müssen sich ändern.« Selbst wenn man einen gewissen rhetorischen Überschuss abzieht und den genreüblichen Bekehrungseifer, bleibt es eine bitterernste Kampfansage einer damals 15-Jährigen. Absolut unironisch und insofern kindlicher, als man es mit 15 Jahren gemeinhin ist, sprach Greta Thunberg beim Brüsseler Schulboykott wie zuvor schon in Stockholm, wo im August 2018 vor dem Schwedischen Reichstag Thunbergs Idee vom »Skolstrejk för klimatet« geboren wurde: »Aber warum sollen wir für eine Zukunft lernen, die es schon bald nicht mehr geben wird, wenn niemand irgendetwas unternimmt, um diese Zukunft zu retten?« Bald ist bekanntlich relativ, aber man muss sich schon sehr, sehr weit jenseits der Lebensspanne von Greta Thunberg begeben, um ein Datum für das Ende menschlichen Lebens auf der Erde zu finden. Greta Thunbergs Zeitempfinden ist apokalyptisch geschärft wie jenes der Zeugen Jehovas. Auch dass »niemand irgendetwas« unternehme, ist eine alarmistisch zugespitzte Einseitigkeit.

Unbedingtheit ist das Kennzeichen jeder Endzeitrede. Formal gesehen wird Greta Thunberg dem Etikett ihrer Unterstützer gerecht. Ebenfalls im Oktober 2018, mittlerweile zur »Declaration of Rebellion« in London angekommen, bekannte sie: »Ich habe das Asperger-Syndrom, und für mich ist fast alles schwarz oder weiß.« Sie kann nur selten Abstufungen erkennen, heißt das, kann nur selten abwägen. Sie kann es nicht, weil sie sich laut eigener Aussage zu den Autisten rechnet. Greta

Thunbergs Londoner Appell, »es gibt keine Grauzonen, wenn es ums Überleben geht«, ist vor diesem Hintergrund eine Aussage über ihre eigene Weltwahrnehmung. In Greta Thunbergs Welt gibt es kein Grau, nur Ja oder Nein, alles oder nichts. Über die wirkliche Welt ist damit zunächst einmal wenig ausgesagt.

Greta Thunberg nimmt die Welt strikt dualistisch wahr. Für sie ist immer »Matthäi am Letzten«, ist es immer eigentlich schon zu spät, sind die Weichen eigentlich schon falsch gestellt. In den oft repetierten, etwa 2019 in Davos vorgetragenen Worten: »Unser Haus steht in Flammen« – es brennt bereits lichterloh im Haus der Menschheit. Die Wände tragen nicht, das Dach schützt nicht mehr, die Giebel stürzen zu Boden. In ihren Reden der Jahre 2018 und 2019, die eine einzige Rede bilden, mit vielen wiederkehrenden, oft wortidentischen Motiven, zeigt sich Greta Thunberg als kompromisslose Kassandra, tief durchdrungen von der Richtigkeit ihrer Untergangsszenarien. Sie gebe nur wieder, was »die Wissenschaft« festgestellt habe. Ein seltsam vormodernes Wissenschaftsverständnis liegt diesem Denken zugrunde; Wissenschaft gibt es immer nur im Plural, immer nur im Vorläufigen, immer nur als Summe falsifizierbarer Erkenntnisse, nie als der Weisheit letzten Schluss.

Greta Thunberg verheimlicht den Zusammenhang zwischen ihren Erkrankungen und ihren Auftritten nicht. Sie ist in dieser Hinsicht außerordentlich transparent. Das nötigt mir Respekt ab. Sie verschweigt nicht, worüber sonst getuschelt würde: »Als ich elf Jahre alt war, wurde ich krank. Ich verfiel in Depressionen. Ich hörte auf zu sprechen. Und ich hörte auf zu essen. Innerhalb von zwei Monaten nahm ich etwa zehn Kilo ab. Später wurden bei mir das Asperger-Syndrom, OCD und selektiver Mutismus diagnostiziert.« Das Bekenntnis aus der Stockholmer Rede von November 2018 ist bemerkenswert.

Sie, an deren Lippen mit jedem Auftritt mehr Menschen hängen, macht ihre Krankenakte öffentlich und riskiert damit ihren Status als unerbittliche Seherin.

OCD nämlich ist die Abkürzung des englischen Wortes für Zwangsstörungen, und »die meisten Menschen mit einer Zwangsstörung leiden an Zwangsvorstellungen und Zwangshandlungen«. Zwangsvorstellungen sind »wiederkehrende, anhaltende, unerwünschte, beängstigende, aufdringliche Ideen, Vorstellungen oder Triebimpulse«, häufig auch »Gedanken an Schaden, Risiko oder Gefahr«. Die Erklärung aus dem MSD Manual für medizinisches Wissen gibt Greta Thunbergs Selbsterklärung einen tiefen Ernst. Zumal auch »selektiver Mutismus«, um das »Ärzteblatt« zu zitieren, eine »mit Angst assoziierte Kommunikationsstörung der frühen Kindheit« ist. »Obwohl betroffene Kinder über angemessene Sprachkompetenzen verfügen, schweigen sie konsequent in verschiedenen sozialen Situationen.«

Ist es ungehörig, auf diese Hintergründe hinzuweisen? Rasch wird der Vorwurf der Hetze erhoben bei abweichender Meinung, kritischer Gegenrede. Hier freilich wäre nichts törichter. Greta Thunberg selbst stellt ihre Welt- und Selbstwahrnehmung in einen medizinischen Zusammenhang. Dass dieser ihre Aussagen nicht automatisch entwertet, versteht sich von selbst. Er mahnt aber zur Skepsis gegenüber allen Versuchen, einen autistischen jungen Menschen zum Weltorakel zu verklären, dessen Sätzen man sich nur auf Knien nähern dürfe. Das bekannte Zitat aus derselben Rede beim Weltwirtschaftsforum von Davos im Januar 2019: »Ich will, dass ihr in Panik geratet, ich will, dass ihr die gleiche Angst habt, die ich täglich verspüre«, hat auch eine biografische Wurzel: Wer an OCD litt, erfuhr »beängstigende Ideen« am eigenen Leib. Wer »selektiven Mutismus« hatte, stellte aus Angst, mit Angst das Reden ein. Greta Thunberg weiß, wovon sie redet, wenn sie von Angst redet und Panik. Sie redet von ihrer eigenen Kindheit.

Man kann, wie es oft der Fall ist, den Tunnelblick autistisch veranlagter Menschen herausstellen, ihre Inselbegabung, ihre Fähigkeit, sich extrem zu fokussieren. Nur wären solche Begabungen nicht Frucht freier Wahl, sondern bittere Notwendigkeit. Daraus lernen lässt sich nichts. Panik ist bei keinem Problem ein guter Ratgeber, Angst löst keine Krise. Bräuchte nicht gerade eine globale Herausforderung, wie sie Greta Thunberg skizziert, kühle Vernunft, rationales Abwägen, strikte Emotionsaskese? Greta Thunberg irrt, wenn sie Erwachsenen bittere Vorhaltungen macht und im selben Atemzug ihnen Panik als Ausweg aus dem selbst gemachten Unheil empfiehlt. Das ist dann doch nicht ernst zu nehmen – gerade dann, wenn man Greta Thunbergs Befund teilt, »dass wir eine neue Politik brauchen«, eine »neue Wirtschaft«, um »die verbleibenden Ressourcen dieses Planeten fair zu teilen«. Am Anfang einer langen Strecke ist Angst die denkbar schlechteste Wegzehrung.

Die Erwachsenen setzten der zornigen Greta aber oftmals keine reife Widerrede entgegen, sondern Ergriffenheit. Sie fühlten sich ertappt. Greta Thunberg lag tatsächlich nicht falsch, wenn sie den Raubbau an der Natur denen vorwarf, die ihn in den vergangenen Jahren organisiert oder zumindest hingenommen hatten. Den Klimawandel gibt es, und der Mensch hat daran seinen Anteil. Davon unberührt bleibt die infantile Unangemessenheit der Drohgebärde, in die Greta Thunbergs Reden münden. Zum einen deshalb, weil Greta Thunberg nicht die Jugend der Welt hinter sich hat, kein globales Mandat besitzt, wenn sie beispielsweise im Februar 2019 bei der Europäischen Union erklärt: »Wir haben angefangen, Ihren Mist aufzuräumen. Und wir werden nicht aufhören, bis wir damit fertig sind.« Solch anmaßende Rede erinnert an den fernsehfilmtauglichen »Trotzkopf« der 1980er-Jahre, die Geschichte eines ebenfalls 16-jährigen Mädchens.

Zum anderen bleibt die Drohgebärde unangemessen deshalb, weil auch bei denen, die Greta Thunberg als ihre Gegner identifiziert hat, die Karten nicht so eindeutig gemischt sind. Dass »niemand irgendetwas unternimmt, um diese Zukunft zu retten«, dass »niemand jemals über die Treibhausgase, die schon in der Erdatmosphäre gebunden sind«, spricht, dass »niemand den Blick über unser gegenwärtiges politisches System hinaus zu richten wagt«, stimmt schlicht nicht. Greta Thunberg ist da entweder schlecht informiert, oder sie dramatisiert maßlos – wie es Kinder tun. Sie überschätzt die Bedeutung ihrer Rede und die Größe der »Fridays for Future«-Bewegung und wird darin fatalerweise von vielen Erwachsenen bestärkt. Das kann nur Frustrationen provozieren auf beiden Seiten und Verhärtungen.

Der Beweis für eine solche aggressive Verhärtung wäre erbracht, sollte Greta Thunberg gemeint haben, was sie Mitte Dezember 2019 in Turin sagte. Man werde, sprach sie auf Englisch, mit den »Führern der Welt« kurzen Prozess machen, »we will make sure that we put them against the wall and they will have to do their job to protect our futures«. Standrechtliche Erschießung soll denen drohen, die sich nicht genügend für die Natur einsetzen? Das wäre eine gewaltige verbale Entgleisung. Ein Umweltschutzterrorismus stünde am Horizont. Gesagt hat Greta Thunberg diesen Satz tatsächlich. Jedoch, stellte sie wenig später klar, habe der Ausdruck, Menschen an die Wand zu stellen, im Schwedischen keinen martialischen Beiklang. Er bedeute nur, jemanden zur Rechenschaft zu ziehen. Abermals aggressiv, doch ohne Gewaltandrohung, geriet dann ihr Redebeitrag Mitte Januar 2020 im schweizerischen Lausanne. Dort schrieb sie vor mehreren Tausend demonstrierenden

Jugendlichen abermals den »Führern der Welt« ins Stammbuch: »Das ist erst der Anfang, ihr habt noch nichts gesehen, das garantieren wir euch!« Diese Garantie sollte man besser nicht einklagen. Die Bereitschaft zur Drohung aber ist stabil.

Auch die Anklage, die zum geflügelten Wort wurde, »How dare you!«, speist sich aus Zorn und Aggressivität. Mancherorts, etwa im Kommentar des österreichischen Journalisten Hubert Patterer von der Grazer »Kleinen Zeitung« am 24. September 2019, hörte man da »die vorweggenommene Nobelpreis-Rede« heraus. Gemeint war der Friedensnobelpreis des Jahres 2019. Andernorts notierte man ein Befremden, das meistens unausgesprochen blieb. Das geflügelte Wort wurde Slogan, auf T-Shirts vervielfältigt, »How dare you?«, »Wie könnt ihr es wagen!« Johan Huizinga mahnte 1935, Slogans trügen zur gesellschaftlichen Infantilisierung bei, von ihm Puerilismus genannt. Ein Slogan sei eine Spielfigur und verstärke damit die »allgemein gewordene Haltung des Halbernstes«. Greta Thunberg wird so ernst genommen, wie sie selbst ihre Anliegen vorträgt, in ironie- und spaßbefreiter Redezone. Darüber vergisst man gerne das erste Recht der Zuhörer, das Recht auf Nachfragen: Wer genau, bitte, soll sich was herausgenommen, soll was gewagt haben, sodass ihn nun gerechter Zorn treffe? Greta Thunberg hielt ihre »How dare you?«-Rede am 23. September 2019 vor den Vereinten Nationen in New York. Deren »Klimagipfel« gab den Anlass vor. Greta Thunbergs Adressaten waren, man ahnt es, die Weltführer. »I am world leader pretend«, sang vor vielen Jahren auch die Rockband R.E.M., »This is my life, and this is my time«.

Die Presse applaudierte. Politiker waren beeindruckt. Die junge Frau, das Mädchen, sei mutig, entschlossen, einzigartig. Was eine Standpauke! Was ein Wille! Welch Klarheit! Dabei war es kein schöner Anblick, wahrlich nicht. Zu sehen, wie sich Greta Thunbergs Augen verengten, nach einem Punkt in der Ferne suchten, den sie nicht fanden, die Brauen zuckten, wie sich ihre Stimme überschlug, sich die Halsschlagader verkrampfte, die Arme nach unten stießen, der Kopf zitterte, der Oberkörper zurückpendelte und nach vorne, unruhig, keinen Halt fand, sie zu weinen begann. Der Stuhl war plötzlich zu groß, die rote Bluse zu grell. Nein, kein schöner Anblick. Hemmungsloses Overacting. Zu viel von allem. Ging das darstellerische Talent mit der jungen Frau durch, der Tochter einer Opernsängerin und Eurovision-Song-Contest-Teilnehmerin und eines Schauspielers?

Angesichts der Kriterien, die man sonst gerne anlegt, könnte man fast sagen: Es war eine Hassrede. Doch das war es natürlich nicht. Es war eine leidenschaftlich vorgetragene, eine in jeder Hinsicht effektvolle Bekenntnisrede von großer Wucht: »You have stolen my dreams and my childhood with your empty words, and yet I am one of the lucky ones. People are suffering, people are dying.« Sie redete sich in Rage. Als trüge eine Staatsanwältin die gesammelten Beweise gegen einen Mafia-Clan vor, dessen Verteidiger gerade das mafiöse Tun als Dienst an der Menschheit verkaufte. Die Wissenschaft sei sich seit über 30 Jahren einig, wie könne man es da wagen, wegzuschauen? Und einfach »business as usual« betreiben mit »einigen technischen Lösungen«? Die Augen aller künftigen Generationen seien auf die hier Anwesenden gerichtet, und wenn diese »uns« weiterhin enttäuschten, müssten sie wissen: »We will never forgive you. We will not let you get away with this.« Wer sich so hinwegtragen lässt im eigenen Bedeutungsrausch, der ist in irdischem Sinne machtlos. Auf jegliches Abwägen, jegliches Verhandeln verzichten kann nur jene Partei, die keine Verhandlungsmasse einzubringen hätte. Ohnmacht und Moralfuror bedingen einander. Greta Thunberg wirbt nicht um

Bündnisgenossen. Sie verdammt. Sie verwirft. Sie wendet sich ab. Das Publikum in New York johlte vor Begeisterung. Wenige »leaders of the world« waren im Raum.

Statt technischer Lösungen fordert Greta Thunberg den sofortigen Totalumbau aller Gesellschaften – oder nur jener, die es sich leisten können? Konkret Kohlekraftwerke abstellen, Flüge verbieten, Massentierhaltung beenden, beispielsweise: Fände ein solches Programm die Unterstützung von auch nur einem Prozent der Bevölkerung in Bangladesch, Eritrea, Venezuela? Was wird man dort sagen, wenn man von einem schwedischen Mädchen hört, das ohne materielle Sorgen und in einem friedlichen Land aufwuchs und das gleichwohl behauptet, man habe ihm seine Jugend gestohlen? Was aus der einen Perspektive mutig tönt, klingt aus anderer Perspektive zynisch und elitär. Greta Thunbergs Vater erklärte, das Umweltengagement seiner Tochter sei die beste Therapie – man muss wohl hinzusetzen: die beste Form der öffentlichen Therapie. Um Svante Thunberg zu zitieren: Mit zwölf Jahren sei bei Greta das Asperger-Syndrom diagnostiziert worden, kurz darauf habe sie zu reden und dann zu essen aufgehört, »es war der ultimative Albtraum«. Dank der Klimastreiks sei Greta Thunberg eine »sehr glückliche« Jugendliche. Wenngleich die Szenen einer Zornigen aus New York oder Davos einen anderen Eindruck vermitteln, wird Svante Thunberg recht haben.

Warum wurde seiner Tochter bei den Vereinten Nationen applaudiert statt widersprochen? Weil Emotionen angeblich Authentizität verbürgen, und nach nichts sehnt eine spätmodern erkaltete Gesellschaft sich mehr als nach Authentizität. Zumal, wenn diese durch ein Kind verkörpert wird. Greta Thunberg steht an der Schwelle zur Volljährigkeit, durch ihren kleinen Wuchs, ihre hagere Gestalt und ihr bebendes Mienenspiel wirkt sie aber kindlich – wie die ausgemergelte Sendbotin aus jener Zukunft, vor der sie warnt. Nicht immer freilich stimmt der emotionale Wirkungszusammenhang. Es gibt auch das gespielte Gefühl, die absichtsvolle Träne. Sogar Greta-Fan und Journalist Hubert Patterer baut in seine Greta-Hymne den Satz ein, die New Yorker Weltkabinenpredigt habe »ein wenig nach soufflierter Kapitalismus-Kritik« geklungen.

Alles in allem aber, denke ich, ist Greta Thunberg zu sehr von ihren selbst eingestandenen Ängsten besetzt, als dass man ihr Texte vorsagen müsste. Ihr erster medialer Multiplikator, der Unternehmer Ingmar Rentzhog von der Social-Media-Plattform »We don't have time«, sagte Ende 2019 im Interview mit der Schweizer Zeitschrift »Weltwoche«, er sei sich »sicher, dass sie ihre Reden selber geschrieben hat. Wenn sie nicht dort wäre, wo sie heute ist, könnte sie eine brillante Redenschreiberin sein.« In der Tat: Hauptsatz an Hauptsatz, repetierte Motive, viel »ich«, wenig Adjektive, ein Ton der Unbedingtheit – so bringt man seine Botschaft sicher an den Mann. Oder das Kind. Und sorgt dafür, dass sie haften bleibt. How dare you!

Kein Wunder, dass mit Greta Thunberg geworben wird. Oder zumindest mit den Assoziationen, die sie auslöst, ohne dass sie namentlich genannt werden müsste. Ein so hohes Maß an Wahrnehmung, ein so scharfes Profil müssen andere Marken sich teuer und langwierig aufbauen. Zwischen dem ersten Stockholmer Schulboykott und den Plakaten einer deutschen Partnervermittlung liegen schlappe 14 Monate. »In einer Welt, in der eine 16-jährige Schwedin die letzte Hoffnung ist, sollte man nicht allein sein!« So warb im Herbst des Jahres 2019 gleichklang.de um neue Kunden. Abgebildet war eine adrette junge Frau mit langen lockigen Haaren, die mit den Fingern beider Hände ein Herz vor der Brust formt. Auf anderen Plakaten der alternativen Agentur stand: »In einer Welt, in der Flüchtlinge im Meer sterben, sollte man nicht allein sein!«,

»In einer Welt, in der Fischarten sterben und Miethaie gedeihen, sollte man nicht allein sein!« oder: »In einer Welt, in der das Klima immer wärmer und das soziale Klima immer kälter wird, sollte man nicht allein sein!« Die geschickten Unternehmer von gleichklang.de machen sich soziale Ängste, linke Politik und klimawissenschaftliche Skepsis zunutze. Und das ging anno 2019 nicht ohne Greta Thunberg. Chapeau den gewitzten Kapitalisten von Gleichklang Limited!

Auch im darauffolgenden Jahr fuhr die mittlerweile 17-jährige Greta Thunberg mit dem Zug nach Davos zum Weltwirtschaftsforum. Vor der Rückkehr zur Stätte ihrer »Ich will, dass Ihr in Panik geratet«-Rede von 2019 verlangte sie in einem gemeinsam mit anderen Aktivisten verfassten Zeitungsbeitrag, »dass auf dem diesjährigen Forum Teilnehmer aller Unternehmen, Banken, Institutionen und Regierungen unverzüglich alle Investitionen in die Erforschung und Förderung fossiler Brennstoffe stoppen, sofort alle Subventionen für diese klimaschädlichen Energieträger beenden und sich umgehend und vollständig aus diesem Sektor zurückziehen«. Alles andere wäre ein »Verbrechen gegen die Menschheit«. Am Sound hat sich nichts geändert. Unverändert werden unrealistische Forderungen erhoben – wie sollen Regierungsvertreter demokratischer Staaten im Handstreich einen Investitionsabbruch verfügen? – und begründet mit der Dringlichkeit der Lage und einem Handlungszwang bei »uns, den Kindern«. Dass zu den unterzeichnenden kindlichen Autoren des Zeitungsartikels mit der 1996 geborenen Luisa Neubauer eine erwachsene Frau aus Deutschland zählt, ist vielleicht nur eine Fußnote. Oder symptomatisch für den moralischen Gewinn, den die Aktivisten sich von ihrer betonten Adoleszenz versprechen.

Die Rede, die Greta Thunberg dann in Davos am 21. Januar 2020 hielt, war die Reprise des unaufhörlich Gesagten. »Unser Haus«, bekräftigte sie, »brennt noch immer«, und »Euer Nichtstun nährt die Flammen stündlich«. Sofort müsse der Verbrauch fossiler Brennstoffe eingestellt werden, um eine Chance zu haben, das 1,5-Grad-Ziel zu erreichen, die Begrenzung des globalen Temperaturanstiegs auf anderthalb Grad Celsius. Auch im vergangenen Jahr habe es dazu nur »leere Worte und Versprechungen« gegeben, keine Handlungen. Darum müssten »wir Kinder« »Euch« immer wieder an die »Klimakrise« erinnern.

Positiv formuliert: Da blieb sich eine treu. Das enorme mediale und politische Interesse an ihrer Person hat Greta Thunberg nicht korrumpiert. Ins Negative gewendet: Greta Thunberg beherrscht nur einen Tonfall, die bittere Anklage, nur einen Denkstil, das Denken in harten Alternativen. Sie kennt nur das Alles-oder-nichts, das Jetzt-oder-nie. Sie ist unverändert der junge Mensch, der den Älteren die Leviten liest. Warum sollten Erwachsene sich das dauerhaft gefallen lassen? Wäre es umgekehrt ein produktiver Vorgang, seinem Kind immer und immer zu erzählen, es habe versagt, es habe nichts erreicht, nun müssten die Senioren den Dreck wegräumen, den die Kinder angerichtet haben?

Durch stetes Poltern, Schimpfen, Zetern motiviert man niemanden zum gewünschten Tun, wie alt oder jung er sein mag. So gab Greta Thunberg vor Journalisten in Davos hernach zu Protokoll, ihre Forderungen seien »komplett ignoriert« worden, aber »wir haben nichts anderes erwartet«. Mit wachsender Wucht den Kopf an dieselbe Wand zu hämmern ist kein Ausweis von Reife – selbst wenn das Spiel von Empörung und Enttäuschung sich verselbstständigt hat. Vielleicht wurde die Aktivistin zur Gefangenen ihrer selbst gewählten Rolle. Die Rolle als Fräulein Zeter-und-Mordio lässt Erfolgsausweise nicht zu. Gäbe es sie, müssten sie allein aus dramaturgischen

Gründen ignoriert werden. Greta Thunberg muss das fortwährende Scheitern ihrer Bemühungen behaupten, um auf der Bühne bleiben zu können und nicht in die Kulisse gedrängt zu werden. Für einen zufriedenen Aktivisten hält die Weltgeschichte kein Textbuch bereit.

Da wachsende Teile der Öffentlichkeit sich an Greta Thunbergs apokalyptische Rhetorik zu gewöhnen beginnen wie an die Kunststücke eines One Trick Ponys, gab es 2020 anders als 2019 vernehmbar Kritik. Die Methode »Greta« habe sich erschöpft, urteilten selbst linke, linksliberale Journalisten. Es stimme nicht, dass im zurückliegenden Jahr keine Maßnahmen ergriffen worden wären. Die »Süddeutsche Zeitung« kommentierte, »Dutzende Staaten im Paris-Abkommen« hätten sich zum »Ziel bekannt, bis 2050 CO_2-neutral zu werden. Die EU macht mit dem Green Deal Fortschritte und verhandelt über ein schärferes Klimaziel für 2030. Zahlreiche Staaten haben zugesagt, in diesem Jahr neue, ehrgeizigere Klimaziele zur Umsetzung des Paris-Abkommens einzureichen.« Greta Thunberg sei »zu pessimistisch«. Kontra für die Schwedin gab es auch vom grünen Vordenker Ralf Fücks: »Tatsächlich sehen wir sinkende CO_2-Emissionen in fast allen Industrieländern, eine relative Entkopplung in den Schwellenländern und einen steilen Zuwachs erneuerbarer Energien und umweltfreundlicher Technologien.«

Sogar das böse Wort von der »absoluten Wahnvorstellung« fiel. Niall Ferguson, schottischer Historiker, durchaus ein konservativer Knochen, bezeichnete als Wahnvorstellung »die Idee, dass die Klimakatastrophe durch europäische Politik verhindert werden könnte (…). Es kommt allein auf China und Indien an.« Direkt an Greta Thunberg gewandt, sagte er im Interview mit der Tageszeitung »Die Welt« vom 23. Januar 2020, die Aktivistin solle »nicht in New York oder Davos, sondern in Peking«

ihre Anliegen vorbringen. »Seit Greta Thunberg geboren wurde, war China für 60 Prozent des globalen Anstiegs beim CO_2-Ausstoß verantwortlich. Indien für weitere 20 Prozent – und Europa und Amerika für jeweils null Prozent.«

Was bedeutet solche Retourkutsche für Luisa, Leonie und Felix? Luisa Neubauer, wegen ausgedehnter Flugreisen einst hämisch in den sozialen Medien als »Langstreckenluisa« betitelt, gilt zuweilen als »deutsche Greta«. Was schon insofern nicht zutrifft, als das sechs Jahre ältere Mitglied der Partei »Die Grünen« der Kindheit entronnen ist. Inhaltlich passt kaum ein Blatt zwischen Thunberg und Neubauer, weshalb die Parallelität nicht aus der Luft gegriffen ist. Errungene Volljährigkeit schützt vor Infantilitätsanfällen nicht. Anders ist kaum zu erklären, warum Neubauer im August 2019 bei Twitter schrieb, in Island sei »der erste Gletscher beerdigt« worden, »einer von unzähligen, die der Klimakrise künftig nicht standhalten werden«.

Gletscher können nicht sterben, Gletscher können nicht beerdigt werden – das werden nur Lebewesen –, auch wenn in Island Aktivisten eine Zeremonie abhielten. Solche dem Animismus ähnlichen Sichtweisen auf die Natur sieht kleinen Kindern jeder nach. Eine erwachsene Frau aber äußert sich infantil, wenn sie gefrorenem Wasser den Status eines Lebewesens einräumt. Zumal die Sterbeanzeige für den Gletscher bei Twitter in die nicht minder kindische rhetorische Frage Neubauers mündet: »Ich weiß wirklich nicht, worauf die Welt noch wartet.« So reden Teenies mit ihren Eltern, wenn sie nicht in die Disco dürfen. »Ich weiß wirklich nicht, wie oft ich das noch erklären soll.« Zum verbalen Fußaufstampfen geriet auch Neubauers Twitter-Statement aus dem Zug auf der Fahrt nach Davos. Ein phrasensatter Imperativ – »Wir brauchen eine Wirtschaft, die im 21. Jahrhundert ankommt, die aufwacht &

sich ihren Verantwortungen stellt. Und: eine historische Geldbewegung weg von Kohle, Öl & Gas« – mündete, ebenso erwartbar, ins ungeduldige Poltern: »Das alles nicht morgen, sondern heute. Denn so kann es nicht weitergehen.« Schon am hier behaupteten »so« scheiden sich die Geister.

Luisa Neubauer wird von der deutschen Presse mit einer Regelmäßigkeit um Stellungnahmen gebeten, als wüsste das politische Talent am besten, was Deutschland, Europa, dem Universum fromme. Zum Beispiel lasen wir Mitte Januar 2020 in der linken Wochenzeitung »der Freitag«: »(…) wissen wir, dass diese Wirtschaftsweise langfristig nicht funktioniert.« Gemeint war der Kapitalismus. Dessen Überwindung schwebt Luisa Neubauer offenbar vor, wies sie doch im selben Interview darauf hin, man könne nicht »von jeder Klimaschutzmaßnahme erwarten, dass sie nebenbei den Kapitalismus abschafft«. In der Summe aber und mittel- bis langfristig müssen wir uns diese Abschaffung leisten, heißt das. Wie jenseits des Kapitalismus Freiheit, Marktwirtschaft, Demokratie zu denken und zu sichern sind, bleibt eine geistige Herausforderung, die Luisa Neubauer bisher nicht abverlangt worden ist.

Die extreme Verdichtung der Zeit zum alles entscheidenden Moment – eine Denkfigur, die wir sonst aus der soldatischen Kriegsliteratur kennen – findet sich ebenfalls bei Thunberg und bei Neubauer. »2020 ist ein historisches Jahr«, sagt Luisa Neubauer zu Beginn des Jahres 2020, »von 2020 ist abhängig, wie das Jahrhundert verläuft. Wir müssen schnell viel auf die Kette kriegen. Auch deshalb ziehen wir jetzt vor das Bundesverfassungsgericht, um verbindliche Klimaschutzmaßnahmen zu erzwingen.« Ob sich beim Verfassungsgericht die Bundesregierung auf die Sünde des klimapolitischen Unterlassens verklagen lässt, wie es Greenpeace und Luisa Neubauer im Januar 2020 ankündigten, ist fraglich. Die Begleit-PR funktioniert. In einer online erhältlichen Broschüre heißt es: »Die Greenpeace-Klimaklage geht in die nächste Runde. Neun Menschen zwischen 15 und 32 Jahren wollen die deutsche Klimapolitik vom Bundesverfassungsgericht überprüfen lassen. Sie sind der Ansicht, dass die Bundesregierung mit dem am 15. November 2019 verabschiedeten Klimaschutzgesetz weiterhin nicht genug gegen die Klimakrise tut, also ihrem im Grundgesetz verankerten Schutzauftrag nicht nachkommt.«

Auf dem Titelbild sind die »neun jungen Menschen« abgebildet, Luisa Neubauer ganz oben und mittig, in der Poleposition. Vorgestellt wird sie zwei Seiten später als »Mitbegründerin der deutschen Fridays-for-Future-Bewegung«. Neubauer habe »Ausbildung und Privatleben faktisch ›ausgesetzt‹, um sich zusammen mit Hunderttausenden ihrer Generation politisch und medial für mehr Klimaschutz einzusetzen«. Dass Ende 2019 selbst Siemens-Chef Josef Käser – Pardon: Joe Kaeser – Neubauer mit einem Aufsichtsratsposten für Siemens Energy meinte ködern zu können, belegt den rasanten Wertanstieg der Medienmarke Neubauer. Dass Neubauer klug genug war, Käsers unmoralisches Angebot abzulehnen, spricht für ihre Überzeugungstreue.

Blamiert hat sich nur der Vorstandsvorsitzende. Er musste sich hernach das öffentliche Scherbengericht anhören, das aus Neubauers Mund über ihn erging: »Wenn ein Angebot ernst gemeint ist, bereitet man dieses im professionellen Rahmen vor und führt Gespräche miteinander – und lässt ein solches Angebot nicht von der Presse verbreiten, um von einer fatalen Entscheidung abzulenken.« Spiel, Satz und Sieg für Luisa Neubauer. Die aus ihrer Sicht »fatale Entscheidung« war das Bekenntnis von Siemens, den Vertrag mit der indischen Adani Group zu erfüllen und eine Signalanlage für eine Kohlemine in Australien zu liefern. Die Aktivistin erblickt darin ein verantwortungsloses, klimaschädliches Vorgehen: »Diese Mine darf es nicht geben. Punkt! Siemens ist ein Konzern, der sich mitschuldig macht.« Neubauer gab aus der Unterredung mit Kaeser öffentlich ihren Eindruck wieder, der Manager habe sehr lange von sich und Siemens gesprochen, ehe er sie zu Wort habe kommen lassen. Neubauer kündigte nach Kaesers Debakel »Rabatz« bei anderen Unternehmen an und dass »in diesem Diskurs (…) aufgeräumt werden« müsse, im Diskurs zur Klimapolitik, versteht sich.

Rabatz, aufräumen, 2020 oder nie, Punkt und Ausrufezeichen: An Unduldsamkeit steht Neubauer Thunberg in nichts nach. Auch an Unverfrorenheit? Oder wäre das ein hoffnungslos onkelhafter Vorwurf aus der Reihe altvorderer Klimaverschmutzer? Für beide Frontfrauen sind die Kanäle der Medien derart weit geöffnet, dass die Absurdität mancher Schlagzeile sich längst durch Gewöhnung ausgewaschen hat. »Greta Thunberg fordert mehr Tempo von den Konzernen«, »Greta Thunberg setzt Macron unter Druck«, »Luisa Neubauer erwartet von der Kanzlerin klare und mutige Ansagen und daraus folgende Taten«, »… fordert Kohlekraftwerkabschaltungen …«, »… erwartet von Siemens«, »… verlangt …«: Jeder dieser zugespitzten Sätze ist von der Meinungsfreiheit gedeckt und ist es hoffentlich noch lange. Daraus aber Schlagzeilen zu basteln, deren Wichtigkeit es mit Meldungen aus weltpolitischen Krisenregionen aufnehmen soll, ist übertrieben, unernst, kindisch. Die Verhältnismäßigkeit der medialen Mittel bleibt nicht gewahrt. Auch als Greta Thunberg die CO_2-Ausgleichszahlungen als »Bluff« kritisierte, wurde darüber ausführlich berichtet. Eine Illustrierte lichtete vor Greta Thunbergs Segeltörn in die Vereinigten Staaten im August 2019 ihr Nachtgeschirr ab, ein Eimerchen aus Plastik, als wäre es ein neobarockes Andachtsbild.

Härter sind die Einwände gegen eine prinzipielle Demokratieskepsis vieler Aktivisten, die oft nicht auffällt, weil sie im Gestus unschuldiger Naivität vorgetragen wird. Etwa durch Luisa Neubauer in der ZDF-Talkshow »Markus Lanz«, wo sie im Oktober 2019 das demokratische Ringen um Mehrheiten mit der rhetorischen Frage abwertete, ob »das in den letzten 30 Jahren gut genug geklappt« habe »für die Klimakrise«. Forcierter Alarmismus – »we don't have time«, »2020 ist ein historisches Jahr« – kann die Demokratie mit ihren zähen Entscheidungswegen als untaugliches Instrument erscheinen lassen. In Diktaturen ist es leichter, Entschlüsse zu fassen und umzusetzen. In Diktaturen wird bestimmt, nicht verhandelt; entschieden, nicht abgestimmt. Wenn sich laut Greta Thunberg angesichts der Klimakrise alles ändern muss – gilt das auch für die Regierungsform Demokratie? Gehört die Demokratie westlicher Prägung auf den Müllhaufen der Geschichte, weil sie die Klimakrise mit zu verantworten habe? Der Fluchtpunkt der Panik von Greta, Luisa, Leonie und Co. liegt jenseits des Demokratischen. Das Motto lautet, Not kenne kein Gebot – die Klimakrise also erst recht nicht.

Leonie muss ich noch vorstellen. Sie heißt mit Nachnamen Bremer, ist Studentin und nahm teil an einer weiteren Talkshow des öffentlich-rechtlichen Fernsehens, »Hart aber fair« im Ersten. Dass auch diese »Fridays for Future«-Aktivistin bezopft ist und blond wie Greta Thunberg, ist Zufall – oder dem Casting der Redaktion geschuldet. Leonie Bremer sagte im September 2019 dem Fernsehpublikum, was Greta Thunberg auch gesagt hätte, und erteilte sich hierzu sicherheitshalber selbst das Wort: Es würde »nicht verstanden, dass es keine Grauzonen gibt, wenn es darum geht, unseren Planeten zu retten. Wir müssen unseren Planeten retten, und es gibt da nur Schwarz oder Weiß. Es gibt Überleben oder Nichtüberleben.

Es gibt das Einhalten der Pariser Ziele oder nicht. Und wir müssen die Pariser Ziele einhalten.« Und auch: »Es muss verstanden werden, dass wir weniger Verkehr brauchen. (...) Und deswegen brauchen wir auch keine Pendlerpauschale.« Leonie Bremer sprach ernst, sprach schnell und blickte zornig und fiel fast allen ins Wort. Das neubauersche »Punkt!« aber fehlte.

So rasch geht sie dahin, die mühsam errungene gesellschaftliche Übereinkunft, man müsse abwägen, differenzieren und alle Betroffenen hören. Man irre, wenn man die Welt nur schwarz oder weiß wahrnehme, man rede dann fundamentalistisch, predige Angst, teile die Welt in Erlöste und Verdammte, Gläubige und Ketzer. Das wichtige Konzept der »deliberativen Demokratie«, unter anderem von dem Philosophen und Soziologen Jürgen Habermas geprägt, klingt wie ein Relikt aus grauer bundesrepublikanischer Vorzeit. Demokratie braucht demnach das stete Gespräch aller möglicherweise Betroffenen, braucht die gemeinsame öffentliche Beratung der Bürger, was denn nun zu tun sei. Der neue Souverän, so scheint es, ist »der Planet«. So gewaltig ist er, dass die, die ihn anrufen, sich scheuen, seinen Namen zu nennen. »Erde« hört man selten, »Planet« sehr häufig. Er diktiert die Beschlüsse; Kinder, Teens und Twens sind seine Propheten. Ein überwunden geglaubter Dualismus kehrt zurück. Es ist ein Gang zurück hinter die Aufklärung, ein Gang zum Orakel. Früher hieß es: Roma locuta, causa finita. Heute müsste man sagen: Terra locuta, causa finita.

Gesund und reif ist das alles nicht. Psychologen warnen vor »Eco Anxiety«, »Klima-Angst«. Wer sich täglich, stündlich mit dem Szenario eines nahenden Weltuntergangs beschäftigt, wie es besonders die apokalyptisch geprägte Bewegung »Extinction Rebellion« tut, und gegenläufige Informationen ausblendet, der kann nicht nur zum Demokratieverächter werden.

Der wird leicht zum angsterfüllten Panikkind. Ein 14-jähriges »Fridays for Future«-Mädchen sagte Ende Januar 2020 in der ARD stolz, es habe sich von einer Einser- zu einer Vierer-Schülerin entwickelt, weil der Kampf gegen den Klimawandel so viel Zeit verschlinge: Bildungsverzicht als Beitrag für eine bessere Welt? Greta Thunberg begann ihre Medienkarriere mit einem Schulboykott. Eine 15-jährige Aktivistin erklärte bei der Pressekonferenz zur Greenpeace-Klage gegen die Bundesregierung, sie träume davon, auch »in 60 Jahren noch auf dieser schönen Erde leben zu können«. Als unter dem Motto »Final Countdown – 16 Monate verbleiben« im September 2019 jugendliche Klimaaktivisten das Schweizer Parlament in Bern für einige Minuten besetzten, sagte danach ein 19-jähriger Aktivist: »Für uns, die so tief in der Klimabewegung stecken und tagtäglich beunruhigende Artikel lesen, gibt es gar keine Alternative.« Einseitige Lektüren, lernen wir, führen zu einseitigen Wahrnehmungen.

In irrationalen Ängsten werden Kinder, Jugendliche und Erwachsene von Medien unterstützt, die sich die Umweltpanik zu eigen machen. Der »Deutschlandfunk« berichtete Anfang 2020 von der »Weltuntergangsuhr« in Washington, die »nur noch auf 100 Sekunden vor Mitternacht« stehe und gab so einer Spielerei die Weihen des Seriösen. Ein Reporter der ARD-»Tagesschau« stellte zur gleichen Zeit die alberne Frage: »Wie kann der Wandel zu einer CO_2-freien Welt gelingen?« Eine Welt ohne Kohlenstoffdioxid wäre jedoch eine Welt ganz ohne Menschen, ohne Tiere. Jeder Atemzug setzt CO_2 frei. Man müsste also mehr als die Menschheit vernichten, um eine in dieser irrigen Weise klimaneutrale Welt zu erreichen.

Solange es Menschen gibt, haben sie das Recht, zu streiten und zu fordern, sich aufzuregen und sich besänftigen zu lassen, zu tanzen und zu zetern. Auch das Recht auf Infantilisierung ist unstrittig. In ihr verbirgt sich aber keineswegs ein Beweis, dass man die gute, die bessere Sache vertrete. Wer sich kindisch verhält, ohne ein Kind zu sein, arbeitet der Unmündigkeit zu, nicht der Aufklärung. Wenn Kinder und Jugendliche bei Demonstrationen ernst gemeinte Parolen rufen und lustig gedachte Bewegungen vollziehen, verbieten sich spöttische Kommentare der Älteren. Mögen die Jungen sich auch auf der Stelle im Kreis drehen, die Arme auf und ab bewegen wie Schaufeln und dabei singen: »Lasst uns auf die Straßen geh'n und uns in die Zukunft seh'n – Friday, Future wir sind laut, weil ihr uns die Zukunft klaut.«

Was aber ist zu halten von Seniorinnen, die sich drehend, zappelnd, klatschend auf öffentlichen Plätzen in Bienen verwandeln? »Wir machen mit bei der Rettung der Erde: Fahrrad fahren, wenig Fleisch und vor allem Strom sparen!« Oder von Rentnern, die ihre Bäuche schütteln für den Umweltschutz zur Melodie von »Staying alive«? All das gab es 2019 in Deutschland zu sehen. Nachahmung macht hier nicht den Meister, sondern produziert Peinlichkeiten. Kinder sind keine Erwachsenen in Wartestellung, sondern Kinder. Erwachsene sind keine Kinder in größeren Kleidern, sondern Erwachsene. Fast hätte ich hinzugesetzt: »Punkt!«

Dass Kinder prinzipiell keine besseren, keine schlechteren Propheten abgeben als andere, dass sie keinen privilegierten Blick in die Zukunft nur deshalb haben, weil ihre Lebensspanne am weitesten in diese hineinreicht, gerät gerne in Vergessenheit. Im Oktober 1984, mitten im Kalten Krieg, fragte eine amerikanische Zeitung aus dem Bundesstaat Montana Kinder, wie sie sich das Jahr 2020 vorstellten. Neben Science-Fiction-Ideen von der Herrschaft gewaltbereiter Roboter und der Hoffnung auf ein langes Leben ohne Krankheit fand sich in »The Billings Gazette« auch unbezwingbare Apokalyptik.

Anno 2020, sagte damals eine Schülerin, werde die Natur komplett zerstört sein. Ein Schüler sah den Tod aller Lebewesen voraus. Vermutlich hätten Erwachsene ebenso stark danebengelegen. Erinnert sei an die Fehlprognosen gestandener Männer, dieses Internet werde sich nie durchsetzen. Keinen Grund aber gibt es, Stimmen desto mehr Gewicht beizumessen, je jünger sie sind. Kindermund tut nicht immer Wahrheit kund. Das wissen jene Erwachsenen am besten, die sich eine realistische Erinnerung an ihre eigene Kindheit bewahrt haben.

Insofern lässt sich aus der Geschichte des Felix Finkbeiner Ermutigendes lernen. Der 1997 geborene Unternehmersohn aus Bayern gründet im Alter von zehn Jahren die »Plant-for-the-Planet«-Initiative. Rasch rückte er ins mediale Rampenlicht. Er warb vor Mitschülern dafür, in jedem Land der Erde eine Million Bäume zu pflanzen. Rückblickend sagt er: »Angefangen hat alles mit einem Schulreferat – heute ist ›Plant-for-the-Planet‹ eine globale Bewegung mit einem großen Ziel: die Menschheit motivieren, 1000 Milliarden Bäume zu pflanzen. Als Zeitjoker im Kampf gegen die Klimakrise.« Die Rhetorik der Organisation ähnelt auf den ersten Blick jener der neuen unduldsamen Klimaaktivisten, wenn es heißt: »Wir pflanzen Bäume für eine bessere Welt. Hilf uns Kindern, unsere Zukunft zu retten.« Derzeit sind laut »Plant-for-the-Planet« von der erhofften eine Billion Bäume immerhin über 13 Milliarden gepflanzt. Ob die Zahlen stimmen, ist indes umstritten.

In einem pathosarmen Vortrag berichtet Finkbeiner im Dezember 2019 von Lernfortschritten. Die Aufforstung auf der Halbinsel Yucatán in Mexiko habe gezeigt, dass »es nicht nur darum geht, wie viele Bäume wir pflanzen, sondern auch darum, die Bäume richtig zu pflanzen. (…) Wir haben da nämlich herausgefunden, dass die durchschnittliche Überlebensrate der Aufforstungsprojekte der lokalen Regierung dort 22 Prozent war. (…) Und wir wollten einfach mal zeigen, dass es möglich ist, viel effizienter und effektiver aufzuforsten.« Heute liege die Überlebensrate für neue Bäume bei 94 Prozent. So diese Zahl korrekt wiedergegeben ist von Finkbeiner: welch ein beeindruckender Erfolg für einen ehemals zehnjährigen Kinderaktivisten.

Heute steht Felix Finkbeiner weniger im Rampenlicht als die Vorzeigeaktivistinnen von »Fridays for Future« oder »Extinction Rebellion«. Wie im Schauspielergewerbe verblasst das Interesse an Kinderstars, werden sie erwachsen. Dafür scheint seine Initiative geworden, was andere nur behaupten: nachhaltig. Sogar dem Wortsinn nach, stammt Nachhaltigkeit als Prinzip doch aus der Forstwirtschaft. Die Vereinten Nationen unterstützen die »Trillion Tree Campaign«, für die »Plant-for-the-Planet« verantwortlich ist. US-Präsident Donald Trump erklärte 2020 auf dem Weltwirtschaftsforum in Davos, die Vereinigten Staaten würden der »One Trillion Tree Initiative« beitreten. Damit ist zwar ein vergleichbares Unterfangen gemeint, das für Davos der Milliardär und »Salesforce«-Gründer Marc Benioff angestoßen hat – doch ganz gewiss trug Felix Finkbeiner aus München zum Durchbruch der Idee bei. Trump zog den Zeitjoker.

Welche Lehre wird die Gegenwart aus der steigenden Präsenz kindlicher Jugendlicher und kindischer Erwachsenen im täglichen Wahrnehmungskampf ziehen? Wird man bald noch von Thunberg und Neubauer reden? Laufen ihnen Natasha Mwansa aus Sambia, Vanessa Nakate aus Uganda oder die Schülerin Gwendolyn Rautenberg aus Brandenburg, die »keine weltfremden Politiker« über die Zukunft entscheiden lassen will, den Rang ab? Ist die Zeit des »empfindsamen Fräuleins« bald wieder vorbei? Auf diesen Begriff aus der Literatur des

18. Jahrhunderts führte Christoph Schulte-Richtering eine Deutung des Phänomens Greta Thunberg zurück. Oder kommt ein neuer Kai aus der Kiste und erklimmt das Podest? Ich weiß es nicht. Zu befürchten ist freilich, dass genügend kindische Erwachsene bereitstehen, sollten Kinder vor der Zeit erwachsen werden. Trotz, Angst und Panik sind an vielen Stellen in das Skelett unserer Gesellschaft eingedrungen. Erst wenn Rationalität nicht mehr als Kaltherzigkeit denunziert wird, hat Vernunft eine Chance. Nicht jeder Zorn ist heilig.

6

IM MÄRCHEN GUTER ABSICHTEN

Die Konsumindustrie und das Bildungswesen nehmen den Menschen in einen Zangengriff, bringen Meerjungfrauen und Ich-Könige hervor und liefern teure Späße

Manchmal hat auch ein Popstar recht. Ein Großmaul irrt nicht immer. Insofern muss ich bei dem britischen Staatsbürger Liam Gallagher Abbitte leisten. Die Musik seiner ehemaligen Band »Oasis« habe ich sehr gemocht. Wer könnte »Wonderwall« je vergessen? In Interviews aber fand ich ihn kaum erträglich. Da war meist zu viel kalkulierte Übellaunigkeit, zu viel Posertum. Nun geht der 1972 geborene Liam Gallagher auf die 50 zu, nennt sich »sehr zufrieden und glücklich«, preist die Kochkünste seiner Freundin Debbie, macht mäßig originellen Retrorock und sagt, was wirklich einmal zu sagen war. Angesprochen im September 2019, ob er schon E-Scooter gefahren sei, erklärt der Sänger und Songwriter: »Ich nutze kein Verkehrsmittel, das aussieht wie Kinderspielzeug.« Thanks, Liam.

Spricht man das E wie den deutschen oder den englischen Buchstaben aus? Sagt man Eeeh- oder Iiih-Scooter? Der Anlaut steht für den Antrieb, denn dieser Roller hat einen Motor. Elektrizität treibt ihn an. Zwar muss sich der solchermaßen rollende Mensch mit einer Höchstgeschwindigkeit von 20 km/h und einer Reichweite von rund 20 Kilometern begnügen. Doch darauf kommt es nicht an. Der E-Scooter ist gedacht für die kurze Strecke zwischendurch, die sogenannte letzte Meile. Der E-Scooter ist der Schokoriegel unter den Fortbewegungsmitteln. Er markiert einen weiteren Etappensieg auf den Weg zur durchinfantilisierten Gesellschaft. Große

Jungs, gerne mit Schultertasche und Vollbart und buntem Helm, die Füße hintereinander auf dem Brett, die Lenkstange mit beiden Händen umgriffen, lassen sich den Stadtwind um die Nase wehen, überholen die Fußgänger und sind wieder Karlsson vom Dach, Michel aus Lönneberga oder Tommi Settergren oder der, der sie selbst waren, der Michael aus Lüneburg. Platz da, hier kommt kein Mazda.

Die fragliche Frage wurde Liam Gallagher in Berlin gestellt. Dort liegt sie ebenso auf der Hand wie das Objekt des Interesses auf der Straße. Den Tretroller, den man dank des Motors nicht treten muss, zieht die Schwerkraft beharrlich in die Waagerechte. In Rudeln liegt er an Laternen, vor Supermärkten, auf Gehwegen. Kein schöner Anblick. Stangen, Bretter, Reifen, wild verstreut. Auch in der Spree wurde das Gerät schon gesichtet. Dort reicht kein »Cruiser« hin. Sogenannte Cruiser nehmen die Scooter an sich. Es handelt sich, wie ich einem Fachartikel entnahm, »zumeist um Selbstständige, die die Roller einsammeln und bei sich aufladen«. Nichts braucht der städtische Stromer mehr als Strom, Strom in rauen Mengen. Wenn er seinen Geist planmäßig aufgibt, nach einem Jahr oder eher oder etwas später, bleibt von ihm Elektroschrott. Der Friedhof dieser neuen Kuscheltiere wächst. Ihre Nutzer kümmert es kaum. Kindliche Sorg- und Achtlosigkeit muss nicht altern.

Vielleicht ergeht es dem E-Scooter wie einer anderen Infantilität, an der man nur einen Sommer nuckelte, dem »Bubble Tea«. Gar zu süß, zu teuer, zu ungesund war dieser Zuckertee mit Einlage dann doch, selbst für die junge Klientel, die er anzielte, für Schüler und Teens. Vielleicht aber schreibt die Elektrorollerbranche, die sich konsolidiert durch Übernahmen und Insolvenzen, auch eine Erfolgsgeschichte. Die Verleihfirma »Tier« prophezeit bis zum Jahr 2029 komplett autofreie Innenstädte. Dazu leisteten Elektroroller einen wertvollen Beitrag. »Tier Mobility« sorgt in rund 40 Städten weltweit für »rollende Mobilitäts-Alternativen«. Die »Erziehung unserer Kunden«, so »Tier«-Mitgründer Julian Blessin im Dezember 2019, müsse aber verbessert werden. Mit »Fahrschulen« und »Hinweisen in der App, wie man parkt« müsse man einige Kunden »zu besserem Verhalten erziehen«. Eine ehrliche Ansage. Der zahlende Nutzer wird so behandelt, wie er sich gibt, als Kind. Und Kinder müssen erzogen werden. Kinder gehören auf die Schulbank. Jean-Jacques Rousseau nickt da bedächtig mit dem Kopf.

Vor dem Licht sind die Schatten der vielen Start-ups schon da. Nicht nur in Berlin, auch in Frankfurt am Main, Köln oder München werden abgelegte E-Roller zu Verkehrshindernissen. Sie hemmen den Fluss, statt ihn sich geschmeidig zunutze zu machen. Erst seit Juni 2019 sind sie in Deutschland zugelassen, schon sorgen sie für Verdruss. Reicht da betreutes Fahren? Der Hauptgeschäftsführer des Deutschen Städtetags nimmt die Verleiher in die Pflicht, »dass abgestellte Tretroller, die andere behindern oder gefährden, schnell entfernt werden«. Handelte es sich um persönlichen Besitz, wären solche Flegeleien kaum zu befürchten. Discounter bieten Modelle für weniger als 300 Euro zum Kauf an. Womöglich liegt der Königsweg zu mehr Verantwortung in mehr Eigentum.

Die deutsche »Elektrokleinstfahrzeuge-Verordnung« gibt ein Mindestalter an für die Benutzung der elektrischen Roller: 14 Jahre; auch das wirkliche Kind darf sich aufs Brett schwingen. Eine Versicherungspflicht gibt es und ein Verbot, das Trottoir zu benutzen, woran sich in Berlin nicht alle Mieter – Pardon: Mietenden – halten. Das Bundesministerium für Verkehr und digitale Infrastruktur rechnet neben Tretrollern mit Strom auch Segways zur »Mikromobilität«. Segways lassen die Menschen, die auf ihnen stehen, noch rascher zu Pimpfen schrumpfen. Die knubbeligen Stengel mit Podest, umgedrehten Pilzen gleich, fristen ihr Dasein unter den Füßen gestresster Touristen, die für die Altstadt einer europäischen Metropole 90 Minuten Zeit haben. Da geht man besser nicht zu Fuß. Da macht man sich lieber in der Gruppe zum Affen, zieht den Helm auf und besteigt einen Segway. Holterdiepolter geht sie los, die kindische Fahrt über Stock und Pflasterstein. Am Stengel hält man sich in starr gestreckter Pose fest wie der Ertrinkende am Baumstamm, nur in der Vertikalen. Das Maß an Selbstverleugnung, das Erwachsene aufbringen müssen für eine einzige öffentliche Segway-Fahrt, hätte vor einigen Jahrzehnten als therapiebedürftig gegolten. Sehen wir es positiv: Der Ruf des Einzelnen ist stabiler geworden, Rollenzuschreibungen haben sich verflüssigt, das innere Kind bekommt Ausgang. Dennoch ist es keine nur traurige Nachricht, dass der chinesische Mutterkonzern Mitte Juli 2020 die „Segway"-Produktion einstellte. Der Markt sei übersättigt gewesen.

Großstadtmenschen auf E-Rollern sollte vielleicht doch neben freiwilliger Schulung durch den Anbieter ein Führerschein von Staats wegen abverlangt werden. Dafür sprach sich Ende Januar 2020 der 58. Deutsche Verkehrsgerichtstag in Goslar aus. Dessen Arbeitskreis IV erklärte, »dass es verbindlicher Vorgaben für Abstellplätze bedarf«. Außerdem setzte er sich »mehrheitlich für die Einführung einer Prüfbescheinigung zum Führen eines Elektrokleinstfahrzeuges als Kraftfahrzeug ein«. Mit der liegenden Wildentsorgung wäre dann Schluss – theoretisch. Schwer vorstellbar, dass in einer Party- und Duz-Metropole wie Berlin ein solches Verbot hinreichend überprüft, geschweige denn geahndet würde. Eine »Prüfbescheinigung« wiederum dürfte an den wirtschaftlichen Interessen der Start-ups scheitern. Ob man ein junges, wachsendes Segment der Öko-Ökonomie derart gängeln wollte? Emissionsfreiheit heißt das Zauberwort. Ein Bundesverkehrsminister namens Andreas Scheuer ist von den E-Scootern über die Maßen begeistert.

So könnte sich trotz niederschmetternder Nachrichten aus dem Wunderland der rollenden Kindsköpfe der Scooterboom fortsetzen, wenngleich vermutlich gedämpft durch »Corona«. Die Zahl der Unfälle mit Elektrorollern, diesen motorischen Zwittern, zu schnell für den Gehweg, zu langsam für die Fahrbahn, nahm bereits zu. Parkverbotszonen wurden eingerichtet, weil die Bewegungsgeräte touristische Sehenswürdigkeiten verschandeln oder Fußwege unpassierbar machten. Heitere Neugier auf die neuen Verkehrsteilnehmer geht über in aggressiv geführte Verteilungskämpfe. Wo kindliches Gebaren – der Roller ist ein Kinderfahrzeug – auf Dominanzverlangen trifft, schwindet Verständnis. Mein Eindruck: Nachschulung wäre wirklich angesagt, Nachschulung in erwachsenen Umgangsformen zu Lande, zu Wasser und auf dem Brett.

Auch Öko-Ökonomie ist Ökonomie, muss Nachfrage herstellen oder Bedürfnisse aufnehmen, um das jeweilige Angebot profitabel auf den Markt bringen zu können. Nachfrage kann erzeugt werden durch die Leistungsfähigkeit eines Produktes, seine Schönheit, seine Effektivität, durch moralischen Druck, durch Gesetze, durch Appelle an Instinkt und Trieb. Beispielsweise. Das Kind, das in jedem von uns steckt, ist da ein mächtiger Agent. Wer es direkt anspricht, kann sich eine lebenslange Kundenloyalität aufbauen. Hinter mancher Infantilisierung stehen handfeste wirtschaftliche Interessen.

Bereits im November 2012 sah FAZ-Journalist Edo Reents in Deutschland »eine gesellschaftliche Tendenz hin zu einem Verhalten, das man früher als kindisch bezeichnet hätte, das heute aber, weil es so verbreitet ist, kaum noch als solches auffällt: Mitteilungsdrang gegenüber Fremden, Indiskretion; ein gewisser Zeigestolz; der Hang, seinen Spiel- und Zerstreuungsbedürfnissen zu fast jeder Zeit und ohne Rücksicht auf die Umgebung nachzugehen. Diesen Eigenschaften, die auf die fortlaufende Preisgabe des Privaten, Persönlichen hinauslaufen, ist etwas ausgesprochen Übergriffiges gemeinsam; man kann ihren Äußerungen nicht entkommen. Kindern muss man vor allem eines beibringen: Grenzen. Erst sie gewährleisten, über den Schutz nach außen, eine intakte Persönlichkeit. Diese Erziehung wird von einer immer indiskreter werdenden Öffentlichkeit rückgängig gemacht.«

Wie wahr gesprochen. Und wie stark zugenommen haben diese sozialen Übergriffigkeiten durch die neuen sozialen Medien heute, da zwischen TikTok, Instagram, YouTube und twitch.tv jede ihres eigenen öffentlichen Lebens Herrin, Hauptdarstellerin und Regisseurin zu sein vorgibt. Grenzen sind zum schützenswerten Kulturgut geworden, in jeder Hinsicht. Mündigkeit ist ohne das Recht auf Distanz nicht zu haben, wie schwer man es auch gegenüber anderen wie gegenüber sich selbst erringen muss. Ob die sozialen Abstandsgebote in Coronavirus-Zeiten eine neue Kultur der Distanz dauerhaft etablieren werden, ist fraglich.

Unverändert gilt Edo Reents' Beobachtung von 2012, die »fortschreitende Infantilisierung« sei »das Werk der Werbe- und Unterhaltungsindustrie« – zu ergänzen freilich heute um eine nicht minder übergriffige Politik, die Bürger wie Kinder behandelt, um sie erziehen zu können. Der Mensch als Kind ist immer der Mensch in einer Abhängigkeit, die er sich nicht eingestehen will. Nicht ohne Grund emanzipiert sich der Teenager an der Schwelle zum Erwachsenen von denen, die ihm weiterhin Vorschriften machen. Ehrlich pries der Erzieher Rousseau »den Schein der Freiheit«, den er um seinen Zögling Émile verbreite.

Edo Reents erkennt bitter, »bei vielen Dingen, die heute hergestellt werden, ist es so wie früher nur bei gewissen Ravensburger Spielen: Alter 6 bis 99.« Verschwunden sei die Kategorie »altersgemäß«, verschwunden die »erwachsene, bürgerliche Reserve gegenüber nur für junge Leute bestimmten Konsumgütern«. Belege seien das verspielte Design von Autos, von Google, von Apple, der Retro-Kult in Zeitschriften und auf Schallplatten, »und wir wollen am liebsten alles gleichzeitig machen«. Wie einst Knabe Nimmersatt sitzt der Erwachsene, zumindest in den globalen Konsumgesellschaften, am stets gedeckten Tisch, greift hierhin, patscht dorthin und ist nie zufrieden. Die Firmen, die seine Lüste befeuern, sind's schon.

Journalist Tobias Haberl gelangt in seinem Buch »Die große Entzauberung« (2019) zu einer vergleichbaren, nun schon zugespitzten Einschätzung. Haberl blickt auf »den Strom der Zalando-Pakete, WhatsApp-Nachrichten und Instagram-Posts« und folgert: »Im Grunde werden wir behandelt wie Kinder, die scheinbar vor der Tragik und der Ambivalenz des Lebens beschützt, in Wahrheit permanent bevormundet, moralisch unter Druck gesetzt oder durch eine heitere Wohlfühlatmosphäre zum Kauf von Produkten animiert werden sollen, von denen wir fünf Minuten vorher nicht wussten, dass es sie überhaupt gibt. Gleichzeitig werden wir vom Zeitgeist dazu ermuntert, immer noch empfindlicher gegenüber anderen Meinungen zu werden, was man wunderbar auf Twitter beobachten kann, wo inzwischen jedes Wort, das nicht hundertprozentig besenrein ist, reflexhaft sanktioniert wird.«

Die besenreine Gesellschaft, die gesäuberte Gesellschaft der Eiferer: Sie ist das nächtliche Gegenstück zur infantilisierten Gesellschaft und ohne diese nicht zu denken. Zwischen der Ermunterung des ewigen Kindes zum Konsum und seiner Bevormundung bestehen nicht nur lautliche Parallelen. Eine

Gesellschaft kann nur dann in zahllose Schutz- und Schonräume zerfallen, wenn sie im Menschen ein hochempfindliches, leicht erregbares und allzeit beleidigtes Kind sieht. Die Unterhaltungsindustrie macht ihm ein lebenslanges Zerstreuungsangebot, während die Politik ihn ins Gehege des richtigen Verhaltens schubst. Der »Schein der Freiheit« kann so doppelt herrschen: in der Entscheidung für ein Produkt aus der uniformen Produktewelt für alle – und am Gängelband der Teilhabe für alle, die als Einschränkung für jeden wirksam wird.

Das Wechselspiel von Ermunterung und Bevormundung ist in jenem Bereich der Kultur, den wir Bildung nennen, weitverbreitet. Staatliche Schulen und Hochschulen legen einen Korridor des Erwünschten, jenseits fachlicher Inhalte. Das Korrekte übertrumpft im Zweifel das Wahre. Aus der einen Universitas Litterarum werden die vielen »Safe Spaces« der Sensiblen. Studenten werden beschützt vor den Zumutungen unzeitgemäßer Wissensformen, Dozenten – ich korrigiere: Lehrende – vor falscher Neugier. Ausgangspunkt in beide Richtungen: der Mensch als ewiges Kind.

Der österreichische Philosoph Konrad Paul Liessmann schreibt 2014 in seiner Streitschrift »Geisterstunde. Die Praxis der Unbildung«: »Die Infantilisierung und selbstgewählte Teilentmündigung junger Erwachsener scheint in vollem Gange. Das (…) entspricht dem Charakter unserer Konsumgesellschaft und der zunehmenden Pädagogisierung des Alltags. In diesem wimmelt es nur so von besorgten Begleitpersonen aller Art.« Hochschullehrer Liessmann sieht »Fresspakete und Nuckelflaschen in den Klassenzimmern, Seminarräumen und Hörsälen« und leitet daraus die Diagnose ab, wir seien »als Kultur in eine orale Phase geschlittert, wir bleiben, individualpsychologisch, in dieser stecken«. Liessmann zufolge infantilisiert »die Welt des Konsums die Menschen in einer umfassenden Weise«. Er spricht vom »infantilistischen Ethos« des gegenwärtigen Kapitalismus.

Letztlich, meine ich, sind es zwei Bewegungen mit einem Ziel. Konsum und Politik, Kapitalismus und Staat nehmen das Individuum in einen infantilisierenden Zangengriff. Statt Erziehung zur Mündigkeit erfolgt das Festhalten in Unmündigkeit. Nur Formen und Felder wechseln, das Streckbett bleibt sich gleich. Wer die anderen verzwergt, der profitiert und herrscht. An Schulen sind die »besorgten Begleitpersonen« (Liessmann) jene »Lernbegleiter«, deren trauriges Wirken die Mutter und Schriftstellerin Katja Oskamp 2016 in einem Aufsatz schilderte. Da Oskamps Tochter die elfte Klasse eines Gymnasiums in Berlin besucht, gibt es Anschauungsmaterial frei Haus. »Häufig«, schreibt die Autorin, »finden Projektwochen statt, was bedeutet, dass der Unterricht ausfällt. In der Projektwoche zum Thema Kinderarbeit musste meine Tochter in der dreckigen Turnhalle unter Bänke robben, um Mitgefühl für das Elend bolivianischer Minenkinder zu entwickeln.« So kann es gehen, wenn die verordnete Anteilnahme, die vermeintliche Einfühlung in fremdes Leid, das eigene Denken verdrängt. Schauspiel ist dann alles, was bleibt. Zynismus wirft sich das Kleid des Mitleids über.

»Die Anglizismisierung«, lesen wir weiter bei Katja Oskamp, »geht mit der Infantilisierung einher. Das Wie wird immer wichtiger. Es bringt das Was zum Verschwinden. Die Inhalte werden abgeschafft, die Form übernimmt. Der Gegenstand ist nichts, seine Auf- und Nachbereitung alles.« Konkret habe im Religionskurs ein Schüler vorgeschlagen, »Nietzsche zu lesen. Das sei ihm zu kompliziert, erwiderte der Lehrer und schlug vor, dass jeder reihum am Freitagmorgen einen selbstgebackenen Kuchen mitbringen soll, den sie im Sinne eines sozialen Miteinanders gemeinsam aufessen würden. Statt Wissen zu erwerben, bekommen die Schüler die ewig gleichen Kompetenzen eingetrichtert, eine krude Mixtur aus politischer Korrektheit und der Anbetung technisch-medialer Möglichkeiten.« Der ideale Lehrer, also der perfekte Lernbegleiter, verberge »sein Wissen vor den Kindern – im besten Fall muss er nichts verbergen, weil da nichts ist«.

Sollte Katja Oskamp keine Berliner Spezialabgründigkeit erlebt haben, sondern die ganz normale Bildungsabwehr an bundesdeutschen Bildungsstätten, wird der Preis der Infantilisierung klar: kein Verzicht auf Unterschiede ohne Abkehr von der Reife. Wenn alle alles tun können sollen, kann niemand etwas richtig. Im Übrigen versteckt sich hier ein alter Paternalismus, nur fußt er auf erwünschter Ignoranz statt wie beispielsweise im wilhelminischen Kaiserreich auf eingeforderter Bildung. Letztlich hat im konkreten Fall der Religionslehrer, der Lernbegleiter sein will, verboten, über Nietzsche zu diskutieren, und angeordnet, Kuchen mitzubringen. Er hat die im Unterricht von den Schülern zu erbringende gedankliche Leistung outgesourct an die Mamas und Papas zu Hause, die im Zweifel den Kuchen backen oder ihn kaufen. Aus einem möglichen Lernerfolg der Kinder wurde der Backerfolg der Eltern und die Verzehrkompetenz der Schüler. Peter Pan wüsste es zu schätzen. »›Was bin ich doch schlau!‹, krähte er hingerissen, ›verdammt schlaues Bürschchen!‹«

Konrad Paul Liessmann gibt dem »Ethos der Infantilisierung« einen besonderen universitären Nährboden – dort nämlich, wo Klassiker gereinigt oder Bücher mittels »trigger warnings« abgemildert werden. Erwachsene Studenten werden darum der sogenannten »Generation Schneeflocke« zugerechnet, vor allem in den USA und im Vereinigten Königreich. Snowflakes schmelzen bekanntlich schnell und beim ersten Tauwetter. Sie brauchen stabile Kühle, keine Unruhe, keinen

Temperaturanstieg. In vergleichbarer Weise soll das Denken vor Irritationen bewahrt werden. Die menschheitsgeschichtliche Erkenntnis, dass jedes Denken eine Irritation ist, geht dabei verloren.

Der amerikanische Schriftsteller Bret Easton Ellis findet in seinem Buch »Weiß« von 2019 deutliche Worte: »Einen Witz nicht anhören zu können, bestimmte Bilder nicht anschauen zu können (…), alles Mögliche als entweder sexistisch oder rassistisch einzustufen (…) und damit als schädlich und unverträglich – weshalb es auch niemand sonst hören oder ansehen oder ertragen sollte –, das ist eine neue Manie, eine Psychose, die unsere Kultur gehegt und gepflegt hat. Dieser Wahn lässt Leute glauben, dass unser Leben ein kantenfreies Utopia sein sollte, ganz nach ihren zarten und komplizierten Empfindlichkeiten eingerichtet, das sie im Grunde dazu bringt, für immer Kind zu bleiben, in einem Märchen guter Absichten zu leben. Für ein Kind oder einen Heranwachsenden ist es unmöglich, bestimmte Traumata und Schmerzen zu überwinden und hinter sich zu lassen, aber nicht unbedingt für einen Erwachsenen.«

Die besenreine Gesellschaft, das kantenfreie Utopia: Da hat eine Generation ihr Leben unter emotionalen Vorbehalt gestellt. Eine subjektive Wende fand statt, das Ich ersetzt das Argument und bringt jedes Gespräch zum Verstummen. Wie will man Empfindungen widerlegen? Wie Erfahrungen bestreiten? Das Ich in der Arena duldet keine fremden Götter neben sich. Von der falschen Ebene auf die schiefe Bahn gerät eine Gesellschaft, wenn sie Gefühle unter sozialen Bestandsschutz stellt. Es ist nicht nur eine Peter-Pan-, es ist, schlimmer noch, eine Rumpelstilzchen- und Suppenkasper-Gesellschaft geworden. Eine Gesellschaft ohne Erinnerung. Eine Gesellschaft voller Ressentiments, weil Zorn und Wut nicht zu Argumenten sublimiert werden. Jeder steht auf dem Quadratmeter seiner Erregung, bewacht ihn eifersüchtig, stapft trotzig auf und beharrt auf seinem Gefühl. Lächelt, wenn er sich ungestört austoben darf. Wenn man ihm applaudiert, egal, was er tut.

Von solcher Zersplitterung einer Gesellschaft in lauter kleine Ich-Könige profitiert eine Politik, die im Bürger den Konsumenten von Wohltaten sieht, die man ihm zuteilt, um ihn kleinzuhalten und damit er nicht auf unerwünschte Gedanken kommt, und profitiert eine Industrie, die im Ex-und-hopp-Modus neue Ablenkungsprodukte auswirft. Auch die staatlicherseits als »emissionsfrei« angepriesenen Elektroroller haben eine bescheidende CO_2-Bilanz, müssen doch Rahmen aus Aluminium und Akkus mit Lithium-Ionen produziert werden. Die Dialektik der Aufklärung begräbt ihre Kinder unter sich.

Lebenslanges Lernen gibt es noch, für eine entbehrungsbereite Minderheit, »trotz Schule« (Katja Oskamp). Ansonsten ist lebenslanges Spielen angesagt. Ein Spiel, das, wie schon der Kunsthistoriker Johan Huizinga feststellte, kein Ende nehmen soll und darum den eigenen Prinzipien zuwiderläuft. »Das Übel unsrer Zeit: ihr Spiel ist in vielen Fällen nie aus, ist darum kein echtes Spiel.« Echte Spiele müssen desto kindischer erscheinen, je infantiler es auch sonst zugeht. Dieses Kriterium erfüllt die Zerstreuungsindustrie gern. Schauen wir beispielsweise auf die Angebote der Dienstleister zur Freizeitgestaltung, ein wahrlich boomender Markt. Für 30 Euro bieten sie die Verwandlung des Menschen zum Spielzeug für Riesen an. »Zorbing Ball« heißt der übergroße, transparente Gummiball, in den der zahlende Erwachsene steigt. So kullert er zu Tal und strampelt drinnen enorm und freut sich diebisch, wenn ihm nicht schwindlig wird dabei. Für 40 Euro kann der Mann sich einen ähnlichen, etwas kleineren Gummiball überstreifen, der die Füße frei lässt. Schwupps, beginnt der »Bubble-Fußball«. Der in Gummi gehüllte Homo sapiens, der die Außenwelt nur als Knautschzone wahrnimmt, weil er sich keinen Kontakt zumuten mag: Kann eine Gesellschaft empfindsamer Ich-Könige schöner ins Bild gebracht werden?

Wer Gegenstände dem Zeitvertreib vorzieht, kann beides zusammen haben. Das klingt verworren? Ist es nicht. Die klobige multifunktionale »Uhr als Event am Handgelenk« ihres Trägers ist nicht zu übersehen. Der Schriftsteller Stefan aus dem Siepen wies im Juni 2020 in seiner »Cicero«-Kolumne auf diesen Trend hin, der sich beim abendlichen Gang durch die Stadt jedem sofort erschließt: »Kompass, Zeitzonenrad, ewiger Kalender, Höhenmesser: Es scheint nur wenig Überflüssiges zu geben, was die Ungeheuer nicht können oder wissen. In der infantilen Gesellschaft muss auch die Uhr zum Spielgerät werden. Der Homo ludens will nicht bloß erfahren, wie viel Uhr es ist, sondern auch an drei bis vier Rädchen drehen und die Phase des Mondes überprüfen. Spannend!« Dass Jungs gerne mit Technik protzen, war schon 1931 für Aldous Huxley sonnenklar. Er erinnerte daran, dass »als Zwölfjährige wir alle verrückt waren nach Lokomotiven, Schiffsmaschinen und Werkzeugen«. Der infantile Erwachsene behält diese Faszination bei und veredelt sie zeigefreudig zur Wertanlage.

Was hat der Unternehmer und Extremsportler Jochen Schweizer weiterhin im Angebot, neben »Zorbing Ball« und »Bubble-Fußball«? Für 100 Euro darf die Frau oder der Mann die glatte Fassade eines Hotels hinabklettern, gehalten von einem dicken Seil. Wenn die Aggression einmal rausmuss, steht für 150 Euro ein schrottreifes Auto zur Verfügung, das der Spaßkunde nach Herzenslust zertrümmern darf. Dass Anbieter Schweizer die Nachfrager duzt, versteht sich von selbst: »Mit einem Vorschlaghammer prüft ihr, ob Scherben wirklich

Glück bringen, und verpasst dem Auto eine ganz neue Oberflächenstruktur. Nach Lust und Laune könnt ihr eine ganze Stunde lang eure eigenen Crash-Tests durchführen und das Auto nach Herzenslust zerlegen, verbeulen und zerkratzen.«

Ein Spaß für große Jungs. Puerilisierung, streng genommen. Aber auch die Frau muss nicht die bleiben, die sie ist. Sie darf sich zur Meerjungfrau verjüngen. Meerjungfrauen sind gewissermaßen die von der Luft unters Wasser versetzte Elfe aus »Peter Pan«. Von der Elfe Tinkerbell hieß es bei James M. Barrie, sie »trug ein elegantes Gewand aus einem Blattgerippe, kurzgeschnitten und gerade, in dem ihre Gestalt sich äußerst vorteilhaft abzeichnete. Sie neigte zur Rundlichkeit«, aber die Elfensprache war »reizendstes Geklingel wie von goldenen Glöckchen«. Tinkerbell konnte fliegen, und ihr Staub ließ Peter Pan dann seinerseits fliegen bis nach »Neverland«.

Wie verhält es sich mit der Meerjungfrau? »Mermaiding heißt dieses weltweite Phänomen«, erklärt das ARD-»Morgenmagazin« im Januar 2020, »wenn Menschen Wasserwesen sein wollen«. Man sieht Frauen, die in ein Kostüm mit bunten Flossen gestiegen sind, sich die wallenden Haare getönt und frisiert haben und nun unter Wasser in einem Bassin ihre Runden schwimmen, mit offenen Augen; sie schwänzeln eher. Das Bassin steht in Washington bei einem Festival. Draußen schauen junge Mädchen zu. Profimeerjungfrauenschwimmerinnen kommen vier Minuten ohne Luft aus. Wasserfestes Make-up und der Fischschwanz, »hochprofessionelle Silikonflossen« mit einem Gewicht von zum Teil über 20 Kilogramm, sind die wichtigsten Accessoires. All dies, sagt eine Schwimmerin im Fernsehbeitrag, »wegen der Geschichte dahinter. Meerjungfrauen gibt es schon so lange in der Folklore«. Die »Mischung aus Kraft, Schönheit und Macht«, sekundiert eine Kollegin, sei faszinierend.

Auch Laien haben ihren Spaß, erfahren wir in der nächsten Einstellung am Beckenrand, sogar Männer. Ein »Meermann« schwärmt, »mit der Flosse im Wasser ist der ganze Druck weg«. Die Reporterin bilanziert, es sei eine »andere Welt«, man könne dem Alltag entkommen »mit einer Flosse«. Und damit, ergänze ich, dem Alltag eines Erwachsenen. Es ist ein kindlicher, farbenfroher, auf wenige Bewegungsmuster reduzierter Spaß. In Deutschland wirbt die »Mermaid Kat Academy« mit dem Slogan: »Beim Meerjungfrauenschwimmen werden auch Erwachsene wieder klein.« Darauf kommt es an in einer infantilisierten Gesellschaft. Sich an immer mehr Stellen in eine Verhaltensweise einüben, die man intellektuell, moralisch, leiblich überwunden hat. Auf Regression. Meerjungfrauen sind, wie fantastisch überhöht auch immer, Jungfrauen, unschuldig und präpubertär. Sie können jede Komplexität ausblenden, die ein reifes Leben mit sich bringt. Infantilisierung ist klassische Komplexitätsreduzierung. Das Leben schnurrt zusammen auf wenige Bedürfnisse, viele Gefühle und fast gar keine Verantwortung. Schwimmen, Spielen, Lachen. Weinen auch. Und weitet sich zum großen, großen Ich.

Die Gründerin der »Mermaid Kat Academy« ist ebenso wie viele ihrer Kunden, darunter Erwachsene und Kinder, Umweltschützerin. Sie »schwimmt zusammen mit Walhaien, Delfinen, Mantarochen, Tigerhaien und sogar Krokodilen, um somit auf die Probleme unserer Ozeane aufmerksam zu machen.« Die Kreise verbinden sich. Der Wunsch, sich verkleidend ein kindliches Gebaren zu geben, korrespondiert mit dem Wunsch, der Natur Gutes zu tun. Der Mensch in Flossen fühlt sich als Teil der Unterwassertierwelt. Arielle hingegen, die Meerjungfrau aus Disneys gleichnamigem Zeichentrickfilm von 1989, wollte unbedingt Mensch werden. Worunter sie litt, wird den menschlichen Meerjungfrauen von heute zum großen Ziel: im Wasser leben wie ein Fisch, nicht an Land müssen zu den Menschen. Keine Menschenprobleme haben.

Verkleidete Erwachsene sind unter uns, auch trockenen Fußes. Cosplay boomt, die Furrys kommen. Was sich buchstäblich dahinter, darunter verbirgt, wusste ich vor 2013 nicht. Damals erschien der Film »Finsterworld« nach einem Drehbuch des Schriftstellers Christian Kracht. Ein Polizist, groß wie ein Bär und gespielt von Roland Zehrfeld, zieht sich darin in seiner Freizeit Tierkostüme über und trifft andere Verkleidungsmenschen auf Furry-Conventions. Ein Furry, sagt der Veranstalter der jährlichen Convention, der Eurofurence e.V., ist »ein fiktives Wesen, das menschliche und tierische Eigenschaften in sich vereint«. Der Traum aus dem Streichelzoo, den man als Kind so gern besuchte, wird wahr: Mit Tieren auf Du und Du, indem man sich ihnen nähert, mehr noch, sich ihnen anverwandelt.

Die Knautschzone aus Gummi, die abenteuerlustige Jungs abfedert, während sie den Rang hinabkullern, kehrt hier wieder als Stoffkleid und Wollanzug. Flauschiges drängt sich zwischen Ich und Welt, damit diese ihre Schrecken verliert. In einer infantilisierten Gesellschaft wappnet man sich gegen die Zumutungen der Härte, indem man sie nicht an sich heranlässt. Die Gesellschaft der Schneeflocken, der »Safe Spaces« und der Trigger-Warnungen ist auch eine Gesellschaft der Kuscheltiere. Jedes Geschlecht kommt auf seine Kosten. Bei den Mermaids dominieren die Frauen, bei den Furrys die Männer.

Cosplay ist sozusagen Furry für Abiturientinnen. Okay, ich ziehe die ungerechte Formulierung zurück. Cosplay ist Verkleidung für die Fans von Manga, Comics, Videospielen. So bunt wie Mermaids sind die Cosfans gekleidet, junge Erwachsene, Frauen vor allem, die sich im Kostümspiel üben, dem Costume Play, kurz: Cosplay. Sie schminken sich, setzen bunte

Kontaktlinsen ein, grelle Perücken auf, entwerfen und schneidern Kostüme. Man sieht oft Haut und meistens viel Haar und immer sehr viel Farbe. »Aktuell«, weiß eine Fanpage, »sind One Piece, Figuren aus dem Batman Universum, League of Legends, The Witcher, Herr der Ringe, Star Wars, Disney und Anime-Charaktere wie aus My Hero Academia sehr beliebt.«

Man erspare mir die Inhaltsangaben der Filme. Cosplay ist das belebte Nachstellen von Fantasyfiguren aus populären Medien und insofern die spätmoderne Variante der Tableaux vivants aus dem späten 18., frühen 19. Jahrhundert. Damals imitierten Menschen gemeinsam Motive von Gemälden oder Plastiken, Schäferszenen, Denkerposen. Heute geht es quirliger zu, bunter, individueller, weniger abendländisch. Die Wiege von Cosplay steht in Asien, in der japanischen Manga-Kultur. Jede ist ihres eigenen Kostüms Schneiderin. Kreativ ist das, aufwendig und herrlich harmlos. Auch Peter Pan »konnte nie einem Spiel widerstehen«.

Die Lust der Erwachsenen an einer Ausweitung der Spielzone ist ungebrochen. Sie wird genährt von Industrie und Ideologie, von denen, die damit Geld verdienen, und von denen, die damit Individuen zurechtbiegen. Wer jederzeit ansprechbar ist für die Freuden der Kindheit, trainiert ein unreifes und insofern leicht beeinflussbares Verhalten. Deshalb ist es keine unbedingt gute Nachricht, wenn der Mitteldeutsche Rundfunk in seinem Kulturtipp des Tages, der sich an Erwachsene richtet, Kinderlieder empfiehlt. »Aktuelle Kindermusik«, informiert der MDR kurz vor Weihnachten 2019, »zeigt Mut zur Innovation, mit anspruchsvollen Inhalten und großer musikalischer Vielfalt. Eine Entdeckung lohnt sich auch für Erwachsene.«

Die vorgestellte Musik erlaube es, »in die eigene Kindheit abzutauchen«. In der infantilen Gesellschaft ist die Kindheit die nach rückwärts gewendete Zukunft, das Herkommen und Aufwachsen das Ziel. Im Blick zurück, im Abschied vom Jetzt, im Niederreißen der Altersgrenze liegt das Glück. Nostalgische Paradiese werden verkauft. Beim MDR erklingen eine leicht angejazzte Version des Klassikers »Anne Kaffeekanne« und ein sanfter Rap über Helikopter-Eltern, fordert beschwingter Pop »ein bisschen Anarchie« beim Tanzen und empfiehlt den Kleinen und Kleingewordenen: »Gegen Ausbeutung und das Patriarchat – tanz' mit uns den Tanzsalat.« Hochprofessionell, eingängig, keine biedere Klampfenbeschaulichkeit. Aber doch: Erwachsene sollen dieselben Lieder hören wie ihre Kinder, sollen als Kinder Kinderlieder mitsingen. Und ein bisschen korrekte Politisierung ist immer dabei. Gegen Steuerstaat und Regulierungswut hülfe auch kein Tanzsalat.

Liam Gallagher täte eh nicht mittanzen. So viel ist gewiss. Die angeblichen Vorteile der faltbaren E-Scooter auf der letzten städtischen Meile zwischen Bushaltestation und Sushi-Restaurant überzeugen den »Oasis«-Sänger nicht. Er beharrt darauf, sich als Erwachsener erwachsen fortzubewegen. Liam Gallagher ist ein Auslaufmodell in einer Welt der greisen Kindsköpfe. Lang lebe Liam!

7

DU, DU, DUZ MICH DOCH

Simple Sprache wird zum Herrschaftsinstrument,
und dressierte Kunden zahlen ebenso
wie gegängelte Wähler die Zeche für die Illusion,
alle könnten allen auf Augenhöhe begegnen

Die großen Jungs auf den rollenden Brettern und die Frau mit der Raute: Wächst da zusammen, was zusammengehört? Elektromobilität ist ein ökonomisches wie gesellschaftliches Großthema, von dem sich Regierung und Kanzlerin viel versprechen. Ein Bundesverkehrsminister namens Andreas Scheuer wirbt ausdauernd, mit einem Leuchten in den Augen, für das Kleinstfahrzeug E-Scooter. Es soll entscheidend dazu beitragen, die Innenstädte von Autos zu entlasten, am Ende vielleicht gar zu befreien. Die Klappgeräte könnten Ikonen der politisch gewünschten Verkehrswende werden.

Die Kanzlerin wiederum erklärt das Prinzipielle. Angela Merkel liefert in ihrer wöchentlichen Videoansprache an das Volk den Unterbau zum Tagesgeschäft. Sie blickt voraus auf konkrete Ereignisse der kommenden Woche, manchmal auch zurück auf Jahrestage und Jubiläen, und leitet diese aus dem Allgemeinen her. Aus Normen, Verträgen, Gewohnheiten. Ihren knapp dreieinhalbminütigen Videopodcast vom 3. November 2019 unter der Überschrift »Mobilität der Zukunft – klimafreundlich und flexibel« beginnt Angela Merkel mit den Worten: »Menschen haben das Bedürfnis, von einem Ort zu einem anderen zu gelangen. Das nennen wir Mobilität.«

So weit, so einfach, so unklar. Lassen Sie uns für einen kurzen Augenblick bei dem soeben Gehörten beziehungsweise Gelesenen verweilen, Satz für Satz, Wort für Wort. Der erste Hauptsatz vom 3. November 2019 hat als Prädikat das Hilfsverb »haben«, der zweite Hauptsatz nennt das Verb »nennen«. Der erste Hauptsatz mündet in einen erweiterten Infinitiv, »… zu gelangen«, beim zweiten ist nach vier Wörtern Schluss. »Das nennen wir Mobilität.« Subjekt ist ein Neutrum, »das«, das schlichteste aller Pronomen. Es fasst unterschiedslos alles zuvor Gesagte zusammen. So stellt es einen Scheinschluss her. »Das« nämlich, also »das Bedürfnis, von einem Ort zu einem anderen zu gelangen«, definiert keineswegs Mobilität. Da irrt die Kanzlerin leider. Mobilität ist kein Bedürfnis, sondern eine Fähigkeit. Mobil ist nicht, wer sich bewegen will, sondern wer sich bewegt. Ein Gefängnisinsasse hat gewiss das Bedürfnis, an einen anderen Ort zu gelangen. Feste Türen, dicke Wände, eiserne Stäbe verhindern es aber. Ein Gefängnisinsasse sitzt fest, welche Bedürfnisse er auch immer verspüren vermag. Das nennen wir Immobilität.

Insofern zeigt das kleine Beispiel zweierlei: dass Angela Merkel sich gerne in den Grenzbereichen Leichter Sprache tummelt. Und dass dort Fallstricke lauern. Die Dinge sind selten so klar, wie sie in Leichter Sprache klingen. Apropos Dinge. Neben Haben und Sein ist das gleichfalls unspezifische Ding ein Hauptrequisit der Leichten Sprache. Schauen wir auch in diesem Fall genauer hin. Im Podcast vom 7. Dezember 2019 spricht Merkel von »den Dingen, die die Bundesregierung als Schwerpunkte für ihre eigene Arbeit festgelegt hat«, am 30. November 2019 beginnt ein Satz ohne Prädikat mit der Formulierung »Alles Dinge, die …«. Im offiziellen Transkript wird der Inhaltsleere aufgeholfen, indem aus »Alles Dinge, die …« die Formulierung wird »Das sind alles Maßnahmen, die …«. Thema ist übrigens die Attraktivität der Handwerksberufe. An keinem Ding, lernen wir, soll diese scheitern.

An Sein und Haben herrscht ebenso kein Mangel. Weiterhin am 30. November 2019 kommt in einem Satz gleich viermal das schwächste aller Verben zu seinem großen Auftritt. Nach einem Lob für die deutschen Teams und deren Erfolg bei einer Weltmeisterschaft der Berufe – »Deutschland hat zwei Gold-, drei Bronze- und 19 Exzellenzmedaillen, und das spricht eine eigene Sprache« – folgt das Vierfache »ist«, aus Einfallsarmut freilich und Liebe zum Schlichten, nicht aus philosophischen Gründen: »Das ist die Sprache, dass unser duales Berufsausbildungssystem gut ist, dass wir darauf stolz sein können und dass dieses duale Berufsausbildungssystem einer der Gründe ist, warum bei uns die Jugendarbeitslosigkeit die geringste in Europa ist.« Auch am 9. November 2019 geht es gleich zu Beginn im Podcast seinsgesättigt zu: »Am 12. November ist der Gründungstag der Bundeswehr, und sie wird dann 64 Jahre lang Bestandteil unserer Gesellschaft sein. Die Bundeswehr ist eine Parlamentsarmee.« Im Ist-Glanz leuchten Plattitüden. Die Erde ist ein Planet, die Sonne ein Stern, die Bundesrepublik ein Staat. Dies ist ein Buch. Sie sind die Leserin.

Wenige Augenblicke später am selben 9. November 2019 klingt es aus Merkels Mund in identischer Manier: »Deutschland ist Mitglied in der NATO. Die NATO, das transatlantische Bündnis, ist der zentrale Pfeiler unserer Verteidigung. (…) Deutschland und Frankreich sind hier an der Spitze der Entwicklung. Unsere Bundeswehr ist (…) gefragt in Auslandseinsätzen (…). Genau das ist auch die Politik, die wir im Augenblick haben.« Zählen wir kurz nach. Ist, ist, sind, ist, ist, haben: Kaum möglich dürfte es sein, mit weniger Verben ganze Abschnitte zu gestalten. Hier soll niemand überfordert werden. Hier wird niemand gefordert. Hier werden alle an die begriffliche Kandare genommen. Der Zweifel ist der Feind solch eindimensionaler Rede.

Wir haben also, sagt die Kanzlerin, Politik. Böse Zungen könnten aus dem Verzicht auf ein starkes Verb wie beispielsweise »gestalten« schließen, wenn Politik praktisch nicht mehr gestalte, verwende sie auch das entsprechende Wort nicht. Die Allgegenwart des Ersatzverbs »haben« erklärt sich so nicht. Am 7. Dezember 2019 teilt Angela Merkel mit, »wir Staats- und Regierungschefs haben einen neuen Ratspräsidenten«. Am 18. Januar 2020 freut sich die Kanzlerin auf einen Sommer sportlicher Großereignisse, »wenn wir dann auch Meisterschaften haben«. Bekanntlich hat das Coronavirus die meisten Meisterschaften verweht. Am 31. Januar 2020 rät Angela Merkel in Sachen Brexit zu Ruhe und Sorgfalt, denn »hier haben wir Vorbilder von internationalen Handelsabkommen«.

Die Sprache der Kanzlerin ist gekennzeichnet durch Armut im Ausdruck, durch wenige Verben, die ständig wiederholt werden, und durch eine große Vorliebe für Hilfsverben. Der Verzicht auf Differenzierung im Ausdruck wird erkauft durch undifferenzierte Argumentation. Wird die Sprache derart leichtgenommen, dass nur noch »ist«- und »haben«- und »Dinge«-Sätze aneinandergereiht werden, ist jeder Sachverhalt gleich wichtig und also relativ unwichtig. Es gibt dann ein logisches Nebeneinander, kein Davor, kein Danach, kein Zuerst und kein Zunächst. Kein Sinngefälle. Alles ist. Die einzelnen Behauptungen markieren Banalitäten, die ungewichtet aneinandergefügt werden. Die Welt: ein Schaufenster für Kinder. Schau, was es alles gibt. Das und das und das. Und auch das noch und sogar das hier. So singt man die Vernunft in den Schlaf. Vermutlich ist damit das Ziel solch schlichter Schachtelsätze benannt. Im Ewiggleichen verbirgt sich die Zusicherung, nicht so genau zuhören zu müssen. Kinder müssen nicht alles verstehen. Vati und Mutti machen das schon. Warum? Ei, darum.

Angela Merkel sagt im Videopodcast vom 12. Januar 2020: »Einmal ist da der Klimawandel, der von Menschen verursacht ist. Das bedeutet, wir müssen die Art unseres Wirtschaftens vollständig verändern.« Dieses Müssen ist kategorisch gemeint, alternativlos. Aus Gründen freilich, die im Vagen bleiben. Die beiden durch das universal einsetzbare »das« verbundenen Sätze stellen abermals einen Scheinschluss her. Unklar bleibt, ob die Kanzlerin den Klimawandel an sich für von Menschen verursacht hält. Oder ob sie von einer Teilmenge spricht; von jenem Ausschnitt des Klimawandels, für den die Menschen verantwortlich sind. Aus einer solchen diffusen Diagnose folgt die denkbar größte Schlussfolgerung. Alles habe sich zu ändern an der »Art unseres Wirtschaftens«, ohne Ausnahme. Aus Gründen, die nicht trennscharf erläutert werden, habe die Ökonomie der Bundesrepublik Deutschland einen komplett neuen Kurs einzuschlagen. Schluss soll sein etwa mit Renditeorientierung, Eigentumsrecht, Konkurrenzprinzip? Lediglich ein Umstieg auf andere Energieträger kann nicht gemeint sein. Man erfährt es nicht präzise. Ich bitte die Kanzlerin um Nachsicht, aber solche Pseudoargumentation ist von derselben inhaltlichen Güteklasse wie ein Spruch an tobende Kinder: »Am Schmutz in der Küche sind alle schuld. Darum gibt es künftig keine Tickets mehr fürs Fußballspiel.«

Angela Merkel nähert sich der Leichten Sprache an, ohne komplett in diese zu verfallen. Leichte Sprache, definiert von der Dudenredaktion im »Ratgeber Leichte Sprache«, ist »eine vereinfachte Form des Deutschen, die auch Menschen mit eingeschränkter Lesefähigkeit die Teilhabe am gesellschaftlichen Leben ermöglichen soll. Betroffen davon sind unter anderem Personen mit geistiger Behinderung, mit Lernschwierigkeiten oder Sprachstörungen, Demenzkranke und prälingual Gehörlose. Insgesamt beläuft sich der Adressatenkreis auf rund 10 Millionen Menschen.« Daran ist nicht nur nichts auszusetzen, daran ist alles zu loben. Das Problem erhebt sich dort, wo

Leichte Sprache zum Leitbild wird auch für Menschen ohne »eingeschränkte Lesefähigkeit«. In den Worten des Schriftstellers Thomas Palzer vom Mai 2017: »Leichte Sprache ist nämlich drauf und dran, zur Sprache schlechthin zu werden. Und da liegt das Problem – nur da.«

Bereits im Jahr 2000 erschien, herausgegeben vom Verein »Mensch zuerst – Netzwerk People First Deutschland«, das erste deutsche Wörterbuch in Leichter Sprache. Der Beweggrund war und ist ehrenvoll und bleibt unterstützenswert: »Schwere Sprache grenzt Menschen mit Lern-Schwierigkeiten aus. Darum soll es Leichte Sprache geben. Damit Menschen mit Lern-Schwierigkeiten mitreden können. Damit Menschen mit Lern-Schwierigkeiten alles verstehen können.« Am Bindestrich erkennt man die Leichte Sprache. Zusammengesetzte Wörter, diese große Besonderheit im Deutschen, werden in ihre Bestandteile zerlegt und mit Strichen verbunden. Das Bundesministerium wird zum »Bundes-Ministerium«, der Rollstuhl zum »Roll-Stuhl«, der Landtag zum »Land-Tag«. Aus Bestandteilen würden »Bestand-Teile«.

Diese Umschreibung hat sich jenseits der Leichten Sprache nicht durchgesetzt. Der Deutsche lässt sich seine Freude am Bandwurmausdruck nicht nehmen. Außerdem wird mit der Trennung der Sinn auseinandergerissen. Ein Landtag ist eine eigenständige Einrichtung und nicht der Tag eines bestimmten Landes. Die Grenzen der Simplifizierung zeigten sich deutlich, als im schleswig-holsteinischen Landtagswahlkampf des Jahres 2017 flächendeckend Post in Leichter Sprache verschickt wurde. Alle gut zwei Millionen Schleswig-Holsteiner erhielten die Wahlbenachrichtigung zum »19. Land-Tag« in vereinfachter Form. Die Leichte Sprache war zur Norm erhoben worden. Jeder und jede wurde mit dem »Familien-Namen« angesprochen, geordnet nach »Post-Leit-Zahlen«. Kurz waren die Sätze, mehr als ein Verb vertrugen sie nicht, verdammt wurde der Genitiv. Wie es Brauch ist in der Leichten Sprache – denn »alle Menschen sollen alles verstehen! Alle Menschen sollen überall mitmachen können!« So formuliert es der Verein »Netzwerk Leichte Sprache«.

Pustekuchen. Die Sprache, die wirklich jeder versteht, gibt es nicht. Zu verschieden sind die Menschen, zu unterschiedlich ihre Erwartungen. Auch die Einfachheit hat ihre Tücken, auch das Simple seine Abgründe. So kam es im April 2017, wie es kommen musste: »Leichte Sprache verschreckt Wähler«, titelten die »Kieler Nachrichten«. Ob es sich bei der Post vom Wahlleiter um Druckfehler handele? Wieder einmal sehe »unsere Landesregierung über die Köpfe der Bürger hinweg«. Beschlossen worden war die Regelung vom Kieler Landtag im Herbst 2015. Aufgehoben wurde sie an selber Stelle zwei Jahre später. CDU, Grüne und FDP votierten gegen die Stimmen der SPD für »barrierefreie Begleiterklärungen, etwa via Internet«, anstelle der Benachrichtigungen und Briefwahlunterlagen in Leichter Sprache. Der Landtag nahm zur Kenntnis, dass »die im Vorfeld der letzten Landtagswahl verschickten Papiere bei vielen der 2,3 Millionen Wahlberechtigten für Irritationen gesorgt« hatten. Der Versuch war gescheitert. Eine Neuauflage dürfte es nicht geben.

Die Politiker in Schleswig-Holstein wollten das »Übereinkommen der Vereinten Nationen über die Rechte von Menschen mit Behinderung« übererfüllen, das Deutschland am 30. März 2007 unterzeichnet hatte. Darin heißt es, dass »Menschen mit Behinderungen gleichberechtigt mit anderen Anspruch auf Anerkennung und Unterstützung ihrer spezifischen kulturellen und sprachlichen Identität« haben. Deutschland verpflichtet sich, »das Bewusstsein für Menschen mit Behinderungen zu schärfen« und »das Bewusstsein für die Fähigkeiten und den Beitrag von Menschen mit Behinderungen zu fördern«. Mit dem Behindertengleichstellungsgesetz werden die »Träger öffentlicher Gewalt« aufgefordert, »die Leichte Sprache stärker einzusetzen und ihre Kompetenzen für das Verfassen von Texten in Leichter Sprache« auf- und auszubauen. Wir sehen: Sprache kann ein Mittel der Bewusstseinsbildung sein, Leichte Sprache auch.

Wenn der Bundestag in seiner Zeitschrift »Das Parlament« über den Anschlag auf die Synagoge von Halle im Oktober 2019 in Leichter Sprache berichtet, lautet die Überschrift: »Angriff in Halle: Juden-Feindschaft in Deutschland«. Weiter im Text wird erklärt, ein Mann habe »versucht, in die Synagoge einzudringen. Er hatte mehrere Waffen dabei. Er warf mit einem Spreng-Satz. Und er schoss mit einem Gewehr. Es gelang ihm nicht, in die Synagoge zu kommen. Die Tür war verschlossen.« Besagter Mann habe »vor der Tat einen Text ins Internet gestellt. In diesem Text erklärt er: Er hatte verschiedene Gründe für seine Tat. Ein Grund war: Er hasste alle Juden. Der Grund war also Juden-Feindschaft.« Die vierseitige Schrift in großen Buchstaben und mit mehreren Zeichnungen endet mit den »Folgen von Halle«: »Der Angriff in Halle hat Menschen in ganz Deutschland betroffen gemacht. Und er hat gezeigt, dass es in Deutschland ein Problem mit Juden-Feindschaft gibt. Nun muss man schauen, welche Folgen die Tat von Halle hat.«

Der abschließende Satz steht hier im richtigen Umfeld. Er nimmt seine spezielle Zielgruppe ernst. Die abwechslungsarmen Formulierungen gehorchen einer zentralen Regel des »Netzwerks Leichte Sprache«: »Benutzen Sie immer die gleichen Wörter für die gleichen Dinge.« Derselbe Satz aber in einer Rede, einem Text für ein allgemeines Publikum wäre die Mutter aller Floskeln: »Nun muss man schauen, welche Folgen das hat.« Banaler geht's nicht. Nix Genaues weiß man nicht.

Die Zukunft ist offen und unbekannt. Alles ist möglich. Wir sehen also auch: Tritt Leichte Sprache über die Ufer ihres ursprünglichen Adressatenkreises, reduziert sie die Wirklichkeit auf den allerkleinsten gemeinsamen Nenner. Dieser Dammbruch hat leider stattgefunden. Politiker behandeln die Sprache wie Bauklötzchen für Kinder. Sie schieben sie hierhin, rücken sie dorthin und freuen sich, wenn nicht alles gleich zusammenbricht.

Erklärt das Deutsche Historische Museum Berlin die Reformation in Leichter Sprache, klingt es so: »Im Jahr 1517 gab es eine Reformation der Kirche. Reformation bedeutet Erneuerung. Die Ideen für die Reformation kamen von Martin Luther. Was war neu an den Ideen von Martin Luther? Jeder Mensch soll eine eigene Verantwortung haben. Zum Beispiel, welche Folgen sein Verhalten für sein eigenes Leben in der Zukunft hat. Und für das Leben der anderen Menschen. In der katholischen Kirche bestand eine andere Meinung.« Schauen wir auch hier präzise hin, zählen wir nach. Die Verben lauten in ihrer Grundform *geben, bedeuten, kommen, sein, haben, haben*. Das aber heißt: Es handelt sich um Lieblingsverben in den Reden der Kanzlerin. Die Kommunikation der politischen Profis nähert sich der Leichten Sprache an. Politiker reden mit Wählern, als wären diese schwer von Begriff. Als müsste man sie schützen vor komplexen Sachverhalten. Als wollte man sie kleinhalten, festzurren auf dem geistigen Status eines Kindes. Die Bereitschaft zum Nachfragen, die Lust auf den zweiten Gedanken sollen gar nicht erst entstehen. Das ist so, und das ist anders, und auch das ist. »Die Bundeswehr ist eine Parlamentsarmee«. »Das nennen wir Mobilität«. »Hier haben wir Vorbilder von internationalen Handelsabkommen.« Oder im Videopodcast Angela Merkels vom 18. Januar 2020: »Der Sport ist für alle da.«

In Leichter Sprache tönt es nicht viel anders. Der öffentlich-rechtliche Deutschlandfunk erklärt so die EU: »Die Europäische Union ist eine Gemeinschaft von Staaten. Die Abkürzung von der Europäischen Union ist EU. In der Europäischen Union sind im Augenblick 28 Staaten zusammen.« Lediglich die strikte Tilgung des Genitivs findet sich ausschließlich in Leichter Sprache. Laut Regelwerk: »Vermeiden Sie den Genitiv. Den Genitiv erkennt man oft an dem Wort: des. Benutzen Sie lieber die Wörter: von, von dem oder vom.« Dass es dem Genitiv auch in nicht-leichter Sprache schlecht geht, gab schon vor Jahren die Überschrift ab für witzige Artikel im Feuilleton und lustige sprachkritische Bücher. »Der Genitiv wird nicht ernst genommen«, musste der Journalist Bastian Sick bereits 2003 feststellen. Und, um keine Missverständnisse aufkommen zu lassen, »das Gegenteil leichter Sprache ist nicht eine schwierige Sprache, sondern die gelungene Sprache« (Thomas Palzer).

Schriftsteller Palzer wurde bei seiner Suche nach Leichter Sprache im Alltag fündig, wo er lieber gar nicht gesucht hätte. Er schreibt: »Leichte Sprache ist eine Art *basic german* und wird vom Bund gefördert und von Kommunen und Ministerien, von Rundfunk und Fernsehen, von Museen, Behörden und sogar Literaturhäusern in Dienst gestellt – gemäß der Maßgabe, dass niemand zurückgelassen werden darf.« Ein ehrenwertes Ziel aber wird Unfug, ist es an die falsche Zielgruppe gerichtet. Manchen Menschen tut Betreuung gut, weil sie ihnen hilft, in Würde zu leben, selbstbestimmt und frei. Betreutes Denken für Menschen, denen man eigene Gedanken zutrauen muss, ist nichts anderes als Bevormundung. Man nimmt ihnen eine geistige Tätigkeit ab und entmündigt sie so. Man behandelt sie unreifer, als sie es sind. Man will sie in Abhängigkeit halten, Kinder auf ewig.

Thomas Palzer fand beispielsweise einen Artikel der »Süddeutschen Zeitung«, der aussah, als sei er nach den Kriterien der Leichten Sprache gebildet. Was er gewiss nicht war. Dennoch stand da im März 2017 online ein Text über den dokumentarischen Fernsehfilm »Nervöse Republik« zu lesen, »dessen Diktion«, so Palzer, »die Kriterien einer Sprache erfüllt, die es den Menschen leichtmachen will«, kurze Sätze ohne Metaphern, wenige Kommata, »und für dieselbe Sache wird immer dasselbe Wort verwendet – u. v. m.« Zur Probe aufs Exempel, ihr Auftritt, sueddeutsche.de: »Der Film gibt Laien Einblick in die Arbeit unterschiedlicher Medien. Er zeigt, dass bei Spiegel Online nicht Bundeskanzlerin Angela Merkel die Zeilen für Eilmeldungen diktiert, sondern ein Redakteur. Lamby und sein Kamerateam begleiten die Redaktion durch die Brexit-Abstimmung. Ein Redakteur kommt zu Wort, der völlig optimistisch ist, dass die Briten Teil der EU bleiben. Die Kamera läuft, als schließlich die Ergebnisse der Abstimmung einlaufen.«

Zählen wir abermals, vergleichen wir. Redakteur, Redaktion, Redakteur, Kamerateam, Kamera, laufen, einlaufen – auch in diesem Text herrscht ein Minimum an sprachlicher Abwechslung. Der Leser wird bei der Hand genommen. Keine Zwischentöne sollen den Fluss des Verständnisses trüben. Solche Texte funktionieren nach dem aus der Programmiersprache bekannten WYSIWYG-Prinzip, *what you see is what you get*. Keine Überraschung, kein Widerhaken, keine Mehrdeutigkeit, keine Originalität – nirgends. Das ruckelt sich alles im Mittelmaß zurecht. Da regiert die Norm. Da wird das Denken kastriert.

Oder nehmen wir einen anderen Zeitungsfund, diesmal vom »Redaktionsnetzwerk Deutschland«. Ende November 2019 wurde auf dessen Homepage über einen Schlagabtausch zwischen den beiden Satirikern Dieter Nuhr und Martin Sonneborn berichtet: »Martin Sonneborn, Bundesvorsitzender der Sartire [sic!]-Partei ›Die PARTEI‹, sagte kürzlich in einem Interview, dass er Dieter-Nuhr-Auftritte im öffentlich-rechtlichen Rundfunk verbieten würde. Jetzt antwortet der Kabarettist. Er nennt Sonneborn einen Scheinpolitiker und kritisiert sein Verhältnis zur Meinungsfreiheit.« Nicht komplexer wird es im Anschluss: »Nach der Kritik an Klimaaktivistin Greta Thunberg musste Kabarettist und Autor Dieter Nuhr zuletzt einiges an Kritik einstecken. Auch Martin Sonneborn, Bundesvorsitzender der Satirepartei Die Partei, äußerte sich in einem Interview mit der ›Hannoverschen Allgemeinen Zeitung‹ äußerst Nuhr-kritisch, indem er sagte, wenn er etwas zu sagen hätte, er Dieter-Nuhr-Auftritte im öffentlich-rechtlichen Rundfunk verbieten würde. Nun äußerte sich Dieter Nuhr selbst im Gespräch mit der ›Hannoverschen Allgemeinen Zeitung‹ zu jener Kritik.«

Zu lang sind die Sätze für Leichte Sprache, auch störte vor diesem Hintergrund der Konjunktiv – »Vermeiden Sie den Konjunktiv« –, aber jeder sonstigen Schlichtheitsprüfung hält der Artikel des »Redaktionsnetzwerks Deutschland« stand. Abwechslung ist der Feind, sture Wiederholung wird praktiziert. Im Einzelnen: *Kritik, Kritik, kritisch, Kritik, äußerte sich, äußerte sich, sagte, sagen*. Gepriesen sei erneut die Variantenarmut. Das ist der Rhythmus, wo jeder mit muss. Schreiben schon Algorithmen, oder sitzen da noch Menschen? Werden Artikel in deutscher Sprache an einer Textwerkbank in Hyderabad zusammengeschraubt? Oder gingen beim Copy-and-Paste die Kürzungen verloren? Liest das jemand? Soll es jemand lesen? Schwer ist leicht was.

Nicht nur Thomas Palzer stößt die Allgegenwart der Leichten Sprache bitter auf. Unter dem Banner der Teilhabe verschwimmen die Kategorien. Statt zielgruppengenauer Ansprache, diesem Grundsatz jeder Rhetorik, will die Politik allen alles bieten. So wird aus einer Gesellschaft friedlich miteinander verbundener Teilmengen eine infantile Jekami-Gesellschaft. Jeder kann mitmachen. Das Motto spätpubertärer Hüttenabende wird zur sozialen Versuchsanordnung. Weil jeder Unterschied als ausgrenzend gilt, grenzt man alle aus, die mehr vom Leben erwarten als den nächstliegenden Gedanken, das billigste Einverständnis, die schnellste Erklärung. Im Reich ohne Zwischentöne ist der Stumme König. Und darauf kommt es den Vereinfachern an, die es besser wissen. Sie wollen sich nicht aufhalten bei komplizierten Erläuterungen, denn ist ein Problem erst einmal als komplex benannt, bricht die Pose des wohlmeinenden Alleserklärers in sich zusammen. Leichte Sprache ist ein Herrschaftsinstrument, sobald sie über den Kreis der ursprünglichen Adressaten hinausdringt. Sie ist Tyrannei im Namen der Toleranz.

Laut Thomas Palzer lässt sich »Reichtum an Problemen – nach Egon Friedell das Kennzeichen aller Kultur – nur schwerlich mit einem verarmten Wortschatz und einer Grammatik ausdrücken, die zwischen unterschiedlichen Perspektiven nicht unterscheiden kann. In einem solchen Fall ähnelt Sprache einer Kiste Emoijs.« Bekanntlich vollzogen sich der Aufschwung der Emojis, dieser Piktogramme zur standardisierten Darstellung von Gefühlen oder Situationen in digital übermittelten Nachrichten, und der Abschwung der Sprache parallel und unter dem verbindenden Motto der Infantilisierung. Emojis leuchten zunächst unmittelbar ein, das lächelnde Gesicht, das fragende, das weinende, das zornige Gesicht. Das Gesicht, das sich übergibt. Auf den zweiten Blick wird es turbulent.

Was genau wird mit einem Emoji ausgesagt? Teilt der Empfänger jenen Zorn, den er dem Absender unterstellt, oder ist der eigene Zorn ein originärer Beitrag zum Chat-Austausch? Gilt das Gefühl des Emojis für die ganze Aussage, auf die sie sich bezieht, oder für Teile? Ist Emotion immer zur Stelle, weil jedes Gespräch eine Abfolge verschiedener Gefühle sei oder weil Emojis eben vor allem das können: ein Gefühl ausdrücken, es umreißen? Emojis sind bequem einzusetzen und nähern sich einer universalen Sprache des Gefühls. Das spricht für sie. Emojis verkennen, dass Gefühle kulturell codiert sind und dass Gefühle nur einen kleinen Ausschnitt menschlicher Äußerungsformen darstellen. Argumentieren lässt sich mit Emojis nicht. Sie kommunizieren auf dem Level von Waddehaddeduddeda. Wo das Ich ein Bäuerchen macht und der Kopf schweigt. Das macht sie nur ausnahmsweise einsetzbar. Nur dann, wenn jenseits der Emojis und vor den Emojis und ohne Emojis menschliches Verständnis hergestellt wurde. Wir nennen es Freundschaft.

Als Bastian Sick im Mai 2015 in seiner Kolumne »Zwiebelfisch« gegen »Leichte Sprache für alle« zu Felde zog, sah er im »flächendeckenden Einsatz ›Leichter Sprache‹ (…) ein weiteres Beispiel dafür, was passiert, wenn der Staat versucht, Sprache zu politischen Zwecken zu instrumentalisieren«. Andererseits fand er zwischen tagesschau.de und »Stuttgarter Zeitung«, zwischen »Schweriner Volkszeitung«, WAZ und Sat.1 zahlreiche Beispiele, dass »die Regel ›Vermeiden Sie den Genitiv‹ (…) von den Medien treu beherzigt« werde. Sick kam zum damals betrüblichen, heute katastrophal verschärften Befund: »Schlagen Sie die Zeitung auf, zappen Sie sich durch die Programmvielfalt, lassen Sie einen Block Fernsehwerbung über sich ergehen, und Sie werden feststellen: Leichte Sprache ist überall! Und wenn Sie noch Zweifel haben, gehen Sie ins Internet und lesen Sie ein paar Kommentare oder Tweets.« Thomas Palzer befürchtet zwei Jahre später eine Verarmung des Denkens durch die neue Armut im Ausdruck. Nur eine »Sprache, die gut genug ausgebildet ist«, könne überhaupt reflexiv sein. Inklusive Sprache sei immer unironisch, »in ihr wird nur in einfachen Hauptsätzen gedacht«. Ohne Ironie aber, denke ich, kann gar nicht ernsthaft gedacht werden. Ironie ist die Fähigkeit, Distanz zu sich selbst zu gewinnen. Kinder sind in der Regel unironisch.

Darum ist eine zwischen Basta und Ich-Bekenntnis schwankende einfache Sprache der Ernstfall der Kommunikation. Sie suggeriert, es gäbe, was es nicht geben kann, den ein für alle Mal entschiedenen Sachverhalt. Sie bricht jedes Problem herunter auf ein simples Entweder-oder. Sie nivelliert, indem sie alle Phänomene der Lebenswirklichkeit gleich gewichtet nebeneinanderstellt. Differenzierung ist der Feind des Schlichten. Sie stuft ab. Sie unterscheidet. Dazu braucht es, was die Leichte Sprache verweigern muss, Reichtum im Ausdruck als Folge eines Reichtums im Denken.

Der Leichten Sprache geht Sofortverständlichkeit über alles. Sie will sofortige Zustimmung erreichen und verfehlt den Kern dessen, dem man zustimmen soll. Durch Leichte Sprache werden »Kausalzusammenhänge konstruiert, Erklärungen komplexer Phänomene verzerrt« – so der Journalist Adrian Lobe im Juni 2017 in der FAZ. Er bezog sich damals auf einen Artikel der »Augsburger Allgemeinen« im »vermeintlichen Kinderbuch-Stil« Leichter Sprache. Thema waren Waldbrände in Portugal. In Leichter Sprache entstand der Eindruck, diese seien allein Ergebnis der »Gleichung Sommer gleich Hitze gleich Gewitter gleich Waldbrand (…). Dass die Eukalyptus-Monokultur die Hauptursache für die Brände ist, kommt in dem Artikel gar nicht vor. Dem Leser werden wesentliche Informationen vorenthalten.« Heute reicht der Blick auf ein Redemanuskript der Kanzlerin (oder vieler anderer Politiker), um ebenfalls auf solche Informationslücken zu stoßen. »Einmal ist da der Klimawandel, der von Menschen verursacht ist. Das bedeutet, wir müssen die Art unseres Wirtschaftens vollständig verändern.«

Eine Katastrophe der Kommunikation und damit für die Probleme, die solchermaßen kommuniziert werden, ist es, wenn ein deutscher Außenminister bei Twitter schreibt (oder schreiben lässt), »Teheran sollte in der weiteren Aufarbeitung dieser schrecklichen Katastrophe Vorkehrungen treffen, damit so etwas nicht wieder passieren kann«. So was aber auch. Allerhand. Muss ein dickes Ding passiert sein. Reden so Erwachsene? Sollte so das politische Gesicht Deutschlands in der Welt reden? Nein, aber Heiko Maas redet so in den sozialen Medien. »So etwas« war der mutmaßlich versehentliche Abschuss eines ukrainischen Flugzeugs durch die iranische Flugabwehr im Januar 2020. Dabei starben 176 Menschen. Schlimme Sache. Dann sollte man gegen »so etwas« wirklich besser »Vorkehrungen treffen«. Wie man Vorkehrungen trifft vor dem Stammtisch, dass man auch im angeheiterten Zustand Schlüssel und Brieftasche findet. Oder vor dem Mallorca-Urlaub, dass man nicht wieder mit Sonnenbrand zurückkehrt. Alles ganz praktische Vorkehrungen. Sinnvolle, erprobte Maßnahmen im Auf und Ab des Alltags. Ach, es fällt schwer, bei derart unangemessener Sprache nicht zynisch zu werden.

Vielleicht wäre es ratsam, endlich »Eure Fragen« zu stellen, etwa bei Instagram. Dort duzt der Außenminister (oder lässt duzen). »Eure Fragen« ist der kumpelhafte Umgangston, der sich scharf abhebt vom förmlichen Siezen, von »Ihren Fragen«. In den sozialen Netzwerken duzt man gerne, auch von oben nach unten. Hier soll es nur die eine hierarchische Höhe geben, die Augenhöhe, auf der sich angeblich alle befinden. Kommunikation wird zum Stuhlkreis, wenn Unbekannte sich duzen. Die Arena wird Kita, das Gespräch zum High Five. »Sei dabei«, twittert die FDP, wenn sie zum Live-Interview mit ihrem Bundesvorsitzenden bei Facebook einlädt. »Die Zukunft änderst Du hier«, verkünden die Grünen auf ihrer Homepage, »kämpfe mit uns«, »Klimaschutz, Toleranz und Mitmenschlichkeit. Dafür brauchen wir dich! Werde jetzt Mitglied.« Die Linkspartei stimmt bei, zu konkurrierenden Zwecken, versteht sich: »Hier kannst Du sofort und online Deinen Eintritt (…) erklären.« Auch die alte Tante SPD gibt sich jung. »Unterstütze uns dabei«; »Abonniere jetzt unseren Messenger! Sprachnachrichten von PolitikerInnen, Insights aus dem Willy-Brandt-Haus und Fakten gegen rechte Hetze.« Juvenil oder infantil, das ist hier die Frage.

Falsch indes wäre der Eindruck, man duze sich nur unter Genossen und Artverwandten – wenngleich dort die Bereitschaft besonders stark ausgeprägt ist. Prompt gehört das Duzen auch innerhalb und oberhalb der Ü-50-Generation zum Standard in einer antikapitalistischen Weltmetropole wie Berlin. Was darf ich dir bringen, wie willst du den Kaffee, was meinst du denn? Die CDU wirbt für sich mit dem Slogan »Mach es zu Deinem Programm«, die CSU ruft »Mach mit – Gemeinsam gegen Tempolimit«. AfD und FDP halten dem »Sie« weitgehend die Treue. »Werden Sie Teil unserer Erfolgsgeschichte – es gibt viel zu tun!«, frohlocken die Rechten.

Streckt die Krankheit einen nieder, duzt die Krankenkasse den Patienten, zumindest die AOK: »So kommst du wieder auf die Beine.« Auch um den reifen Versicherten, der befürchtet, einen Schlaganfall erlitten zu haben, macht das Du keinen Bogen. »Mit der sogenannten FAST-Regel kannst du schnell feststellen, ob es sich tatsächlich um einen Schlaganfall handelt.« Abgebildet ist ein Herr von geschätzten 60 Jahren. Sollte er sich nach überwundener Sorge in einen Supermarkt begeben, ist die Wahrscheinlichkeit groß, dass er auch dort geduzt wird. Rewe tut nichts lieber. »Weitere bewusste Rezepte findest du im Innenteil«, verspricht ein Wochenprospekt, und am Markt wünscht man »dir« frohe Festtage zu Weihnachten.

Auch beim Kulturwochenende in Dresden entkommen rüstige Senioren nicht dem Du-Sound. Ein Hotel an der Elbe empfängt den Gast mit der Broschüre »Dresden und seine Umgebung erleben«. Im Editorial macht man keine Umstände: »Hallo und herzlich willkommen in Dresden. Schön, dass ihr unsere wunderschöne Stadt besucht und sie entdecken möchtet. (…) Diese Highlights solltet ihr euch unbedingt anschauen. Seid aber bitte auch neugierig und entdeckt unsere spannende Stadt abseits der Touristenpfade. (…) Lasst das Auto stehen (…), erlebt die Vielfalt, taucht ab in das Nachtleben unseres lebendigen Szeneviertels Neustadt oder genießt das besinnliche Barockviertel.« So etwas Schönes. Da sind wirklich alle Vorkehrungen für einen schönen Urlaub getroffen. Natürlich duzt auch »Tier«, die Verleihfirma für Elektrokleinstfahrzeuge. »Du willst losfahren? Stelle zuerst einen Fuß auf das Brett. Benutze den anderen Fuß zum Anrollen und um Geschwindigkeit zu bekommen. Dann stellst du beide Füße auf das Brett.« So viel coole Hippness erwarten die Großstadtnerds.

Erwachsene siezen sich, Jugendliche duzen sich untereinander, Kinder duzen alle. Die klassische Generationenfolge muss nicht für alle Zeiten gelten. Warum soll man nicht ohne jeden Zislaweng immer und überall zum Du greifen, eine neue Norm in neuer Zeit schaffen? Darum: weil die Gefahr groß ist, dass man sich ankumpelt, ohne je Kumpel zu werden. Dass man eine Nähe im Sprachlichen vorwegnimmt, die nur in den seltensten Fällen im Umgang wahr wird und also meistens enttäuscht werden wird. Dass man sich zuwirft und verramscht, was ohne die Mühen der Nachhaltigkeit nichts wert ist, Vertrauen, Wertschätzung, Verlässlichkeit. Dass man einen Schein aufbaut, der beim Windstoß des ersten Konflikts zerstiebt, den Schein einer Alles-ist-easy-Gesellschaft, in der Augen nicht dazu da sind, etwas zu sehen, etwas zu erkennen, sondern als Metermaß für eine fiktive Augenhöhe, auf der sich angeblich alle befinden. Und weil die Gefahr erst recht groß ist, im Dauerduzen die nötige Skepsis zu verlieren, mit der wir den Sirenenklängen der Wirtschaft begegnen sollten. Der geduzte Konsument ist der dressierte Kunde. Die geduzten Bürger sind die gegängelten Wähler.

Insofern lautet die Devise: Machen Sie es sich nicht zu schnell zu leicht. Unterschätzen Sie nicht andere und erst recht nicht sich selbst. Haben Sie Mut zum »Sie«, Mut zur gelungenen Sprache, Mut zur Ironie, Mut zum zweiten Gedanken, Mut zur Abwägung, Mut zur Nachfrage, Mut zum Widerspruch, Mut zur Distanz. Man ist nie zu alt, um erwachsen zu werden. Frei nach Wilhelm Busch: Das Gute, dieser Satz steht fest, ist stets Unreife, die man lässt.

Bogenschlag: Das postulierte „Du" baut auch nötige Distanz/Sorgfalt ab, den kritischen Blick auf Produkte, Unternehmen, „Freunde"

8

DIE STADT ALS KINDERÜBERRASCHUNG

Berlin malt grüne Punkte auf Straßen,
stellt Baustellen unter Bestandsschutz und genießt
jeden Tag die Wonnen der Vernachlässigung

Menschen, Tiere, Sensationen. In Berlin kommen alle auf ihre Kosten. Hier ist immer Kindergeburtstag, findet jedes Tierchen sein Pläsierchen. Sogar der Schauspieler Lars Eidinger. Was nicht funktioniert, geht locker als Lokalkolorit durch. Was man sich gefallen lassen muss, ist Ausdruck von Weltläufigkeit. Schmutz und Unzuverlässigkeit gelten als Kulturerbe. Die Widrigkeiten von heute sind das Stadtmarketing von morgen, die Versprechen von gestern die Utopien von heute. In einer zähen Zeitschleife gefangen sind hier Bauprojekte, Geschäftsgründungen, Nahverkehr. Böse Zungen behaupten, das Wappentier von Berlin sei nicht der Bär, sondern das Murmeltier. Weil hier täglich derselbe Schlendrian grüßt.

Ich weiß, wovon ich rede, ich lebe hier seit Januar 2013. Seit jenem Schmuddelwinter – jeder Winter in Berlin ist ein Schmuddelwinter und dauert von November bis März – begleitet mich der Unwille der Stadtregierung, die Stadt gut zu regieren. Und der mehrheitliche Wille der Stadtbevölkerung, alles beim Alten zu lassen und dieselben Parteien immer wieder in dieselbe Verantwortung zu schicken. Nur die Reihenfolge des Zieleinlaufs wechselt je nach Bezirk, Umfrage und Votum zwischen Linkspartei, Grünen und SPD. Gemeinsam sind sie unabwählbar. Man will sich, wie es markig heißt, die Stadt zurückholen. Von wem? Von sich selbst, da man doch hier seit 2001 mit einer kurzen Unterbrechung regiert? Oder wollen die Dauerregierenden das Unaussprechliche tun und sich die Stadt von jenem infantilen Geist zurückholen, der in ihr gedeiht wie sonst nur die Alge im Meerwasser? Aber i wo. Berlin hat einen Ruf zu verlieren – den der Spaß- und Chaos- und Clan-Metropole, in der man täglich auf unglaubliche Überraschungen stößt, und sei es hinter Bahnhofswänden.

Wer kennt ihn nicht, den Berliner Bahnhof Zoologischer Garten, abgekürzt zu Bahnhof Zoo? Vom Fernverkehrsnetz wurde er weitgehend entkoppelt, doch machen Lärm, Dreck und Gewalt hier gerne Rast, besonders auf dem Vorplatz. Hier sucht man lieber schnell und geräuschlos das Weite. Im Bahnhof selbst sieht es nicht viel besser aus. Zeit für eine Generalüberholung des maroden Gebäudes, dachte sich die Deutsche Bahn AG anno 2015. Guter Plan. Die Arbeiten sollten bis 2020 fertiggestellt sein. In fünf Jahren einen Bahnhof umzubauen müsste selbst in Berlin zu schaffen sein. Eine solche Hoffnung ist jedoch reichlich unberlinerisch. Anfang 2020 gab die Deutsche Bahn AG bekannt, es hätten sich Verzögerungen ergeben und Verteuerungen – die klassische Berliner Mischung. Man stelle sich nun auf Kosten von rund 100 Millionen Euro statt auf eine Summe im zweistelligen Millionenbereich ein. Dafür bekommen die Berliner einen echten Mehrwert, eine deutlich längere Bauzeit nämlich. Die neue Planung sieht den Abschluss der Arbeiten nicht 2020, sondern sieben Jahre später vor. Wir sprechen uns 2027 wieder. Frühestens.

In der Zwischenzeit hatte es im Bahnhof Zoo gebrannt, 2017 an Silvester. Hauptgrund für die drastische Verspätung seien aber »unglaubliche Überraschungen«. Sagte Anfang 2020 der Berliner Bahnbevollmächtigte. Es habe sich nämlich, als man da so fleißig und gewissenhaft werkelte, herausgestellt, dass »keine genauen Pläne der Kabel« existierten, »die müssen wir jetzt mühselig neu erstellen«. Dit is Berlin. Entweder haben Vorgängergenerationen Kabel verlegt, ohne sie zu kennzeichnen. Oder spätere Generationen haben die Pläne verlegt, verschlampt, verdummbeutelt. Man bedenke: Berlin ist auch jene deutsche Metropole, in der der Polizei beschlagnahmte Autos vom Sicherstellungsgelände geklaut, dem Zoll fünf Millionen Zigaretten entwendet und dem Kammergericht in einem Cyberangriff fast alle Daten ausgespäht werden. In diesen und zahllosen anderen Fällen gilt das zeitlos schöne Diktum des Bahnbevollmächtigten: Man sei da auf »unglaubliche Überraschungen« gestoßen.

Kinder lieben Überraschungen, darum heißt das Schokoladenei mit Spielzeugfüllung sehr zu Recht »Kinder Überraschung«. In jedem siebten Ei, wissen auch Erwachsene, stecken die jeweils angesagten Sammelkleinteile, ein Schlumpf, ein Pinguin, ein Happy Hippo. Sie zu tauschen, zu kaufen, zu verkaufen wurde vom Kinderspiel zum ernsthaft betriebenen Erwachsenenhobby. Abermals greift die Beobachtung des Kunsthistorikers Johan Huizinga, Spiel und Ernst würden in einer infantilen Gesellschaft vertauscht. Berlin ist die Stadt gewordene »Kinder Überraschung«. Sie ist schwer zu fassen, hat eine klebrige Hülle, einen ungesunden Nährwert und einen Kern mit unvorhersehbarem Inhalt. Man weiß nie, was man bekommt, aber es ist fast immer etwas anderes als das, was man erwartet. Ihre Bewohner behandelt die alte Tante Berlin wie Kinder, und diese lassen es sich gern gefallen, denn Jugend ist Trumpf, Duzerei cool, Spiel und Spaß verlängern die Pubertät des Lebens. Wem es in Berlin gelingt, erwachsen zu werden, dem gelingt es überall. *If you make it here, you can make it everywhere.*

Hier in Berlin kann es geschehen, dass man eines Morgens aufwacht und seine Straße in einen Spielplatz verwandelt findet. Genauer: in eine »Begegnungszone«. So wie die Leichte Sprache eine Sprache für alle sein soll und dabei viele ausschließt, so soll die »Begegnungszone« aus Verkehrsstraßen Straßen für alle machen und stößt dabei viele vor den Kopf. Beziehungsweise, ganz buchstäblich, an den Rand. »Begegnungszonen« sind Autoverdrängungsabschnitte, die aussehen, als hätten sich die Designer des Ikea-Kinderparadieses ausgetobt. Da gibt es, wo eben noch Autos parkten oder fuhren, Tiere aus Beton, echten Kindern zur Benutzung freigegeben. Da warten Bänke aus Stahl oder Holz auf erwachsene Anwohner, Touristen, Kleinkriminelle. Da signalisieren grüne Punkte auf Berliner Straßenbelag erhöhten Kindlichkeitsbedarf. Stets schlängeln sich Autos an Menschen vorbei in der »Begegnungszone«, nur eben in gedrosselter Geschwindigkeit, auf verengter Fahrbahn, neben reduziertem oder abgeschafftem Parkraum. »Wir wollen die Straße als attraktiven Lebensort«, sagt die Fraktionsvorsitzende der Grünen im Berliner Abgeordnetenhaus, Antje Kapek, »deshalb experimentieren wir«. Früher wollte man die Kinder von der Straße holen. Heute sollen Erwachsene auf der Straße leben, als wären sie noch Kinder. Berlin, du schaffst mich.

Die Historiker streiten, ob das Konzept der »Begegnungszone« einem schweizerischen Gedankenblitz entstammt oder in San Francisco geboren wurde. Berlin macht damit Ernst. Der »Stadtentwicklungsplan Verkehr« legte 2011 mit einer »Fußverkehrsstrategie« die Grundlage, ehe 2015 in der Schöneberger Maaßenstraße und 2018 in der Kreuzberger Bergmannstraße Tatsachen geschaffen wurden. Das Ziel ist ambitioniert – doch war die Zeit bereit? Das »verträgliche Miteinander aller im Straßenverkehr« schreiben sich der Berliner Senat und der Bezirk Friedrichshain-Kreuzberg auf die Fahnen. Am Geld soll's nicht scheitern. Je nach Rechenweise wurden für die »Begegnungszone« in der Bergmannstraße zwischen 1,1 und 1,7 Millionen Euro fällig. Im Preis enthalten sind auf einer

Länge von rund 500 Metern immerhin »15 Straßenmöbel mit Hochbeeten und Liegestühlen, Rampen, Poller, bunte Straßenmarkierungen« und auch jede Menge Ärger, schon im Probelauf, der der Testphase vorausging, als die Stadtmöbel, die man heute Parklets nennt, noch Module hießen, aber noch nicht Diskussions-Orte und an Stonelets, überdimensionale Kieselsteine, die auf Straßen und Parkplätzen verstreut werden, überhaupt nicht zu denken war.

So viel Begriffsgeklingel finden Sie verwirrend? Das kann ich verstehen. Beim Versuch, in den Berliner Begegnungszonenwirrwarr eine Schneise der Ordnung zu ziehen, fühlte ich mich an den Deutsch-Dänischen Krieg 1864 erinnert, von dem die Legende erzählt, nur drei Historiker hätten da durchgeblickt: der eine habe ein Buch geschrieben, der zweite sei darüber gestorben, der dritte verrückt geworden. Von Krieg in der »Begegnungszone« kann nicht die Rede sein, auch fühle ich mich dem Wahnsinn nicht näher gerückt. Unter einem guten Stern stand Pünktchens und Antons bunte Baustelle aber von Anfang an nicht. Im März 2018 begann ein Probelauf in der Bergmannstraße, der im Oktober 2018 in eine Testphase überging, innerhalb derer im April 2019 grüne Punkte auf dem Asphalt aufgetragen wurden. So sollten die verbliebenen motorisierten Fahrzeuge zu erhöhter Wachsamkeit und äußerst behutsamer Geschwindigkeit angehalten werden. Nudging wie aus dem Lehrbuch – wir werden das Thema im zehnten Kapitel aufgreifen. Manche Verkehrsteilnehmer in der Bergmannstraße aber bremsten scharf, weil sie eine Scheu verspürten, über grüne Punkte hinwegzufahren. Auch das kann ich verstehen. Wer will schon mit dem PS-Boliden ins Freiluft-Kinderzimmer brettern? Da die grünen Punkte nicht jeden Regen schadlos überstanden, wurden diese inneren Hemmnisse behutsam ausgewaschen.

Am Anfang also war ein »kleiner Probelauf« mit zwei hölzernen Modulen beziehungsweise Parklets. Stolz vermerkt die »Senatsverwaltung für Umwelt, Verkehr und Klimaschutz« in ihrer 45-seitigen »Auswertung der qualifizierten Parklet Befragung im Rahmen des Probelaufs zur Begegnungszone Bergmannstraße« im Juni 2018: »Beide Parklets sind in der Funktionalität vergleichbar mit den ›Begegnungsmodulen‹, die in der anschließenden Testphase in der Bergmannstraße großräumig positioniert werden. (…) Mit den Parklets des Probelaufs entstanden zwei zusätzliche Bereiche für den Aufenthalt – zum Sitzen, Ausruhen, Unterhalten und vielem mehr. Beide Parklets verfügen über Bänke, Hocker und einen Stehtisch.« Fotos zeigen eine u-förmig umlaufende Eckbank, Holzsitzfläche auf Beton, eine Open-Air-Bar ohne Barbetrieb.

Tapfer vermeldet die Senatsverwaltung: »Allgemein ist eine starke Polarisierung des Meinungsbildes erkennbar, wobei sich positive und negative Meinungen die Waage halten. (…) Unter Berücksichtigung der Altersstruktur der Befragten wurde deutlich, dass vor allem die Altersgruppe der Unter-18-Jährigen die Parklets positiv bewertete (über 70 Prozent gut bzw. sehr gut). Mit zunehmendem Alter sank jedoch die Zustimmung.« Überraschen kann ein solches Ergebnis nicht. Kinder und Jugendliche, ans Spielen stärker gewöhnt als Erwachsene, kommen gut zurecht mit einem weiteren Freizeitangebot unter freiem Himmel. Doch weit bleibt der Weg zum allseits gedeihlichen »Neuen Miteinander in der Bergmannstraße«, zur zweiten »Berliner Begegnungszone« nach dem Experiment in der Maaßenstraße. Drum aufgepasst, liebe Leserinnen und Leser: Ein reibungsloses Nebeneinander von Coffee to go, Kinderwagen und Autoabgasen, Kleinkind, Greis und High Performer fällt nicht einmal vom Himmel über Berlin.

Auf den polarisierenden Probelauf mit zwei folgte ab Mitte Oktober 2018 die Testphase mit dann schon 15 Parklets in der Bergmannstraße. So leicht lassen sich Berliner Stadtentwickler nicht beirren. Das Ziel war identisch: »Bei der Umwandlung einer Straße in eine Begegnungszone wird der Straßenraum neu aufgeteilt. So erhalten die zu Fuß Gehenden und die Radfahrerinnen und Radfahrer mehr Platz zu Bewegung und Aufenthalt. Dazu wird ein generelles Parkverbot eingeführt und zur Verkehrsberuhigung das Tempolimit 20 eingeführt. Die Straße wird so gestaltet, dass die verschiedenen Verkehrsteilnehmenden möglichst gute Sichtbeziehungen zueinander haben und sich so besser untereinander verständigen können.« Damit Fußgänger zu geschlechtersensiblen, komplett kränkungsunverdächtigen »zu Fuß Gehenden« werden können, also immer gehend sind, ohne Unterlass, bei Tag und bei Nacht und selbst dann noch, wenn sie im Parklet sitzen – damit solcher utopische Gestaltwandel gelingen kann, der Mensch als ruhendes Perpetuum mobile neu erfunden wird, braucht es neben Operationen am Sprachleib Eingriffe in die Stadtarchitektur. In der Bergmannstraße war man dazu bereit. Und strickte eifrig am Mythos, der Mensch sei immer und überall begierig darauf, mit anderen Menschen in »gute Sichtbeziehungen« zu treten. Das Private soll ihm offenbar ausgetrieben werden, das Dezente auch, dem dauerkommunizierenden Öffentlichkeitskonsumenten allerneuster Machart. Dem Berliner Prototypen.

Lassen wir einen Pionier der »Begegnungszone« zu Wort kommen, den weit über die Kreuzberger Kiezgrenzen bekannten Berliner Stadtrat Florian Schmidt von den Grünen. Die Parklets sind sein Baby, die Stonelets erst recht. Dazu später mehr. Schmidt begreift sich trotz seiner administrativen Befugnisse als Stadtaktivist, er weiß: »Die aktuellen kontroversen

Diskussionen um die verschiedenen Maßnahmen und Elemente der Testphase in der Bergmannstraße zeigen, wie wichtig und emotional das Thema Verkehrswende ist.« Sprach Schmidt im Mai 2019. Da war es gerade einen Monat her, dass auf der neben den 15 Parklets verbliebenen Autospur Hunderte grüne Punkte aufgetragen worden waren – aus guten Gründen, so Schmidt im April 2019: »Hier in der Bergmannstraße passiert eine Menge. Das wird mit den grünen Markierungen sichtbar – und das ist gut. Das Projekt Begegnungszone wurde lange genug auf die Parklets verkürzt. Dabei geht es hier um viel mehr: Die Reduktion des Durchgangsverkehrs, qualitätsvolle und lebendige öffentliche Räume, einen Ausbau der Radinfrastruktur. Wir teilen den öffentlichen Straßenraum neu auf. Die Begegnungszone soll ein sicherer und angenehmer Ort für alle Verkehrsteilnehmer*innen werden, nicht nur für Autos.« Autos, sagte Schmidt auch einmal, sollten künftig »Gäste« sein in den Straßen.

Da war es wieder, das Donnerwort, der himmlische Begriff, »für alle«. Haben Sie es mitbekommen? Wenn jeder etwas von seiner Freiheit auf Geheiß abgibt, ist an alle gedacht. Weniger Autos, langsamere Autos, Radfahrer und Autofahrer auf derselben Spur, sitzende Fußgänger statt flanierender Kunden, es knüllt sich auf dem Trottoir; so müssen wir uns die Probe aufs Exempel praktisch vorstellen. Was genau hat Schmidt da gerade verkündet? Dass die Sichtbarmachung einer politisch angeordneten Neuvermessung des öffentlichen Raumes »gut« sei, dass also ein optisches Signal die guten Gründe jener Maßnahme verbürge, die das Signal anzeigt, dass also eine politische Aktion sinnvoll sei, weil und wenn man sie sieht. Dass zweitens die Straße ein »angenehmer Ort« auch für Menschen sein soll, die sich nicht fortbewegen. Dass drittens erhöhte Emotion auf erhöhte Relevanz deute, dass also wichtig sei, was

Gefühle auslöst, gleich welcher Art. Dass viertens Ästhetik der Ethik vorausgehe. Grüne Punkte sollen den Menschen bessern. Wer aus diesen Aussagen eine Summe ziehen will, der landet bei einem unreifen Bild der Welt. Es folgt einem Kindervers. Ich sehe was, was du nicht siehst, und das ist toll.

Es musste rasch nachgebessert werden im Schreckensjahr von Stadtbaurat Schmidt. Die rund 140 000 Euro teuren grünen Punkte kamen im April 2019 auf die Fahrbahn, weil zu viele Autofahrer nicht langsam genug fuhren, trotz Sitzgelegenheit am Straßenrand und Tempo-20-Schild. Anfang Mai wurde dann Aufsichtspersonal auf Streife geschickt, weil geschehen war, womit man rechnen musste. Die Parklets sorgten für »eine Menge« (Schmidt) Trubel ohne Jubel. In den gerechten Worten des Bezirksamts: »Kiezläufer*innen (...) sollen in den Nachmittag- und Abendstunden für eine tolerante und rücksichtsvolle Nutzung der Bergmannstraße sorgen. Ab 22 Uhr wird die Einhaltung der Nachtruhe eingefordert. Zudem sollen sie Sachbeschädigungen unterbinden, die korrekte Müllentsorgung sowie die Einhaltung der Nutzungsauflagen in Schankvorgärten durchsetzen.«

Was ein Desaster für Baumeister Florian. Das »lebendige anwohner*innenfreundliche Straßenleben« zeigte sich als Ruhestörung, Sachbeschädigung, Vermüllung und Trinkgelage. Die gute Absicht führte zu schlimmer Tat, nicht ganz überraschend. Nun brauchte es Aufsichts- und Ordnungspersonal, damit die Begegnungszonennutzer nicht über die Stränge schlugen, die man ihnen geboten hatte. Dass die Parklets zwischenzeitlich als »Diskussions-Orte« firmierten, in denen interessierte Bürger über die Zukunft der Parklets reden sollten, vielleicht sogar abstimmen, änderte nichts am Ruin der Idee. Im September 2019 ging die »Test- und Evaluationsphase« fristgemäß, aber unrühmlich zu Ende.

Florian Schmidts letzter Trumpf zündete nicht. Er ließ jetzt eigenmächtig Findlinge, wuchtige Steine, wie frisch geschlagen vom Gallier Obelix, in die Bergmannstraße bringen. Die Verbindung zum stattlichen Comichelden an der Seite des pfiffigen Asterix stellt sich von selbst her. Schmidt nennt Kreuzberg »sozusagen das gallische Dorf von Berlin. Und vielleicht ist mittlerweile Berlin das gallische Dorf von Deutschland.« Kein gallisches Dorf ohne Hinkelsteine, und darum machte der gebürtige Kölner kurzerhand und kurzfristig aus Parklets Stonelets. Naturprodukte der Steinmanufaktur »Obelix GmbH & Co. KG« (man siehe dazu Band 23 der Reihe von Goscinny/Uderzo) sollten den Autos im Weg stehen, »Freiräume gegen Falschparken sichern, bis Nutzungen definiert sind« (Schmidt). Nun gut, es waren dann nur 21 Steine aus dem nahe gelegenen Kreuzberger Viktoriapark, der Franzose Obelix blieb ohne Auftrag. Doch auch so stellte Verdruss sich ein. Vom »Findlingsgate« war die Rede, eine Anwältin stellte Strafanzeige »wegen Verdachts der Haushaltsuntreue und aller in Betracht kommenden Delikte«. Der linksliberale »Tagesspiegel« geißelte Schmidt als »grünen Trump von Kreuzberg« und fragte: »Seit wann ist öffentliches Straßenland ein Abenteuerspielplatz für Politiker wie Schmidt, der nach Gutsherrenart einen Trumpschen Politikstil zelebriert – bloß mit grünem Anstrich?«

Mit dem Vorwurf des Spielplatzes wird Schmidt immer wieder konfrontiert, weil er selbst immer wieder Anlass gibt, was er selbst immer wieder bestreitet. Sein Bezirk, Friedrichshain-Kreuzberg, sei gerade keine »Käseglocke« und keine »Spielwiese«, so Schmidt im November 2019 zum Rundfunk Berlin-Brandenburg, sondern »ein Labor, was Dinge ausprobiert. Und Ausprobieren ist wichtig für eine zukunftsfähige Gesellschaft.« Da kann ich nicht widersprechen. Zumal Schmidt anfänglich einen Beschluss von Senat und Stadtverordnetenversammlung umzusetzen sich mühte. Ausprobieren sollte aber unter erwachsenen Menschen nicht zum Selbstzweck werden, und kommunale Labore müssen kommunale Finanzen ebenso im Blick halten wie eine sehr altmodische, aber immens wichtige Kategorie, das Gemeinwohl.

Die teils tapsigen, teils auffahrenden Versuche des Stadtrats Schmidt, vollendete Tatsachen zu schaffen und Kreuzberg nach dem Trial-and-Error-Prinzip umzugestalten, sind kurzatmige, hektische, egozentrische Aktionen. Im gallischen Dorf von Asterix & Obelix geht man vernünftiger miteinander um, rücksichtsvoller, stößt man sich nicht aus Lust am Widerständigen öfter vor den Kopf, als es unbedingt nottut. Das Berliner Labor ist leider doch ein Sandkasten, in dem, was eben erst aufeinandergetürmt wurde, jetzt schon zusammengepatscht wird. Es erschöpft sich im Gegenwärtigen, ist gerade nicht »zukunftsfähig«. Wer es komplizierter haben mag: Das Geschäftsprinzip von Berlin beruht auf der aktionistischen Mischung aus Präsentismus und Amnesie, auf ewigem Jetzt und permanentem Vergessen. So kann man wunderbar spielen, so kann man nur hundsmiserabel regieren. Ich erinnere noch mal an den hier erneut so treffenden Satz Rousseaus: »Ich behaupte demnach, dass die Kinder, da in ihnen die Urteilskraft noch nicht geweckt ist, auch kein wirkliches Gedächtnis haben.«

Insofern war der gefährliche Halbernst, den Greenpeace im Juni 2018 an den Tag legte, beides, symptomatisch für Berlin und dennoch eine Grenzüberschreitung. Statt mit sorgfältig verfertigten und aufgetragenen grünen Punkten wie Stadtrat Schmidt arbeiteten die Aktivisten mit Farbe, Eimer um Eimer, insgesamt 3500 Litern. So viel klebriges Gelb wurde an einem Dienstagmorgen auf den Straßen rund um die Siegessäule verteilt. In mehreren Spuren bündelt sich dort der Autoverkehr, vor allem morgens und am späten Nachmittag, zur hohen Zeit der Pendler. Greenpeace wollte tun, was Aktivisten gerne tun: ein Zeichen setzen. Warum dort, warum im Berufsverkehr? Greenpeace teilte mit: »Für konsequenten Klimaschutz durch einen raschen Ausstieg aus der Kohle und mehr erneuerbare Energien protestieren Aktivisten von Greenpeace heute um die Berliner Siegessäule. Mit 3500 Litern umweltfreundlicher und abwaschbarer Farbe verwandeln sie den Kreisverkehr mit seinen sternförmigen Zufahrten in ein riesiges Sonnensymbol. Auf einem Banner fordern die Klimaschützer ›Sonne statt Kohle‹. Heute tritt in Berlin erstmals die Kohlekommission zusammen.« Die Botschaft richtete sich demnach an Außerirdische und Flugkapitäne. Nur von oben ergaben die Schlieren das gewünschte Bild, eine Sonne. Abermals ist Optik alles, siegt die Ästhetik.

Greenpeace weiß, dass Umweltschutz nicht wichtig genug genommen werden kann und grobe Mittel einen guten Zweck nicht entstellen. Die Mitarbeiter der Stadtreinigung BSR, die den gelben Schmutz entfernen mussten, die Autofahrer, die behindert wurden, die Radfahrerin, die stürzte, die beiden Lkw- und die beiden Pkw-Fahrer, die Unfälle hatten, werden es nicht ganz so entspannt gesehen haben. Greenpeace selbst wurde von der Stadtreinigung BSR mit 14 019,72 Euro zur Kasse gebeten, was die Berliner Öffentlichkeit ein gutes Jahr später erfuhr, im September 2019. Die enorme Menge von 154 000 Litern Wasser war nötig gewesen, um so viel gutes Gelb von der Straße zu waschen.

Wo das Infantile regiert, bleiben erwachsene Probleme liegen. Berlin leistet sich einen inoffiziellen Wettbewerb zur Frage, was denn schneller verfalle, Schulen oder Polizeidienststellen? Beide erfahren die Wonnen nachhaltiger Vernachlässigung durch die Stadtregierung. Anfang Januar 2020 stellte

Polizeiabschnitt 62 in Berlin-Biesdorf vorübergehend den Betrieb ein. Die Zustandsbeschreibung in der Lokalpresse klingt nach einer Nachricht aus den Spätjahren des real existierenden Sozialismus: »Seit dem 20. Dezember war in den Räumen die Heizung ausgefallen. Um zu heizen, ließ die Direktionsleitung elektrisch betriebene Ölradiatoren aufstellen. Das verkraftete die Elektroanlage nicht. Sie fiel am Donnerstag aus, weil eine Sicherung durchbrannte. Server stürzten ab, die elektrisch betriebenen Türen und das Tor funktionierten nicht mehr.«

Solche nostalgischen Abenteuer bietet unter Europas Metropolen einzig Berlin. Nur hier wohnen hypermodernes Gebaren und vormoderne Praxis Tür an Tür, der Großkotz und der Gernegroß. Überflüssig, noch den Hinweis weiterzutragen, dass die maroden »Polizeiliegenschaften von der landeseigenen Berliner Immobilienmanagement GmbH (BIM) verwaltet« werden. Legende sind auch die Bilder öffentlicher Behörden, in denen Putz von der Decke rieselt oder diese gleich krachend zu Boden fällt. Der Sanierungsstau liege bei über einer Milliarde Euro. Ob es mit dieser baulichen Verwahrlosung zusammenhängt, dass in Berlin nur jede dritte Straftat aufgeklärt wird? Das zumindest war der Stand im Jahr 2018, wie er im Juni 2019 bekannt gegeben wurde.

An staatlichen Schulen regiert trotz einiger Vorzeigeprojekte der Schimmel. Die Polizei schaut mittlerweile öfter vorbei als der Elektriker. Oder der Malermeister. Im Jahre 2019 gab es laut »Berliner Morgenpost« 4837 polizeiliche Einsätze mit dem Bezug »Schule«; 2015 waren es nur 2330 gewesen. Wenngleich die Senatsverwaltung die Aussagekraft der Zahlen bezweifelt, scheint die Tendenz unabweisbar. Rau und rauer geht es zu an Berlins Schulen. Eine administrative Selbstfesselung verschärft die Lage, werden doch Fördermittel des Senats für den Schulbau von den Bezirken sehr zögerlich abgerufen.

Von einem Infrastruktur-Förderpaket namens »Siwana III« mit 200 Millionen Euro für schulische Belange wurden bis Juni 2019 knapp acht Prozent der Mittel abgerufen und abgerechnet, von »Siwana IV« mit rund 20 Millionen Euro gar nur 0,6 Prozent. Der hauptsächliche Grund? Personalmangel bei den Bezirksämtern, Auftragnehmermangel bei den Baufirmen. Doch im ewigen Berliner Kompetenzgerangel gibt es auch die Schuldumkehr. Bezirke beklagen sich, etwa im Februar 2020 Spandau und Pankow, dass der Senat unter dem Regierenden Bürgermeister Michael Müller (SPD) Bauprojekte verhindere. Und wodurch? Abermals, heißt es, durch fehlende Pläne, diesmal für die Verkehrsanbindungen.

Während sie am Bahnhof Zoo nach alten Kabelplänen fahnden und auf »unglaubliche Überraschungen« stoßen, vermisst man in Pankow und Spandau neue Erschließungspläne. Das Ergebnis ist dasselbe: Es stockt. Es geht nicht voran. So wie ganz buchstäblich am heimlichen Dingsymbol von Berlin, der neuen Treppe am Bahnhof Zoo. Diese soll von der U-Bahn-Ebene auf den Bahnhofsvorplatz führen. Angekündigt wurde sie von den Verkehrsbetrieben, der BVG, im Herbst 2012. Es folgten in durchaus rascher Folge: Behelfskonstruktion, Nachbesserung, Provisorium, neues Provisorium, mal aus Stahl, mal aus Holz, und schließlich – Tusch! – eine neue Zwischenlösung. Mittlerweile war es Januar 2020 geworden. Berlin kann nicht nur keinen Flughafen fristgerecht bauen. Es scheitert schon an einer Treppe. Berlin, du ewiges Dazwischen. Berlin, rasender Stillstand, stehende Bewegung, gebannter Trubel, verzögerter Aufbruch, verhinderter Fortschritt. Berlin.

Und warum all das? Weil Berlin den Berlinern egal ist? Schnuppe, wurscht und stulle? Weil Berlin, wie »Focus«-Kolumnist Jan Fleischhauer argwöhnt, zur grünen Parallelwelt verkommen ist? »Es kommt eben ganz darauf an, womit man in Berlin sein Geld verdient. Immobilienhandel oder Vermietung und Verpachtung gehen gar nicht. Selbst als normaler Gewerbetreibender ist man bestenfalls geduldet. Schwarzarbeit hingegen erfreut sich der Förderung durch die Politik, schon weil sie im Ruf steht, auch irregulären Arbeitskräften eine Erwerbschance zu bieten.« Schreibt Fleischhauer im September 2019. Oder weil »das auf Ausgleich, Modernisierung, Liberalität und feste, für alle geltende Regeln bedachte Bürgertum in den real existierenden Parteien seiner Stadt keine verlässlichen Repräsentanten« findet? Diagnostiziert der Historiker Götz Aly im Dezember 2019.

Oder sollten wir uns an den fassungslosen Berlin-Rückkehrer Stephan Ruß-Mohl halten, einen Professor für Medienwissenschaft, der der NZZ anvertraute: Das »›Anything goes‹, für das Berlin seit langem stand«, drohe »vom Lebensgefühl her tagtäglich in ein ›Nichts geht mehr‹ umzukippen«? Ruß-Mohl fand Rat bei Umberto Eco und folgert nach einer Nichtleistungsschau der dysfunktionalen Berliner Verwaltung, Eco habe »schon vor Jahren eine ›Infantilisierung der Politik‹ diagnostiziert. Damals dachten wir, er spräche von Italien, von Berlusconi und von leicht bekleideten TV-Sprecherinnen, die dort im Fernsehen die Nachrichten präsentierten. Jetzt wissen wir, dass er damit prophetisch wohl auch Deutschland und insbesondere seine Hauptstadt Berlin gemeint haben muss.«

Darum passen das Pandabärenpaar Jiao Qing und Meng Meng (»Schätzchen und Träumchen«) aus dem Berliner Zoo und die Pandabärenkinder Meng Xiang und Meng Yuan (»Pit und Paule«) perfekt zur alimentierten Hauptstadt. Knuffig sind sie, aber teuer, von Peking nur geliehen. Süß sind sie, aber abhängig von denen, die ihnen ihren enormen Hunger täglich stillen. Putzig und unproduktiv. Applaus, Applaus! Und nur in Berlin konnte Lars Eidinger zum inoffiziellen Staatsschauspieler werden. Ein talentierter Mime, ein fleißiger Mime, keine Frage, mehr auf der Leinwand als im Theater, aber eben vor allem ein Mime, ein Darsteller seiner selbst. Lars Eidinger ist die Traumrolle des Lars Eidinger.

An Lars Eidinger ist in Berlin kein Vorbeikommen, Lars Eidinger ist weltberühmt in Berlin, ob er nun Fotos macht oder Interviews gibt, ob er in Pressekonferenzen echte Lars-Eidinger-Tränen über den Zustand der Welt verdrückt, ob er teure Taschen designt oder sich unter arme Menschen mischt, ob er Schallplatten auflegt oder seinen nackten Hintern zeigt oder anderes Nacktes von sich, ob er jammert oder klagt, auftrumpft oder grübelt: Lars Eidinger ist die fleischgewordene Pose namens Berlin. Die Hauptstadt ist ein Eldorado geworden für Kindsköpfe mit Haarausfall, und Eidinger hat die in Berlin vorherrschende infantile, komplett distanzlose, vollendet egozentrische »Ich-mach-worauf-ich-Bock-hab-Geste« (Carlotta Wald) perfektioniert. Es wird schwer, ihn je darin zu übertreffen. Er spielt sich selbst mit einer Grandezza, als habe er Rousseau gelesen, einen Teil von Rousseau: »Ich habe nur einen treuen Führer, auf den ich zählen kann, das ist die Kette der Gefühle.«

Auf Baustellen heißt es, Eltern haften für ihre Kinder. Wer haftet für Berlin? Natürlich der Länderfinanzausgleich.

9

DIE GROSSE TUKAN-VERSCHWÖRUNG

Wie die Kirchen sich überflüssig machen,
indem sie uns für dumm verkaufen

Es war ein Heidenspaß, damals mit Michael. Ich sah ihn so oft, den Michael, dass er irgendwann zur Familie gehörte. Sofern ein junger Kerl den Sprung schaffen kann aus dem Fernsehen ins wirkliche Wohnzimmer, in dem der Fernseher steht, vor dem ich kauerte, dann schaffte das der Michael. Er lachte fast immer, er mochte Kinder, die Kinder mochten ihn, und ich war ein Kind damals. Michael sang auch gerne, gerade so wie ich, und er hatte meistens das letzte Wort. Wie ich, muss ich gestehen. Am schönsten war es immer, wenn er von seinen Kärtchen Fragen ablas und die Kinder im Studio sich für eine von drei möglichen Antworten blitzschnell entscheiden mussten. Auf dem Boden waren drei Flächen markiert. Schon zur Eröffnung sang Michael Schanzes Stimme, was später im ZDF zu sehen war: »1, 2 oder 3? Du musst dich entscheiden, drei Felder sind frei. Plopp, plopp, das heißt Stopp. Nur noch einen Hopp, dann bleibt es dabei.« Ich wäre gerne mitgehüpft. Und springend, lachend, aufgeregt auf dem richtigen Feld gelandet. Versteht sich.

An all das musste ich denken beim Blick in die Kathedrale von Rochester, eine Bischofskirche. Es handelt sich um die zweitälteste Kirche Englands, sie lässt sich bis ins Jahr 604 zurückverfolgen. Mehr Tradition ist kaum möglich. Hell sind heute die Gemäuer, romanisch rund die Bögen, bunt die Glasfenster. Das ist aber nicht der Grund, weshalb das ZDF dort problemlos die Kinderquizshow »1, 2 oder 3« aufzeichnen könnte, zumindest im Sommer des Jahres 2019. Einen Monat lang war in der Kathedrale von Rochester ein Parcours für Minigolf aufgebaut. Kunstgrasgrüne Flächen, umgeben von Miniaturbrücken, warteten auf Spielwillige. Einlochen sollte man, wo sonst Gottesdienst gefeiert wird. Perfekt hätten sich die Felder geeignet, um zwischen ihnen hin und her zu springen und hoffentlich an der richtigen Stelle zu landen, bei der korrekten Antwort. Immerhin hatte Michael Schanze jedes Mal gesungen und gefragt: »Hat die Kuppel von St. Peter hundert oder noch mehr Meter? Oder reicht sie bis ins All? Wer es weiß, bekommt den Ball.« Da war die religiöse Spur schon gelegt.

Warum aber Minigolf, englische Brüder und Schwestern, in eurer schönen Kirche? Wen wollt ihr damit in welcher Absicht locken? »Challenge your friends and family to a round of bridge-themed Adventure Golf in our free summer activity.« Aha. Ein Gemeinschaftsvergnügen soll es sein, eine sommerliche Herausforderung für Gruppen, die nichts kostet und die Brücken als thematischen Hintergrund hat. Da wären wir schon wieder bei St. Peter gelandet, beim Petersdom in Rom, der Kirche des Papstes, der Pontifex genannt wird, Brückenbauer. Brücken sind eine beliebte Metapher, auch und gerade unter Gläubigen. Pastorin Rachel Phillips von Rochester Cathedral sagt, sie hoffe, »dass die Menschen, während sie Minigolf spielen, über die Brücken nachdenken, die in ihrem eigenen Leben und in unserer heutigen Welt gebaut werden müssen«.

Vielleicht denkt der in der Kirche Minigolf spielende Tourist aber auch an die Band Karat und den Song von den sieben Brücken, über die du »geh'n musst«? Oder an ein französisches Volkslied, demzufolge es sich auf der Brücke von Avignon wunderbar tanzen lässt, »sur le pont d'Avignon, on y danse, on y danse«? Oder an die »Brücke am Kwai«, wo sich am Ende des Zweiten Weltkriegs britische Kriegsgefangene und japanische Soldaten ein Scharmützel lieferten? Oder an die Autobahnbrücke, auf der man unlängst im Stau stand? Und warum soll man eigentlich, wenn man gerade Minigolf spielt, überhaupt an etwas anderes denken als an Minigolf und an die Art und Weise, wie man die nächste Runde gewinnt? Nur weil man sein Plastikbällchen in einer steinernen Kirche auf eine Plastikbrücke hinaufschlagen muss? Oh, sancta simplicitas.

Pastorin Rachel Phillips ist in der Gemeinde von Rochester für Mission und Wachstum zuständig. Im allerweitesten Sinn also handelt es sich um eine ekklesiale Marketingmaßnahme. Menschen sollen aus irgendeinem Grund veranlasst werden, die Kirche zu betreten, und wenn sie schon einmal da sind, haben sie vielleicht zwischen zwei Minigolfschlägen Zeit zu bemerken, dass sie sich in einer Kirche befinden und dass Kirchen einmal Gotteshäuser hießen. So weit die Hoffnung. In Kirchen sollen Menschen »Spaß haben«, sagte der anglikanische Erzbischof von Canterbury, Mister Welby, schon 2018. Das leuchtet ein. Sofern man akzeptiert, dass dem »Spaß« spirituelle Qualitäten innewohnen. Und sofern man eine Gesellschaft, die aus einer Abfolge organisierter Späße besteht, für ein Gottesgeschenk hält. Das Gegenteil dürfte eher der Fall sein. Der Weg zur Hölle ist mit Fun gepflastert.

Doch warum bis nach England schweifen, wenn das Spaßige liegt so nah? Bereits anno 2016 durfte in der evangelischen Hamburger Immanuelkirche minigegolft werden – einen Tag zwar nur, doch ein Anfang war gemacht. Der Parcours bot laut den Veranstaltern »18 Bahnen durch die Kirche, von animalisch bis psychedelisch«. Diakonin Hoffmann freute sich über das »Minigolf-Wunderland« mitsamt rahmenden Konzerten und nahm zur Begründung eine Anleihe beim altchristlichen Tugendkatalog: Es wäre doch »eine Sünde, einen solchen großen schönen Raum kaum zu nutzen«. Sünde gibt es also noch im Binnenraum der Kirche. Lange hörte man nichts mehr von ihr. Unterm Grundsatz der räumlichen Maximalnutzung und sündentheologischen Folgenminimierung stünden freilich noch ganz andere Optionen offen. Man könnte zum Beispiel das öffentliche Training des Hamburger Sportvereins in die Immanuelkirche Veddel verlegen. Oder die Vorauswahl für »Deutschland sucht den Superstar«. Oder dort jeden Tag ein iPhone verlosen. Auch Streichelzoos erfreuen sich großen Zulaufs. Schwupps, wäre die Kirche wieder voll. Kirchen, so Diakonin Hoffmann, seien »Orte der Begegnung«.

Getreu diesem konfessionell verbindenden Motto boomen auf kirchlichem Grund und Boden längst die Neben- und Sonderzwecke. Hauptsache, die Leute kommen. Deutschland ist das Mekka der Kletterkirchen. Aber auch gekuschelt und getanzt, geschlafen und gegessen, gerutscht und geschaukelt wird hinter Backsteinmauern, Sandsteinmauern, Holzwänden. Lustig soll es zugehen, Spaß soll es machen. Natürlich ist es objektiv ein Problem, wenn durch kirchliches Verhalten forcierte Austrittswellen auf ein weitgehend stabiles kirchliches Raumangebot treffen. Zusammenlegungen sind unumgänglich, Abrisse sollten vermieden werden. Vielleicht wächst in einer Zukunft, deren Herr laut jüdisch-christlicher Überzeugung der Herr allein ist, neue Frömmigkeit in alten Gemäuern. Diese bis dahin vorgehalten zu haben ist gewiss kein Fehler.

Aber trägt es zum Fortbestand des Christentums bei, wenn sich Kirchen neu erfinden als Kinderbespaßung für Erwachsene? Wenn ein Peter Pan in Soutane unterm Kirchendach hin und her schaukelt, ein Pater Brown der Lüfte, von lachenden, filmenden, giggelnden Mitchristen beäugt? So geschah es im März 2020 in der katholischen Kirche St. Dionysius im nordrhein-westfälischen Rheine, wo eine Doppelschaukel mit künstlerischem Mehrwert zum Einsatz kam. Es handelt sich um die Arbeit eines »Licht- und Raumkünstlers« aus Osnabrück im Rahmen der Installation »Selig schaukeln, glauben, hoffen und lieben auf eigene Gefahr!«

Eine Broschüre klärt auf: »Das Dialogprojekt im Raum macht Nicht-Gesehenes sichtbar und provoziert Fragwürdiges mit künstlerischer Intervention. Über die Fastenzeit entsteht so (…) ein Rahmen für Dialog und Auseinandersetzung.« Wissen die Katholiken dort nicht, dass Fragwürdiges nicht das meint, was das Fragen lohnt, sondern das, was man besser nie gefragt hätte, weil es eben fragwürdig ist, dubios, zwielichtig, sinister? Von Fragwürdigem sollten Kirchen die Finger lassen. Mit dem Denken kollabieren abermals die Begriffe. Der Künstler für Rheine ergänzt: »Für mich ist die Himmelsschaukel eine spannende Intervention, die als Doppelschaukel befreiende und seligmachende Erfahrungen und Begegnungen zwischen Menschen im Hier und Jetzt unter dem mittelalterlichen Himmelsgewölbe ermöglicht.«

Ein derart großer weltanschaulicher Überhang erinnert an das Wortgeklingel, mit dem die verkehrsberuhigte »Begegnungszone« in der Berliner Bergmannstraße zur demokratischen Heldentat aufgeblasen wurde – davon handelte das achte Kapitel. Um Dialog, das Fetischwort der Spätmoderne, ging es auch da; die Verkehrsteilnehmer sollten in »gute Sichtbeziehungen« treten. In der Rheiner Kirche hängt eine Schaukel für zwei Personen, umringt von zwölf Spiegeln. Das ist alles. Wer nach Kinderart über die Kirchenbänke hin und her schwingt, dem wird vom Künstler versprochen, was Jesus in der Bergpredigt den Friedfertigen vorenthielt und den Barmherzigen und den Verfolgten: Segen. »Seligmachende Erfahrungen« soll das Schaukeln bewirken.

Wenn das der Zimmermann aus Nazareth gewusst hätte! Es hätte gereicht, am See Genezareth bergan zu steigen und zu sagen: »Selig sind die Schaukelnden. Ihrer ist das Himmelreich.« Ausweislich der Rheiner (und anderer) Aussagen verstehen sich die Kirchen heute als Expertinnen für das »Hier und Jetzt«, nicht für das Himmelreich. Insofern ist der Siegeszug des Infantilen in den Kirchen konsequent. Mehr Hier, mehr Jetzt findet sich nirgends als im Spiel, im Spaß, auf der Schaukel. Piep, piep, piep, wir ha'm uns alle lieb. Wer nicht hüpft, der ist kein Christ.

Die Kletterkirchen werden vom selben kindischen Geist genährt. Ob katholisch, ob protestantisch, ob in Mönchengladbach, Datteln, Bretten, Hof, Magdeburg, Wanne-Eickel oder Opperode (die Liste ist nicht vollständig): Wo geklettert wird, da lass dich ruhig nieder, böse Menschen klettern nicht. Davon ist Gottes Bodenpersonal mehr denn je überzeugt. Abermals verspricht die ins Dingliche zurückübersetzte Metapher rhetorischen Sofortgewinn. Das Leben, heißt es dann von den theologischen Kalenderspruchproduzenten, ist eine Schaukel zwischen den Extremen, eine Klettertour hinauf zum Gipfelglück. So werden es sich schon die Leute von St. Peter in Mönchengladbach-Waldhausen gedacht haben, als dort 2010 Deutschlands erstes kirchliches »Kletterparadies für Groß und Klein« eröffnet wurde: »Mit Wandhöhen bis zu 13 Metern wird die Kirche allen Ansprüchen gerecht, egal ob man Einsteiger ist oder Fortgeschrittener.« Der Blick ins Innere zeigt Maler Klecksels Krönungsfest. Farbig punktierte weiße Platten bedecken, schräg montiert, die Wände des Kirchenschiffs, Seile hängen von der Decke, quietschbunte Haltegriffe warten auf zupackende Kunden. Die Tageskarte kostet 11,50 Euro. Immerhin ist St. Peter offiziell keine Kirche mehr, sie wurde 2009 entwidmet. Das katholische Bistum Aachen stimmte der neuen Nutzung zu.

Sagte ich »immerhin«? Mürrische Paragrafenreiter könnten darauf hinweisen, dass die Deutsche Bischofskonferenz 2003 bekräftigte, eine »Umnutzung des Kirchengebäudes zu kommerziellen Zwecken« solle dem »Charakter des Gebäudes nicht zuwiderlaufen«. Doch ein Sollen ist kein Müssen, und in Mönchengladbach-Waldhausen verblieben Weihwasserbecken und Kirchenbänke teilweise am Ort. Und sind wir nicht alle Bergsteiger unseres Lebens? Gönnen wir also den Mädchen, Burschen und Senioren ihr schweißtreibendes Vergnügen und blicken nach Datteln. In St. Josef verspricht man »ein Klettererlebnis mit Spirit«. Man verbinde »erlebnispädagogische Methodik mit spirituellem Erleben« und will so »mutig neue Wege einschlagen«.

Der Mut, der Weg, das Neue: Mit solchen Slogans ist der Weg in den Abgrund der Bedeutungslosigkeit markiert. Nichts erfordert weniger Mut, als jene hinausposaunten Aktionen, für die man ihn sich gratis gutschreibt. Fehlen nur noch »Aufbruch«, »Augenhöhe«, »Hier und Jetzt«. Immerhin – nun stimmt das Adverb – richtete sich der Dattelner Hochseilgarten im Frühling 2014, der bis in die luftige Höhe von zehn, nicht wie in Waldhausen 13 Metern reichte, ausdrücklich an Jugendliche. Dass Kirchen sich als Abenteuerspielplatz für Kurzzeitgäste missverstehen, ändert daran nichts. Hat man sich im badischen Bretten geschickter angestellt?

Die evangelische Kirche in Bretten-Gölshausen wurde im Oktober 2017 vorübergehend zur Kletterkirche umgebaut. Denn um »Vertrauen und Zusammenhalt« gehe es beim gruppendynamischen Hangeln der Schüler und Flüchtlingskinder von Kirchenfenster zu Kirchenfenster, sechs Meter über der

Erde. Das stimmt – täte es aber auch außerhalb der Kirche und tut es auch ganz ohne religiösen Vorbehalt, der sich praktisch reduziert auf die Sensorik, auf Gemäuer und Geruch. Man merkt an der Innentemperatur und am Duft, dass man sich in einer Kirche befindet. Viel mehr ist da nicht geblieben vom sakralen Ort. Dieser Falle entkommen im November 2018 auch nicht in Magdeburg die katholische Kirche St. Petri und im Februar 2019 die evangelische Christuskirche in Wanne-Eickel. Ein Herr von der Magdeburger Jugendpastoral erklärte im erwartbaren Klischeesound, Glauben sei »ein Wagnis«, es berge Risiken, motiviere aber auch »zum Aktivwerden, alles Erfahrungen, die auch beim Klettern gemacht werden«. Ja, und darum bedarf es der Instrumentalisierung des Kletterns durch aktivistische Bistumsangestellte gerade nicht. Umgekehrt verkümmert der Glaube zur Krücke, wenn er sich unter das Joch des Freizeitvergnügens krümmt.

In Wanne-Eickel sollten Jugendliche am Hochseil die Erfahrung des »Gehaltenwerdens« machen. Das bereitet Freude, keine Frage, und ist eine schöne Abwechslung zum Schulalltag. Konkret sind Gerüste, Taue, Haken Fremdkörper in jeder Kirche. Da passt etwas nicht zusammen. Da fügt sich etwas nicht. Da bersten die Kontexte. Ein Raum, der auf gemeinschaftliche Konzentration ausgerichtet ist, verliert seine Mitte, wenn er zur Bühne wird für kleinteiligen Aktionismus. Die vertikale Spannung bricht zusammen unter dem Übergewicht horizontaler Verstrebungen. Die Himmelsarche wird erdenschwer. Davor war man auch in Opperode/Sachsen-Anhalt nicht gefeit, als in der evangelischen Petrikirche im Juni 2019 »Kinder, Jugendliche und Erwachsene« aufs Seil gebeten wurden. Das Motto hieß, durchaus erwartbar, »Getragen wagen«. Das Projekt solle »auf Kirche aufmerksam und neugierig machen«.

Was die Kirchen sich werbend auf die Fahnen schreiben, ist das Gängige im Gestus des Unerhörten. Risikoloses im Kleid der Mutprobe. Werden wir bald zur gruppendynamischen Selbsterfahrung in eine Kirche gebeten unter der freundlichen Losung »Schauen wagen. Den Augen trauen«? Man stellt sich gerne grobes Gestänge in die Kirche zwischen Kreuzigungsszenen an der Wand und Himmelfahrtsbilder im Chor, um endlich einmal eine Sache wirklich ernst zu nehmen, und sei es ein Spiel. Das ist die doppelte Tragik der Kletterkirchen. Sie nehmen ein säkulares Spiel so ernst, wie das geistliche Programm namens Verkündigung, für das die Kirchen errichtet wurden, nicht mehr genommen wird. Das Eigene wird kirchlicherseits vertändelt, in Predigten soll es lustig zugehen und dialogisch und kumpelhaft und diesseitig. Das hinzugestellte Kletterspiel wird hingegen hingebungsvoll betrieben, als wären es jesuitische Exerzitien. Dem Vorläufigen gilt ein Eifer, der in Kirchen für das Endgültige reserviert sein sollte. Die Vertauschung der Kategorien, die hinter jeder Infantilisierung steckt, ist hier vollendet.

Dann lieber gleich schmusen, schmausen, tanzen. Auch dafür findet sich ein Plätzchen im Sakralbau. »Kirchenkuscheln gegen Adventsstress« hieß die Schlagzeile im Advent des Jahres 2017. Das Beweisfoto zeigt einen groß gewachsenen Herrn in Talar und mit Beffchen, der es sich lächelnd vor dem Altar gemütlich gemacht hat. Sein Leib ruht auf einer weißen Kissenlandschaft, halb liegt er, halb hat er sich mit dem rechten Arm abgestützt. In etwa dieser Pose nahmen die Römer das Mahl ein, liegend, gut gelaunt, kultiviert. Der Herr ist ein Pastor namens Kreutz, die Szene ist die evangelische »Gemeinde von Unser Lieben Frauen« in Bremen, eine Marienkirche also. Die neun Kissen vor Steinblock, Bibel, Kerze und Blumenschmuck sind ebenfalls, wie in Rheine, eine Installation.

Ergänzt wird sie durch bewegliche Lichtpunkte, die im Gewölbe ein »Hoffnungswort« bilden, nämlich »Sehnsucht«, »Türen« oder »Herzen«. So will man laut Pastor Kreutz »zum Nachdenken über Gott und das Leben anregen«. Sehnsucht freilich kann man auch nach ganz unfrommen Dingen haben, Türen braucht auch die Toilette, Herzen schmücken auch Speisekarten. Es sind keine spezifisch christlichen Hoffnungs-, sondern ganz banale Schlagworte, bei denen sich jeder seinen Teil denken kann oder nichts. Es sind Placebozeichen. Auch wer sich auf Kissen gebettet in diese Allerweltsbegriffe vertieft und sich Kerzenduft um die Nase wehen und sanfte Klänge in die Ohren träufeln lässt, rückt adventlicher Erleuchtung nicht unbedingt näher. Allen wohl, keinem weh – EKD.

Da sind Thüringer Klöße nahrhafter. Die deftige Kartoffelspeise ist bestens bekannt zwischen Erfurt, Weimar, Gotha und macht ordentlich satt. Was also liegt näher, als einen »Gottesdienst zum Kloßsonntag« zu lancieren? Das klingt nach Win-win, und so kam es dann auch im Frühling des Jahres 2019. Stolz hält Pfarrer Krüger aus Mühlhausen eine prall gefüllte Schüssel in die Kamera. Gleich daneben stehen Bibel, Kerze, Blumenschmuck. Der »Kloßsonntag« lockte mit 80 Personen rund doppelt so viele Menschen wie an normalen Sonntagen in den Gottesdienst der evangelischen St.-Petri-Gemeinde. Gemeinsam Klöße machen, gemeinsam Rouladen essen und davor eine Predigt hören und den Vortrag eines christlichen Biobauern: Das zog ganz ungemein.

Anliegen sei es laut Pfarrer Krüger gewesen, »auf die Verantwortung für die Umwelt und Schöpfung aufmerksam zu machen«. Das klingt nach Essen für den Weltfrieden, Schnaps zur Völkerverständigung, Küssen fürs Klima. Schlimm ist das alles nicht, an leckerem Essen ist noch niemand gestorben, alle hatten ihren Spaß. Unernst, unreif ist es dennoch. Alle Versuche, eine ramponierte Marke durch Zusatzgeschenke und Nebenvergünstigungen attraktiv zu machen, haben noch kein Produkt gerettet. Wenn die Frühstücksflocken nicht schmecken, kann man noch so viel Spielzeug in die Packung geben, niemand wird sie allein deshalb kaufen. Die besten Lautsprecher machen einen lahmen Automotor nicht schneller. Keine Kloßkrise, sondern eine Kirchenkrise haben die Kirchen zu meistern.

Ob der Schlaf der Gerechten da ein probates Gegenmittel ist? Die Bibel ist voll von Träumen, in denen die Zukunft geweissagt und ein göttlicher Auftrag erteilt wurde. Das müsste doch auch im Kloßland Thüringen einen Versuch wert sein. Neustadt am Rennsteig wartet mit der ersten »Her(r)bergskirche« auf, der weitere folgen sollen. »Eine ganz besondere Übernachtungsmöglichkeit« kostet lediglich 15 Euro pro Person; knapp über Gotteslohn. Dafür darf man sein müdes Haupt zur Ruhe legen in einem Doppelbett, das, mit einem Vorhang abgetrennt, im hinteren Bereich der schmucken Kirche steht. Über Airbnb kann das Angebot gebucht werden. Das »ganz besondere Schlaferlebnis« versprechen die Betreiber. Tagsüber muss der Schlafplatz verlassen werden, da ist die Kirche nur Kirche. Ob gegen die nächtliche Zwischennutzung eine thüringische Kirchenmaus etwas einzuwenden hat?

Auch hier gilt: Es gibt Schlimmeres als süße Träume unterm Kirchendach. Mutmaßlich wird eine solche Nacht anständig und andächtig verbracht. Doch man weiß es nicht. Die Strategie der Zweckentfremdung führt auch hier zu ungewissen Erträgen. Man lockt Kunden, die mit dem Kerngeschäft nachhaltig zu binden schwierig sein dürfte. Tagsüber sind sie ja wieder weg. Wenn die Glocken läuten und das Portal sich öffnet, endet der Besuch. Das ausdrückliche Ziel, »den Kirchenraum zu ›erleben‹«, wird mit dem Verzicht auf raumgemäße

Aktivitäten erkauft. Es bleibt, ähnlich wie beim Klettern, eine besondere Atmosphäre zurück, ein außergewöhnliches Setting für die gewöhnlichste aller Tätigkeiten: Man ratzt.

Höhere Grade der kirchlichen Infantilisierung erklimmen jene Würdenträger, die in der Jugendbewegung »Fridays for Future« ein Zeichen des Heils erblicken. Wir hörten davon im fünften Kapitel über Greta & Co., wir lasen ihre Namen, die Namen etwa der katholischen Bischöfe Franz Jung und Heiner Koch und Gebhard Fürst. Anfang Dezember 2018 gab die protestantische Gemeinde von Limhamn bei Malmö via Twitter bekannt, Greta Thunberg sei von Jesus Christus zu einer seiner Nachfolger ernannt worden. Wenig später zog sich die Kirche von Limhamn von Twitter zurück und erklärte entschuldigend, man habe niemanden beleidigen wollen. Der Impuls freilich, aus dem heraus man Greta Thunberg prophetische Kraft zuschrieb, blieb nicht auf Limhamn beschränkt. Die zornige Frau gibt eine perfekte säkulare Ikone ab für voraussetzungslose Gegenwärtigkeit – und nach Weltlichkeit dürstet es die infantile Kirche.

Kein besseres Dokument für die Sehnsucht nach Weltlichkeit und Gegenwärtigkeit weiß ich als den ökumenischen Jahresschlussgottesdienst, den die ARD in ihrem ersten Fernsehprogramm am 31. Dezember 2019 um 16 Uhr übertrug. Er kam aus keiner Kirche, sondern aus einer Kletterlandschaft anderer Art, dem Zoo zu Hannover, Pardon: dem Panorama am Zoo in Hannover. Aufgemalt war dort auf den Hintergrundprospekt eine Dschungelszene aus Amazonien. Sehr grün war diese geraten, lianenreich und pflanzenvoll, ein Augenschmaus. Seit den Naturschwärmereien des Malers Henri Rousseau hat man keine solchen paradiesischen Szenen gesehen. Der Künstler hieß Yadegar Asisi, er ist zurecht berühmt für seine fantasievollen 360-Grad-Panoramen. Zu Beginn der

Vesper erklang vom Band, im Dunkel zuerst, der Schauspielkünstler Ben Becker, einer der rauchigsten Bässe, den das gegenwärtige deutsche Sprechtheater kennt. Der Gottesdienst von 43 Minuten trug den Titel »Unsere wertvolle Erde«.

Ben Becker rezitierte, was die christlichen Veranstalter »Meditation« nannten. So klang sie – und bitte stellen Sie sich dazu unbedingt die wunderbare Stimme Ben Beckers vor und im Hintergrund Grillenzirpen, Vogelgekreisch, Flöte, Piano: »Gott, ich spüre Deine Gegenwart. Im Wind, im Regen und in der Sonne. In der Schönheit der Erde sehe ich Dich, in den Baumriesen und Lianen. In Lichtungen und Gewässern, Vögeln, Tukanen und Kapuzineraffen sehe ich Deine Schöpfung. Was zählen dann wir? Du hast uns geschaffen nach Deinem Bilde und hast uns einen Planeten anvertraut, einen Planeten mit Pflanzen, Tieren und Mitmenschen. Herr, unser Gott, wie groß ist Dein Name unter uns. Amen.« Tukane – das wusste ich nicht – sind Spechtvögel mit einem sehr großen und sehr spitz zulaufenden, oftmals gelben Schnabel. Hübsch anzusehen, wirklich sehr hübsch. Prangt ein Tukan nicht auf einer Schokoladentafelverpackung, Edelkakao aus Costa Rica? Der Tukan ist eine süße Versuchung und Amen – das wissen wir – eine sehr ehrwürdige Schlussformel christlicher Gebete: So sei's.

Natur ist im Text, den Ben Becker vortrug, und auf der Prospektmalerei gute Natur, schöne Natur, zahme Natur. Ein Schauspiel den Menschen, keine Bedrohung. Nichts Schlimmes kann von solchen possierlichen Schöpfungen ausgehen. Das muss so sein, denn wenn in der Natur ein lieber Schöpfer gesehen werden soll, muss die Natur sich lieb präsentieren. Es ist also ein sehr kindlicher Blick auf Welt und Gott, den uns die beiden Kirchen präsentieren, noch ehe sie selbst in Gestalt zweier Bischöfe das Wort ergreifen. Wertvoll ist die Erde insofern, als sie dem Menschen zur Erbauung dient. Ein ästhetisches Phänomen ist sie, ein buntes Theater. Naturerscheinungen, die für den Menschen bedrohlich sind, vielleicht Orkane, Erdbeben, Viren, sind nicht gemeint und bleiben ausgespart. Natur ist die helle Seite Gottes. Die liebe Natur begründet eine liebliche Religion.

Die beiden Bischöfe heißen Ralf Meister und Heiner Wilmer, der eine trägt den bekannten schwarzen Talar eines protestantischen, der andere den minder bekannten hellen Sackmantel, die Kasel, eines katholischen Geistlichen, mit grüner Stola, ohne Mitra, ohne Bischofsstab. Bruder Heiner will nicht auffallen. Beide stehen auf einem flachen Podest neben einem etwa zweieinhalb Meter hohen Holzkreuz. Das Publikum, die Gemeinde, sitzt, wie wir später von Heiner erfahren, auf ökologisch unbedenklichen Hockern, »auf Stühlen, die recycelt wurden aus altem Papier, die man wieder recyceln kann«. Bischof Heiner näselt: »Wie wird es uns gelingen, für alle Menschen auf dieser Erde eine gesunde und lebenswerte Zukunft zu gestalten?« Protestant Ralf ist ein geübterer Redner. Er hat die festere, tiefere Stimme: »Die jungen Menschen fordern uns heraus, und sie fordern uns ins Gespräch. (…) Ihnen gehört die Erde, dieser wunderschöne und zerbrechliche Planet.« Vermutlich muss man Theologe sein, um im Grundbuchamt der Erde einen Eintrag zu entdecken, demzufolge »dieser Planet« der Besitz der jeweils gerade »jungen Menschen« sei. Findet dann alle 30 Jahre ein rollierender Eigentumsübertrag statt, weg von den Alten, hin zu den Jungen? Die Notare vom Grundbuchamt der Erde wären darüber entzückt. Doch es wurde noch kurioser.

Anschließend verteilte die vierköpfige Begleitband unter der Leitung eines »Pop-Kantors« hübsch vertonte Fake News: »Die Erde ist des Herrn, geliehen ist der Stern, auf dem wir leben.« Das hieße nämlich, »wir« lebten auf der Sonne oder auf Epsilon Carinae, veritablen Sternen, während die Erde ein Planet ist. Was soll man von Planetenschützern halten, die das Objekt ihrer Fürsorge nicht einmal der richtigen Gattung zuordnen können? Die nicht wissen, dass die Erde ein Planet ist und kein Stern? Ist das nur Ausdruck einer Bildungskatastrophe oder Schlimmeres? Jochen Riess hat den Text geschrieben, der ganz wie ein Werk des NABU-Wolfsfreundes Eckhard Pieper klingt: Ahuu – er sang für uns im vierten Kapitel. Bei Jochen Riess heißt es: »Geh auf den andern zu, zum Ich gehört ein Du, um Wir zu sagen. Leg deine Rüstung ab, weil Gott uns Frieden gab, kannst Du es wagen.« Die Ökumene des Kitschs funktioniert prächtig. Woher kommt eigentlich die Vorstellung, ausgerechnet in ausgedünnten Gottesdiensten würden sich bevorzugt Menschen mit »Rüstung« aufhalten, kampfbereit, unnahbar, abweisend, grimmige Gestalten? Und muss in Kirchen immer etwas »gewagt« werden – würde es nicht zur Abwechslung auch reichen, zu hoffen, zu beten, zu glauben? Die sinnbefreite Wagnisinflation hatten wir schon, ich weiß.

Und dann beginnt im Panorama am Hannoveraner Zoo ein inszenierter Dialog, später ein Kreuzverhör. Vier »Jugendliche von Fridays for Future« treiben die Handlung vorm Dschungelbild voran. Sie sind die, wenn nicht rettende, so doch richtende Instanz. Jonas, Vera, Caterina und Charlotte heißen sie. Alle vier tragen sie Brille, zwei auch ein weißes T-Shirt mit der Aufschrift »Fridays for Future Orga-Team«. Sie sind im Einsatz. Bischof Meister liest aus Psalm 104 – »du bereitest [sic!] den Himmel aus für einen Teppich« –, die Jugendlichen widersprechen. »Wo ist der blaue Himmel geblieben? Wo sind die weißen Schäfchenwolken? Die Sterne kann ich schon nicht mehr funkeln, strahlen sehen. Ein Schleier aus grau-schwarzen Schwaden schwebt über meinem Kopf. Ich frag' mich, wo ist

Stopp, wo ist der Knopf?« Sagt Jonas, der offenbar gerade der Smoghölle von Peking entronnen ist. In Deutschland wird es schwer sein, Tage und Orte ganz ohne blauen Himmel und ohne »weiße Schäfchenwolken« zu finden; zumal in den letzten Jahrzehnten die Luftqualität sich verbesserte, nicht verschlechterte. Wovon also redet der traurige Jonas?

Auch Vera ist unfroh: »Die Straßen sind voll, der Regenwald brennt. Äcker vertrocknen. Venedig ist überflutet. Bilder, die Angst machen. Kaum zu glauben, dass wir der Welt ihr Leben, ihren Atem rauben.« Caterina klagt an, Wasservorräte in Afrika gingen zur Neige. Charlotte fragt: »Warum schaffen wir Waffen und schaffen sie nicht ab? Warum bauen wir Mauern und reißen sie nicht ab? Wo ist der Mut aus Hoffnung, wo ist die Hoffnung aus Mut?« Waffen, mag man da antworten, sind in der Welt, weil und solange es Menschen gibt, die mit Waffengewalt böse Ziele verfolgen, und andere Menschen sich das nicht gefallen lassen wollen. Weder ist die Natur immer lieb noch der Mensch immer gut. Das eben ist die Paradoxie solch hochtourigen Lamentierens: Man klagt in einer Welt, die man sich mit Kinderfarben harmlos ausmalt, allerschlimmste Kräfte an. Man ortet das große Verhängnis in einer Welt aus Einhörnern. Was sollen zwei deutsche Bischöfe zu alldem ernsthaft sagen? Dass die Evangelisch-lutherische Landeskirche Hannover künftig den Himmel über Neu-Delhi reinigen wird? Dass das Bistum Hildesheim Venedig vor Überschwemmungen schützen wird? Symbolische Reden treffen auf symbolisches Handeln, bestenfalls. Was in erster Linie denen vorzuwerfen ist, die sich solchen halb ernsten Spielen aussetzen, den Bischöfen, und nicht jenen, die sie für ihr Engagement nutzen, den Jugendlichen.

Nicht ins Gebet, wohl aber ins Kreuzverhör wurden die geistlichen Herren Meister und Wilmer sodann genommen.

Der Protestant hatte gerade noch Gott einen »Liebhaber des Lebens« genannt, der Katholik einen islamischen Mystiker mit der Aussage »Aller Rätsel Lösungswort ist eins: Liebe« zitiert, dann hieß es schon: umsetzen. Auf den Rand des Holzpodests setzten sich die Kirchenmänner der Geburtsjahrgänge 1962 und 1961, um sich von Jonas, Vera, Caterina und Charlotte den Kopf waschen zu lassen. »Herr Wilmer, Ihre Generation weiß seit den 80er-Jahren von dem Klimawandel, seinen Folgen und Bedrohungen. Trotzdem haben die meisten nichts unternommen. Wie stark ist Ihr persönliches Schuldempfinden?« – »Wie dramatisch sehen Sie das Versagen der Kirchen beim Klimaschutz?« – »Herr Meister, dieses Nichtstun, dieses einfache Zuschauen, wie die Zukunft meiner Generation und die zukünftiger Generationen zerstört wird – glauben Sie, dass das auch geistliches Versagen ist?« – »Warum gibt es noch kein öffentliches Klimaschuldbekenntnis der Kirchen?«

Bemerkenswert oft kehrt im Reden über Umweltschmutz religiöses Vokabular zurück. Schuld, Schuldbekenntnis, geistliches Versagen: Was sollen Bischöfe darauf unter säkularen Vorzeichen antworten? Genau das, was vermutlich abgesprochen und also nun im Panorama am Zoo in Hannover am letzten Tag des Jahres 2019 zu hören war: dass es schon 1988 »diesen wunderbaren Text« der katholischen philippinischen Bischofskonferenz zum Schutz der Meere gegeben habe. Dass auch ein Bischof sich »persönlich einsetzen«, auf seinen »Lebensstil achten« müsse und künftig mehr mit Rad und Zug reisen werde statt mit dem CO_2-belasteten Flugzeug. Dass die Kirche an vielen Stellen versagt, aber Papst Franziskus das äußerst »wirkmächtige« Schreiben »Laudato si'« verfasst habe. Und dass jetzt »wir alle zusammenhalten müssen«, denn »wir überleben als Menschheitsfamilie dann, wenn wir wirklich erwachsen werden. Heißt: den unschuldigen Kinderglauben ablegen und aufhören, das, was wir brauchen, einfach zu nehmen, ohne zu fragen, welche Folgen hat mein Handeln.« Sagt Bischof Heiner Wilmer aus Hildesheim, nachdem er den Erfolg pries, hier gemeinsam auf Stühlen sitzen zu dürfen, »die recycelt wurden aus altem Papier, die man wieder recyceln kann«.

Darf ich noch einmal kurz zurückspulen? Die katholisch-protestantische Jahresschlussandacht war nicht als Kinder- oder Jugendgottesdienst gekennzeichnet, griff aber auf deren Formen zurück – allein darin steckt eine massive Infantilisierung. Das Heranwachsende, das Reifende, das noch Unreife wird als Normalzustand für Erwachsene genommen. Man buhlt nicht nur um die nächste Generation, man will sein wie sie. Man will retour. Das ist der maximale Unterschied zur besonderen Schutzpflicht für Kinder, zum wertvollen neutestamentlichen Motto »Lasset die Kinder zu mir kommen«. Es ist stattdessen ein einziges »So-tun-als-ob«. Eine lächelnde Verstellung. Eine peinliche Vorstellung.

Darum ist die Aussage des katholischen Bischofs Heiner der exakte Ausdruck jener Gedankenverwirrung, der sie angeblich wehren will. Im Einzelnen: Die »Menschheitsfamilie« verhält sich laut Wilmer derzeit nicht erwachsen – in Ansehung des Klimawandels, aber vermutlich generell. Das »Wir«, das sich zu ändern habe, muss ergo Teil der nicht hinreichend erwachsenen Menschheitsfamilie sein. Herr Wilmer spricht ja nicht als Tukan, sondern als Mensch und Bischof. Worin bestünde laut Wilmer der Zustand wirklichen Erwachsenenseins? In einem zweifachen Schritt, wobei unklar bleibt, ob es zwei hintereinander erfolgende Schritte sind oder ob es der eine Schritt in zwei Zügen ist.

Zunächst gelte es, »den unschuldigen Kinderglauben« abzulegen. Raffiniert und abgründig ist dieser Einstieg. Ein Mann gegen Ende seines sechsten Lebensjahrzehnts gibt vor

Jugendlichen als Ziel aus, die Unschuld abzulegen und den Kinderglauben zu überwinden, dem er oder dem seine Kirche offenbar bis eben noch gehuldigt hat. So bescheinigt er den Jugendlichen, die ihn ins Verhör nehmen und die ein klimapolitisches Schuldbekenntnis hören wollen, reifer zu sein als er. Die jungen Leute haben offenbar ihren »unschuldigen Kinderglauben« bereits abgelegt, sonst kämen ihnen nicht die ernsten Fragen nach den Lebensbedingungen künftiger Generationen in den Sinn. Der Erwachsene streichelt, bildlich gesprochen, Teenagern über den Kopf und gibt zu verstehen: Brav, das habt ihr wirklich klasse gemacht. Ihr seid wirklich verdammt erwachsen. Ihr seid weiter als ich. So kehrt der bräsige Onkel zurück im Gewand des schnittigen Klerikers. Und was wäre eigentlich das Gute an einem nicht unschuldigen Glauben? Soll es ein Glaube sein, der Schuld auf sich lädt, schuldig macht? Oder soll das Gegenteil von Unschuld Reife sein? Es wäre ein eigentümliches Verständnis beider Zustände.

Damit nicht genug. Kommen wir zum zweiten Schritt der bischöflichen Vereinnahmungsaktion nach dem abgelegten Kinderglauben. Offenbar hält Heiner Wilmer für eine besondere Form von Kindlichkeit, »das, was wir brauchen, einfach zu nehmen, ohne zu fragen, welche Folgen hat mein Handeln«. Zumindest schließt er dieses egoistische Verhalten kurz mit dem zu überwindenden »unschuldigen Kinderglauben«. Daran stimmt, dass man Kindern zu Recht keinen Vorwurf macht, wenn sie, von Bedürfnis und Neigung getrieben, zum Eis greifen, zu den Pommes, zur Wasserpistole im Schwimmbad, weil sie es gerade »brauchen«. Kinder müssen gottlob nicht erwirtschaften, was sie konsumieren; nicht sparen in der Zeit, um zu haben in der Not. Ihr Leben verläuft in gegenwärtigen Bahnen. Darum sehnen sich Erwachsene danach zurück. Nach einem Leben in vollendeter Gegenwärtigkeit.

Im Kontext freilich ist die Aussage falsch. Die Folgen dieses oder jenes umweltpraktischen Handelns sind nicht klar zu benennen, auch von erwachsenen Erwachsenen nicht. Wenn ich heute, wie es die Klimaaktivistin Luisa Neubauer tat, Fernreisen mit dem Flugzeug antrete oder, wie die grüne Politikerin Katharina Schulze, Eis in Kalifornien schlecke, welche Folgen hat das dann konkret für die zukünftigen Generationen? Und, entscheidend: Wer sich als Erwachsener »einfach« nimmt, was er braucht, ist ein Rüpel, aber er folgt nicht automatisch einem »unschuldigen Kinderglauben«. Die beiden Kategorien passen nicht zusammen. Heiner Wilmer erweckt den Eindruck, Erwachsene hingen einem »unschuldigen Kinderglauben« an und darum würde der Regenwald brennen. Kinderglaube sei ein Alibi für unvernünftiges, egoistisches Handeln. Der geweihte Erwachsene, der Jugendlichen Reife attestiert, redet aber am unvernünftigsten von allen. Er verdammt den Glauben der Kinder, um Kindern jene Reife andichten zu können, die er den Erwachsenen abspricht. Die Infantilitätsfalle schnappt zu. Bruder Heiner hat sich selbst schachmatt gesetzt.

Wie kam es so weit? Wurden aus den Worten Jesu »Lasset die Kinder zu mir kommen« und »Wenn ihr nicht umkehrt und werdet wie die Kinder, werdet ihr nicht in das Himmelreich hineinkommen« falsche, aber gut gemeinte Schlüsse gezogen? Ich fürchte, so einfach ist es nicht. Niemand sollte es einem Erwachsenen verwehren, mit einer tüchtigen Portion Welt- und Gottvertrauen durch das Leben zu wandern und auf allzu selbstbezügliches Klügeln zu verzichten. Die Welt ist nicht verdammt.

Die Kirchen wurden zu mächtigen Akteuren der Infantilisierung aus drei Gründen. So lehren sie uns, drei Pfade zu vermeiden, wollen wir endlich wieder erwachsen werden. Erstens trauen sie der eigenen Botschaft nicht. Sie reden lieber von

Klimaschutz, Islam und Amazonas als von Jesus Christus. Erwachsen wäre es, zu dem zu stehen, was einem wichtig ist, komme es gelegen oder ungelegen, stoße es auf Zustimmung oder Ablehnung. Erwachsen wäre es, offen zu reden und geradeaus, nicht auf Umwegen, nicht anbiedernd. Erwachsen wäre es, sich nicht dümmer zu stellen, als man ist.

Womit wir beim zweiten Weg wären, den Erwachsene nicht einschlagen sollten. Die Kirchen wollen nur noch niedrigschwellige Angebote präsentieren. Sie genieren sich für das Wissen, das sie durch die Jahrhunderte trugen. Sie tragen lieber Sack und Asche als Kleidung, die man erklären müsste. Sie sprechen lieber, wie alle sprechen, als dass sie durch eine Spezialsprache ihre Besonderheit betonten. Wo man aber jede geistige Herausforderung an der Garderobe ablegen soll, kommt niemand mehr über das Foyer hinaus.

Die Säle bleiben leer, die Hallen sauber, die Kirchen klinisch rein. Wer es anderen um alles in der Welt leicht machen will, macht es sich selbst am allerschwersten. Das Wissen, das man nicht teilen will, kehrt zurück als Vorurteil, das sich gegen einen selbst wendet. Wer nie lehren will, unterstellt den anderen, nichts lernen zu wollen. Wir alle können den anderen mit Wissen beschenken – und beschenkt werden. So, genau so entsteht Kultur. Also lautet die zweite Regel aus dem »geistlichen Versagen« der Kirchen: Habe Mut, deine Kenntnisse, deine Erkenntnisse, dein Wissen anderen mitzuteilen. Und es zu empfangen.

Daraus ergibt sich die dritte goldene Regel für ein aufgeklärtes Erwachsensein: Scheue nicht davor zurück, dich zu erinnern. Es ist keine Schande, ein Gedächtnis zu haben – und womöglich sogar eines, das weiter zurückreicht als bis ins Jahr 1988. Die Erinnerung kann einem Streiche spielen, und der ewiggestrige Grantler ist keine anziehende Erscheinung. Der reine Gegenwartsnarr ist es aber auch nicht. Wer nur die Befehle des jeweiligen Tages entgegennimmt, verliert seine innere Mitte. Wird zum Hampelmann der Moden. Zum Besserwisser in Dauerrotation.

Insofern gibt es mindestens drei Gründe, den Kirchen dankbar zu sein. Sie sind in den genannten Bereichen Wegweiser in Richtungen, die der erwachsene Mensch besser meidet. Drei Felder sind frei.

10

MIT DEM ERKLÄRBÄR AUF GROSSER FAHRT

Warum die Politik bald ein Tolle-Gesetze-Gesetz erlassen wird und weshalb die Medien uns gerne anstupsen und was das alles mit Frank-Walter Steinmeier zu tun hat

Zwei beste Freundinnen: Hanni und Nanni. Drei gute Kumpels: Justus, Peter und Bob. Drei dufte Macher: Malu, Ska und Joe. Die Kinderbuchreihe von Enid Blyton ist fast auf dem ganzen Globus ein Erfolg. Kaum ein Mädchen wuchs auf, ohne von Hanni und Nanni gehört, ohne die Bücher gelesen, die Filme gesehen zu haben. Dass das erste Buch bereits 1941 in England erschien, konnte dem langfristigen Erfolg nichts anhaben. Immer neue Fortschreibungen und Weiterentwicklungen machen das ungleiche Mädchenduo für jede Generation attraktiv, wenngleich die hohe Zeit hinter den beiden zu liegen scheint. Dennoch gab es 2017 einen deutschen Kinofilm in Starbesetzung, »Hanni & Nanni – Mehr als beste Freunde«, erscheinen weiterhin Bücher und Hörspiele, etwa »Hanni und Nanni voll im Trend!«. Kritisch ließe sich nur anmerken, dass der Ausdruck »voll im Trend« sich nicht mehr in selbigem befindet.

Sehr gut hingegen, also gar nicht gealtert sind die ermittelnden Kinderdetektive Justus, Peter und Bob, bekannt als »Die drei ???«. Dass Justus Jonas seine Unterlippe knetet, wenn er denkt, hat mich nachhaltig beeindruckt. Ich tat es ihm gleich, in der Schule, im Studium, zu Hause, denn auch ich wollte ein schlauer Knabe sein. Jonas war Erster Detektiv, der Kopf der Bande. Dank seines Spürsinns blieb kein Rätsel ungelöst. Der übernommene Tick freilich wurde mit den Jahren zur ebenso unschönen wie hygienisch bedenklichen Unsitte: Sobald ich mich lesend oder sinnierend hinsetzte, griffen Daumen und Zeigefinger der rechten Hand an die Unterlippe. Unwillkürlich, routiniert. Ich knetete drauflos. Es brauchte vielerlei Mahnung von lieben Menschen, die mich dabei erwischten, bis ich nach Jahren endlich davon abließ – gerade noch rechtzeitig vor der Coronavirus-Krise, die jegliches Berühren des eigenen Gesichts unter Virenvorbehalt stellte.

Justus Jonas kann ich natürlich keinen Vorwurf machen. Helden brauchen Marotten, damit man sie wiedererkennt. Ich verschlang die Bücher mit dem schwarzen Umschlag. Sie ruhen heute im Keller, auch »Die drei ??? … und der sprechende Totenkopf«, woran ich mich besonders gut erinnere. Hörspiele, auf CD oder als Download oder live vorgetragen auf großer Tournee, sorgten für einen weiteren Popularitätsschub der Reihe. Die Massen strömten, Männer und Väter vor allem, mit und ohne Haupthaar. »Die drei ???« wurden von Kinderstars zu kindlichen Helden für jung gebliebene Kerle. Ich verfolge das nur am Rande, irgendwann verlor ich das Interesse an den drei kleinen Detektiven. Das neue Publikum gönne ich ihnen von Herzen. Jeder hat das Recht, dem inneren Kind Ausgang zu geben.

Passen auch Malu, Ska und Joe in diese Reihe der Kinderstars? Welche Streiche hecken sie aus, welche Bande verbinden sie? Man kann sich das wackere Trio zusammen auf einem Filmplakat oder einem Buchcover vorstellen. *Die drei, die niemals kneifen. Drei auf toller Fahrt. Wir sind drei.* Zumindest wären sie durch ihre Namen für eine solche Besetzung prädestiniert. Kurz sind sie, die Namen, eine Silbe lang, zwei Silben lang, und taugen zum schnellen Ausruf. Lustig klingen die Namen, es sind – für deutsche Ohren – Kosenamen, Spaßnamen, Partynamen. Man kann sich alle drei vorstellen bei lockeren Kennenlernrunden, abends im Schneidersitz am Lagerfeuer:

»Ich bin die Malu, und wie heißt du?« Solche Namen muss man einfach duzen. Wie es unter Kindern üblich ist.

Malu jedoch ist die Ministerpräsidentin von Rheinland-Pfalz, heißt Dreyer mit Nachnamen, Ska spielt als Berufspolitikerin eine bedeutende Rolle im Europäischen Parlament, und Joe steht einem der wichtigsten und größten deutschen Unternehmen vor, der Siemens AG. Sie beschlossen, von allen in der Öffentlichkeit auf knappe, abgekürzte, kumpelhafte Weise gerufen werden zu wollen. Mit Namen, die besser zu Kindergeburtstagen passen als in Staatskanzleien oder Hauptversammlungen. Die drei längst Erwachsenen wurden 1961, 1981 und 1957 geboren. Bis ans End' ihrer Tage aber, steht zu vermuten, soll man sie ansprechen, als kämen sie gerade von Blinde Kuh oder Topfschlagen. Nah soll es klingen oder, um ein Floskelwort höherer Stufe zu zünden: nahbar. Vielleicht auch internationaler. Josef Käser aus Arnbruck im Landkreis Regen mag sich gedacht haben, an der Wall Street und in Shenzhen reüssiere es sich leichter, wenn man Joe Kaeser heißt. Kein Umlaut mehr, dieses besondere deutsche Erbe, keine Anspielung ans Bayerische oder Biblische, und eine Silbe wird gespart. Raum ist auf dem kleinsten Namensschild, seit der Josef sich als Joe erfand.

Ska wiederum ist die Kurzschrift von Franziska Maria und wird meines Wissens nur im Fall der grünen Spitzenpolitikerin Keller verwendet, die seit 2009 dem Parlament der EU angehört. Dort bekleidet sie mittlerweile den Posten der Co-Vorsitzenden der Grünen/EFA-Fraktion; EFA ist die Europäische Freie Allianz. Auf skakeller.de taucht nur ein einziges Mal eine Erinnerung auf an den ursprünglichen Namen, an sehr versteckter, veralteter Stelle: Unter einer Pressemitteilung von Dezember 2014 steht als Kontaktweg die E-Mail-Adresse franziska.keller@europarl.europa.eu. Das war es auch schon mit den begriffsgeschichtlichen Sentimentalitäten. Aktuell ist einzig ska.keller@europarl.europa.eu gültig. Ska ist nicht nur ein selbst gefertigtes Kürzel, sondern auch eine Musikrichtung, eine Reggae-Variante, was für diese Neuform sprechen mag.

Franziska aber, Maria, was taten sie dir an? Marie-Luise, Anna, was habt ihr verbrochen? Auf diesen klassischen Vornamen liegt für ihre Trägerinnen Franziska Maria Keller und Marie-Luise Anna Dreyer kein Segen. Zu altbacken mögen sie klingen, zu deutsch vielleicht, zu christlich, als dass sich darauf Karrieren hätten bauen lassen in Straßburg und in Mainz, bei den Grünen und der SPD. Natürlich gibt es auch linksliberale, linke und ganz linke Politiker, die auf dem überkommenen Standpunkt stehen, sie hießen nun einmal so, wie Geburtsurkunde oder Personalausweis zur Auskunft geben. Im Bundestag sitzen Doris und Luise und Bärbel, Diether und Fritz und unterschreiben vermutlich in eigener Person, was Ska Keller in ihrer politischen Absichtserklärung, ihrem »Mission Statement«, behauptet: »Mit meiner Arbeit hoffe ich nichts weniger, als die Welt zu verändern.«

Voll im Trend, liebe Hanniundnanniisten und -istinnen, liegt die kindgemäße Anrede und Selbstauskunft durch Politiker und andere Öffentlichkeitsarbeiter. Sie wollen jung erscheinen, sehr jung, selbst um den Preis, furchtbar alt dazustehen. Joe verlor nicht nur das mediale Gefecht mit der wirklichen jungen Klimaaktivistin Luisa (Neubauer), die er mit dem Angebot eines Aufsichtsratmandats in der Siemens-Familie zu überrumpeln suchte. Er musste kleinlaut beidrehen und stand blamiert da. Wenig später kündigte er an, seinen Vorstandsposten abzugeben. Gewiss nicht ursächlich wegen des Schlamassels mit »Fridays for Future« und dem Adani-Projekt in Australien. Doch es fällt eben schwer, Menschen ernst zu nehmen, die wie ein Witz auf zwei Beinen agieren. Auf die Autorität, die man in guten Zeiten wegwirft, kann man nicht pochen, wenn schlechte Zeiten anbrechen. Joe ist hierzulande ein Name wie ein halbes Hemd, passend bei Hüttenabenden und Junggesellenabschieden. Luisa (Neubauer) konnte mit einem Luftikus der Selbstumbenennung nicht ernsthaft, nicht öffentlich über die Belange der Umwelt verhandeln. Hey, Joe, altes Haus, was geht ab?

Anfang April 2020 gab der FDP-Vorsitzende Christian Lindner zu Protokoll: Er habe manchmal den Eindruck, »die Regierung spricht zu ihrem Souverän – den Bürgerinnen und Bürgern – wie zu Kindern, die man im Unklaren darüber lässt, wie es denn jetzt weitergeht«. Viel Kritik zog die Aussage sich zu. Gemünzt war sie auf die Kommunikation der Kanzlerin und ihres Kabinetts im Zuge der Coronavirus-Pandemie. Die große Mehrheit der Bevölkerung war zum damaligen Zeitpunkt mit dem Krisenmanagement der Exekutive zufrieden. Lindner stand wie ein Miesepeter da, getrieben von schlechten Umfragewerten für seine Liberalen. Wer beliebte Persönlichkeiten in den Senkel stellt, wird selbst unbeliebt.

Unrecht hatte Lindner womöglich im aktuellen Fall; die ungenauen Zahlen der Gesundheitsämter und die Einschätzungen der Virologen gaben im Frühling des Jahres 2020 den Takt vor, in dem die Politik sich tänzelnd bewegte, vor und zurück und zur Seite. Man fuhr wochenlang wirklich nur auf Sicht. Die Kurve der Infizierten, Erkrankten und Gestorbenen bestimmte die Berliner Betriebstemperatur. Den reinen Wein, den Christian Lindner vermisste, hatten die Experten gar nicht im Angebot, und Deutschland war in diesen Tagen zur Expertokratie geworden.

Dennoch stimmt Lindners Befund von der kindlichen Anrede durch die Regierung generell. Wenn etwa Angela Merkel in der Haushaltsdebatte am 12. September 2018 sagt: »Afrika ist ein toller Kontinent, ein junger Kontinent« und » (…) die Bürgerinnen und Bürger haben ein Recht auf einen funktionierenden Rechtsstaat«, sind das in der Tat Sätze für Kinderohren. Wenn ein Recht besteht, besteht es; die Frage ist eher, ob es praktische Folgen hat oder nur beschworen wird. Die Rechtspraxis macht den Rechtsstaat, nicht der Rechtsanspruch. Auf dem Papier sind China und Nordkorea Demokratien, war auch die DDR eine. Und »toll« ist manches im Leben für den, der es toll findet. »Toll« markiert die denkbar vag formulierte Nahbeziehung zwischen der, die redet, und der Sache, die sie mag. *Ich find' dich toll, ich find' dich zum Knuddeln, das hast du toll gemacht.* Auch Lob, ebenso unpräzise, kann die Allerweltssilbe ausdrücken. Sie hat mit Erwachsenensprache nichts zu tun. »Deutschland ist ein tolles Land«, die Ukraine ist erst recht »ein tolles Land, ein großes Land«. Beides hörten wir schon aus dem Mund der Kanzlerin. »Toll!« heißt zu Recht der satirische Abschluss des Politmagazins »frontal 21« im ZDF.

Höflichkeit müsse ebenso gelernt werden wie Tanzen, schreibt der französische Philosoph Alain. Wir lernten Alain, der eigentlich Émile-Auguste Chartier hieß, zu Beginn dieses Buches kennen, im Kapital über Rousseau und dessen »Émile«. Dort lautete die Erkenntnis Alains, Spielen sei »die Religion der Kindheit«. Auf den eben angeführten Satz von der keineswegs selbstverständlichen, keineswegs naturgegebenen Höflichkeit, die es erst zu lernen gelte, stieß ich bei dem österreichischen Philosophen Robert Pfaller. Kinder müssen nicht höflich sein, niemand würfe ihnen das vor. Ein höfliches Verhalten muss sich tatsächlich erst entwickeln, sollte sich entwickeln mit zunehmendem Lebensalter. Bleibt ein solcher Fortschritt aus, steckt ein Mensch unter seinen geistigen Möglichkeiten fest. Darauf spielt Alain an mit seiner Erkenntnis, Höflichkeit müsse man lernen wie das Tanzen.

Robert Pfaller, der Alain zitiert, verfasste aus politisch linker Perspektive eine Vermisstenanzeige. Er moniert das Verschwinden von »Erwachsenensprache«. So heißt auch sein Buch von 2017, eine spannende, erhellende Lektüre. Einige Pfade, die Pfaller beschreitet, wurden hier schon zurückgelegt. Etwa – im sechsten Kapitel – der Gang durch eine Universitätslandschaft, in der studentische »Schneeflocken« sich die Zumutung fremder Positionen und ungewohnten Zungenschlags verbitten, auf die sie zumindest, wenn es sich partout nicht vermeiden lässt, mittels »Trigger Warnings« gesondert vorzubereiten seien. Pfaller beklagt, Bret Easton Ellis' Diagnose in »Weiß« von 2019 vorwegnehmend, die »Abtrennung der Worte von den Wirklichkeiten«. Safe Spaces, Schutzräume für politisch Hypersensible, Ultrakorrekte, verwandelten Studenten in »infantilisierte, schutzsuchende Bittsteller« und »ermunterte Mimosen«. Jeder werde prämiert, der seine Marotte, seine empfundene Benachteiligung, seine subjektive Marginalisierung, seine angeblich beschädigte Identität unverfroren zur Schau stelle. Insofern hätte Justus Jonas von »Die drei ???« heute gute Chancen, bei schlechten akademischen Ergebnissen anklagend die Hände zu heben: Das liege nur daran, dass er als Unterlippenkneter diskriminiert werde. Nieder mit der Labrophobie! Ich übertreibe natürlich maßlos und bitte um Nachsicht. Ein Justus Jonas hat keine schlechten Ergebnisse, sobald die zu prüfende Sache etwas mit Denken zu tun hat. Nie, nie, niemals. Justus ist ein Meisterdenker.

Eine Sprache der Erwachsenen verlangt Erwachsenheit. Weil diese fehlt, ist jene geschwunden. In Pfallers Worten: Erwachsenheit sei eine Haltung und bedeute, »manche Unannehmlichkeiten oder Übel ebenso als notwendige Begleiterscheinungen des Lebens zu erkennen wie die eigenen Möglichkeiten, sie zu ertragen oder zu überwinden. Nur auf diesem Weg lassen sich von diesen Übeln andere unterscheiden, die im sozialen Leben bewältigt werden müssen und für die die Politik zuständig ist. Pseudopolitik hat in den letzten Jahrzehnten regelmäßig darin bestanden, diese Grenze zu verwischen und anstelle der politischen Probleme vorzugsweise jene zu behandeln, welche erwachsene Menschen durchaus selbst handhaben können. Durch Ermunterung zur Empfindlichkeit hat sie Menschen infantilisiert. Dadurch aber hat sie sie auch entsolidarisiert.«

Die Schlusspointe verdient besonderes Interesse. Demnach kann Infantilisierung von der Politik zielgerichtet eingesetzt werden. Wer den Bürgern Erwachsenheit in Sprache und Umgang vorenthält, verfolgt vielleicht schlicht den Zweck, Widerstände gegen seine Politik schon im Keim zu ersticken. Der infantilisierte ist der brave Bürger, der gelenkte Bürger, ist der Mensch, der nicht aufmuckt, der Mann, der seine Gängelung nicht spürt, die Frau, die die da oben machen lässt. Pseudopolitik nennt Pfaller solche Strategien – dabei wäre es durchaus Politik im Sinne der Durchsetzung eigener Interessen; freilich nicht Politik im Sinne eines freien republikanischen Ringens um die beste Lösung für alle.

Auch bei Pfaller meint Infantilisierung die Verwischung von Grenzen. Dieser Gedanke ist uns schon öfter begegnet, etwa bei Aldous Huxley oder Johan Huizinga. Wo unterschiedslos alle geduzt werden, wo alle oder zumindest sehr viele denselben Hobbys frönen, denselben Musik- und Kleidergeschmack pflegen, dieselben Urlaubsziele ansteuern, dieselben Karriereziele haben, unbeschadet des Alters, des Geschlechts, der Bildung: Da wird aus der nivellierten Mittelstandsgesellschaft eine infantile Gesellschaft der Egomanen. Jedem ist der eigene Nabel das Himmelreich, die eigene Empörung der Daseinsgrund. Abwehrrechte gegen jedermann soll die Republik dann organisieren, statt das Abwehrrecht gegen staatliche Übergriffe zu garantieren.

Robert Pfaller zufolge befeuert die politische Elite solche Prozesse der Infantilisierung, weil damit Entsolidarisierungen einhergehen: »Man hat ja offensichtlich begonnen, mit Erwachsenen so kindlich zu sprechen, damit sie erst gar nicht auf den Gedanken kommen, sich gegen die neoliberalen Entwicklungen zur Wehr zu setzen.« Der verkindlichte Mensch ist in dieser Lesart derart intensiv mit seinen eigenen Ansprüchen und Kränkungen und deren Management beschäftigt, dass er sich für die allgemeine soziale Lage ebenso wenig interessieren kann wie für den konkreten anderen. Gerade so setze der Neoliberalismus seine Agenda durch. Die egalitäre Gesellschaft schwinde Stück für Stück, denn »Gleichheit setzt Erwachsenheit voraus: die Fähigkeit, vom Privaten und Persönlichen abzusehen und nur das öffentlich Relevante zu behandeln«.

Die Beobachtungen Pfallers teile ich, seine Schuldzuweisung überzeugt mich nicht. In die Nähe von Verschwörungstheorien gerät, wer hinter den in der Tat mit Händen zu greifenden Infantilisierungstendenzen unserer Gesellschaft den einen großen Drahtzieher vermutet, den bösen Neoliberalismus. Wir brauchten, denke ich, mehr klassischen Neoliberalismus in der Nachfolge eines Alfred Müller-Armack oder Wilhelm Röpke. Aber das ist ein gar zu weites und ganz anderes Feld. Auch mag ich nicht so recht an eine konzertierte Aktion von Falken und Tauben glauben, die Pfaller offenbar in den Vereinigten Staaten am Werk sieht, wenn er schreibt: » (...) im selben Moment, in dem die USA und ihre Verbündeten die Welt mit Krieg (...) überziehen (...), überziehen sie die Welt auch mit einer Ideologie des gesäuberten, verharmlosenden Sprechens«. Da stelle ich mir »die USA« doch wesentlich heterogener vor. Ein Commander-in-Chief dürfte nur über wenige programmatische Schnittmengen mit der linken Ostküstenintelligenzia verfügen.

Sei's drum. Diese Einwände nimmt den Darlegungen und Beobachtungen zur »Erwachsenensprache« nichts von ihrer Relevanz. Robert Pfaller ist glasklar zu entnehmen, was die Erwachsenen gleich welchen Alters von den ewig Unreifen unterscheidet. Erwachsenheit ist tatsächlich eine Haltung, kein biografisches Faktum. Alte Kindsköpfe gibt es ebenso wie junge Kluge. In der Coronavirus-Krise waren beide Enden der Alterspyramide der Problembereich. Junge Menschen dachten, ein Krankheitsrisiko, das sie unterdurchschnittlich betreffe, sei zu vernachlässigen. Manch alter Mensch wiederum dachte, er habe schon so viel erlebt, sei schon so alt geworden, dass es keiner besonderen Rücksichtnahmen bedürfe. Beides war unvernünftig, unreif, infantil.

Die Kunst des Erwachsenenseins besteht darin, Distanz zu ertragen, abstrahieren zu können, von sich selbst absehen zu können, den Unterschied zwischen drinnen und draußen, Privatheit und Öffentlichkeit, Ich und Nicht-Ich ermessen zu können. Der innerlich erwachsene Mensch ist grundsätzlich in der Lage, sein Leben selbstständig und nach eigenen Vorstellungen zu gestalten, ohne zu erwarten, dass er sich mit diesen Vorstellungen immer durchsetzen wird. Frustrationstoleranz hat er entwickelt, wurde darüber aber nicht zum Fatalisten. Er kennt seine Schwächen und seine Stärken und die lange Strecke zwischen den Polen. Er arbeitet mehr an sich als an anderen, nimmt es mit den eigenen Plänen genauer als mit den eigenen Rechtfertigungen. Er hält weder die Welt für eine Ausformung des Ichs noch das Ich für einen bloßen Wurmfortsatz der Welt. Er weiß, was er will, er will nicht alles und nicht alles sofort. Er scheitert und verzweifelt nicht, er gewinnt und vergisst sich nicht. Er lässt andere nicht für eigene Niederlagen büßen und bleibt im Triumph nicht allein.

Unter Erwachsenen spricht man auf erwachsene Art und Weise miteinander. Man versteckt sich nicht hinter Wolken der Empfindsamkeit oder in der Maske der Rechthaberei. Man nennt Gesetze also ganz bestimmt nicht »Gute-Kita-Gesetz« oder »Starke-Familien-Gesetz« oder »Arbeit-von-morgen-Gesetz«. So aber gehört es zum kindgemäßen Ton in der Berliner Regierungszentrale für Deutschland. Das Framing soll, wie es Infantilisierungskampagnen entspricht, die jeweilige Maßnahme gegen Kritik immunisieren. Wer würde denn aufbegehren gegen gute Kitas, starke Familien oder eine rechtzeitige Vorbereitung auf die Arbeit von morgen? Niemand natürlich. Und dennoch muss die Überschrift wie jede Überschrift nicht halten, was sie verspricht. Etiketten können schwindeln.

Eigentlich heißt das am 1. Januar 2019 in Kraft getretene »Gute-Kita-Gesetz« ja »Gesetz zur Weiterentwicklung der Qualität und zur Teilhabe in der Kindertagesbetreuung«. Das »Starke-Familien-Gesetz« vom 1. Juli 2019 hört auch auf den Namen »Gesetz zur zielgenauen Stärkung von Familien und ihren Kindern durch die Neugestaltung des Kinderzuschlags und die Verbesserung der Leistungen für Bildung und Teilhabe«, während das »Arbeit-von-morgen-Gesetz« im Entwurf der Bundesregierung von März 2020 »Gesetz zur Förderung der beruflichen Weiterbildung im Strukturwandel und zur Weiterentwicklung der Ausbildungsförderung« genannt wird. Das sind drei sperrige Hauptsatzketten, die nach einer griffigen Abkürzung schreien. Auch das weithin bekannte »Antidiskriminierungsgesetz« firmiert im Gesetzblatt als »Allgemeines Gleichbehandlungsgesetz«.

Mit den drei Gute-Stimmung-Gesetzen verhält es sich anders. Sie scheinen direkt vom Li-La-Launebär ersonnen. Die

Absicht der Gesetzeseltern springt einem geradezu ins Gesicht, so direkt und unraffiniert, dass es der Begriffsstutzigste verstehen muss. Für ihn sind die lauten, schrillen Ansagen gedacht. Man müsste sie eigentlich in Großbuchstaben setzen: DAS IST FÜR GUTE KITAS! DAS FÜR STARKE FAMILIEN! UND DAS HIER FÜR DIE ARBEIT VON MORGEN! ALLES KLAR? Die drei lustigen Begriffe werden offiziell verwendet von den federführenden Bundesministerien, jenem für Arbeit und Soziales und jenem für Familie, Senioren, Frauen und Jugend. In Reden und Interviews preisen die Verantwortlichen ihr Werk, indem sie dessen Namen als Beglaubigung des Versprochenen ausgeben und so die Absicht für die Umsetzung nehmen.

Nicht ausgeschlossen, dass uns nach dieser Bauweise bald noch ganz andere begriffliche Lichter aufgesteckt werden. Wird es ein Tolle-Länder-Gesetz geben, damit weltweit gute Stimmung herrscht? Oder ein Klasse-Aufschwung-Gesetz, das die ökonomischen Folgen der Coronavirus-Krise zum Verschwinden bringt? Auch ein Super-Wetter-Gesetz wäre nicht zu verachten. Schon Ende 2004 beklagte der Philosoph Peter Sloterdijk die »infantilisierende Gesamttendenz des Sozialklimas« und setzte hinzu, solch ein »Klima wohltemperierter Irrealität« könne man sich sozialpolitisch leisten, solange der Staat über hinreichend finanzielle Mittel verfüge. 2 × 2 sei eben »nur in armen Ländern gleich 4«. Steht uns ein Realitätsschock ungeahnten Ausmaßes bevor, postcoronal?

Vorerst läuft der Redebetrieb weiter wie bisher. Die schnittige Selbstverballhornung unterfordert den Adressaten, weil sie ihm Wortbauklötzchen statt Gedanken vorsetzt. Spielen darf er, klatschen soll er, aber keine Fragen stellen. Geschmeidiges Regieren – vor kurzer Zeit noch sprach man vom »Durchregieren« – wird durch kindische Floskeln ungemein erleichtert. Sie appellieren nicht ans Hirn, sondern ans wohlige Gefühl. Insofern hat sich nicht alles geändert seit den Zeiten von »Yes Minister«. In der preisgekrönten Politsatire der BBC aus den 1980er-Jahren prallen fast alle Versuche des neuen Ministers für Verwaltungsfragen James Hacker, den Staatsdienst zu reformieren und Bürgernähe zu etablieren, an den Tricks und Einwänden von Staatssekretär Sir Appleby ab. Er dient als Beamter seit 25 Jahren der Krone und hat begriffen: Wo kämen wir hin, wenn der Bürger genau wüsste, was die Regierung treibt? Außerdem soll der Status quo gesichert werden. Die Beamten, weiß Sir Appleby, regieren die Regierung. Politiker mit ihren Launen stören da. Außerdem gehen sie schneller, als sie kamen.

Politik, wie Sir Appleby sie mag, wird eher im Klub als im Parlament gemacht, eher im Hinterzimmer als in Fernsehstudios. Da lassen sich die großen Linien ziehen, deren Schönheit den in hektische Stimmungswechsel vernarrten Politikern nicht einleuchten will. Gleich die erste Folge von »Yes Minister«, ausgestrahlt von der BBC im Februar 1980, gibt ein beredtes Beispiel von der Sprachpolitik, die für ein solch geschmeidiges Schnurren des Apparats notwendig ist. Der frisch ernannte Minister Hacker will sein Wahlkampfversprechen wahr machen und Pflöcke einschlagen für eine »Bürgernahe Politik«. So heißt die Episode auch, »Open Government«.

Im Klub unterhalten sich Sir Appleby und der noch erfahrenere Kabinettsstaatssekretär Sir Arnold über das Ansinnen des Ministers. Da gebe es doch praktischerweise schon ein Weißbuch mit dem für Hacker verführerischen Titel »Bürgernahe Politik«. Ja, so muss es dem Novizen im Amt erscheinen. Hacker aber ahnt nicht, was Sir Appleby weiß und ausspricht: »Problematische Punkte werden am besten im Titel abgehakt. Im Text würden die doch nur Schaden anrichten.« Sir Arnold sekundiert mit Kennermiene: »Das Gesetz umgekehrter Relevanz. Je weniger sie in einer Sache machen möchten, umso mehr müssen sie darüber sprechen.« Insofern dürfen wir uns Bürger, über die Textlawinen mit kindischen Überschriften kommen, als gut regiert vorstellen. Und vielleicht ist es gar nicht so zynisch, wie es klingt, wenn Sir Appleby hinter solchen Strategien des Machterhalts einen gewissenschonenden Paternalismus ortet: »Die Bürger haben ein Recht darauf, unwissend zu sein. Wissen heißt immer auch Komplizenschaft und Schuld. Unwissenheit hat eine gewisse Würde.« Darum brauchen Vorhaben schöne Titel, die den Inhalt verstecken. Man schreibt auf das Deckblatt, was im Inneren nicht unbedingt eingelöst wird.

Ein Sir Appleby wäre vermutlich entgeistert, sähe er, was sich Jahrzehnte später in Deutschland in anderer Hinsicht tut. In den sozialen Medien lassen sich Minister nicht nur duzen, etwa bei Instagram, etwa Heiko Maas oder Olaf Scholz. Der duzende Plural »ihr« hat das förmliche »Sie« fast vollständig verdrängt: Was wollt ihr wissen? Schreibt mir! Dort, bei You-Tube, Twitter und auf der eigenen Homepage, erklärt die CDU nach Art der Lach- und Sachgeschichten aus der »Sendung mit der Maus« auch, warum Linkspartei und AfD als Koalitionspartner nicht infrage kämen. Der lustige Erklärfilm, die gezeichnete Belehrung, ist groß in Mode, ob es nun um das richtige Händewaschen oder die richtige Wahlentscheidung geht. Toll.

Die CDU nennt ihren knapp vierminütigen Clip »Telekolleg«, und man weiß nicht: Soll das ironisch sein, ist es ernst gemeint oder verunglückt? Auf der Tonspur fiept es, ploppt es, wenn Wischgeräusche simuliert werden, ein Begriff nach oben oder aus dem Bild wandert, klimpert es in kurzen Intervallen unablässig und mit geringer Variationsbreite, als wäre ein

Klingelton auf Dauer gestellt. Das Ploppen kennen wir aus Michael Schanzes Kindershow »1, 2 oder 3«, und auch das lustige Geklimpere hat sein Genre. Kurze Szenen in komischen Stummfilmen werden mit demselben Sound unterlegt. Kurz bevor Stan Ollie ins Auge sticht. Oder Ollie Stan gegen das Schienbein tritt. Auweia.

Bei der CDU sieht man gezeichnete Schlagbäume mit Stoppschild oder verfremdete Smartphones. »Die Linke« wird im Erklärclip mit einem roten Apfel, die AfD mit einer gelben Birne symbolisiert. Aussagen werden von einem jungen männlichen Sprecher vorgetragen und abgebildet und erhalten zur Sicherheit auch noch ein Ausrufezeichen: »Die AfD ist in Teilen rechtsextremistisch!« Unmittelbar danach folgt eine Szene mit dem Komiker Louis de Funès und dessen legendär gewordenem Kurzdialog: »Nein?« – »Doch.« – »Oh!« Vergleichbar heißt es später: »Die Linkspartei ist in Teilen linksextremistisch!«, diesmal jedoch ohne die Autorität eines Louis de Funès. Dieses CDU-»Telekolleg« ist die Hufeisen-Theorie im Schülerfernsehformat. Ohne dass es sich ausdrücklich an Schüler wendete. Infantilisierung regiert, wo mit kindgemäßem Sprechen Erwachsene angesprochen werden.

Mich erinnert das filmische CDU-Debakel an einen Clip aus einem Verbrauchermagazin im Fernsehen, den ich vor Jahren sah. Die gezeichneten Helden hießen Siggi Spargel und Karl Klops und waren so lustig, wie es die Namen vorgaben. Siggi war natürlich spargeldürr, Karl klopsdick. Der eine war gut zu Fuß, der andere schnaufte bei jedem Treppensteigen. Der eine aß viel Gemüse, der andere viel Fleisch. Wenn ich mich recht entsinne, hatte Siggi mehr Haare auf dem Kopf. Und Karl trug Hosenträger über dem Wanst. Es waren echte Witzfiguren. Das machte aber nichts, denn so waren sie angelegt. Es waren fiktive Karikaturen zweier konkreter Lebensstile mit pädagogisch klar erkennbarer Botschaft: Achtet auf eure Ernährweise, du bist, was du isst. Nichts hingegen wird im CDU-Clip über die AfD ausgesagt, wenn man sie als gelbe Birne darstellt – hier wurde einfach für Erwachsene nach einer kindlichen Bildersprache gesucht, nach einem Symbol, das man auf vage Weise lustig finden kann. Ist die gelbe vielleicht die überreife Birne? Hat die AfD Matsch in der Birne? Doch das täte dem Social-Media-Team der CDU vermutlich zu viel der Ehre an.

Das böse Schimpfwort vom politmedialen Komplex, das eine Art konzertierte Meinung von Journalistik und Politik meint, stimmt fast nie. Hier aber trifft es ins Schwarze: Der Erklärbär herrscht an allen Fronten. Ob nun im Fernsehen die Null-Zins-Politik hergeleitet oder von einer Partei der politische Gegner geschmäht wird, ob es um Cholesterin- oder Feinstaubwerte geht, um das Grundgesetz oder die Vorteile der Mülltrennung – ohne die Soundkulisse aus Spielotheken, ohne bunte Bildchen, ohne lustige Grimassen geht es nicht. Die Welt, hieß es einmal, sei alles, was der Fall ist. Heute ist die Welt alles, was von ihr in 90 Sekunden so ausgesagt werden kann, dass jedes Kind es versteht. Kants kategorischer Imperativ hat es heute schon deshalb schwer, weil es für ihn keine passenden Begleitgeräusche gibt.

Ich habe nachgezählt und kam auf 27 lustige Geräusche oder Geräuschabfolgen in einem 94 Sekunden kurzen Video von April 2020, in dem die rbb-Moderatorin und Ärztin Dr. Julia Fischer erklärt, warum Menschen, die eine Covid-19-Erkrankung überstanden haben, neu infizierten Patienten mit einer Blutplasma-Spende helfen können. Eine schwierige Sache, ein wichtiges Anliegen. Dass es aufgegriffen wird, kann man nur begrüßen. Wie es aber aufgegriffen wurde vom rbb in den sozialen Medien, kann man nur grotesk finden. Ein

Fiepen, Schnarren, Knuffen begleitet Comiczeichnungen vom grimmigen Pokémon Voltobal, der offenbar die dunkle Seele des Virus symbolisiert, von mund- und nasenlos oder nach Strichmännchenart gezeichneten Menschen, von aufploppenden Kreisen mit chinesischen und südkoreanischen Hoheitszeichen, von Daumen-hoch-und-Daumen-runter-Grafiken und so weiter und so fort.

Mal ist Moderatorin Fischer rechts im Bild, mal links, dann oben, mal ist der Schirm horizontal, mal vertikal, mal dreifach geteilt, und damit es auch der Abgelenkteste versteht, werden Informationen dreifach übermittelt: »(…) zwei bis vier Wochen symptomfrei«, sagt die Moderatorin, »zwei bis vier Wochen symptomfrei«, steht am unteren Bildrand, während in der linken oberen Hälfte zeitgleich ein Thermometer zu sehen ist, dessen Temperatursäule durchgestrichen ist und neben dem die Aussage »2–4 Wochen« platziert wurde. Ja, ich weiß, so macht man das, um alle Ausspielwege zu bedienen und auch den Smartphone-Nutzer zu erwischen, der zufällig und bei abgestelltem Ton auf diesem Produkt von rbb24 landet. Die Überwältigungsrhetorik der Bilder ist dennoch vom Allersimpelsten, ist kindisch, weil sie nicht speziell an Kinder gerichtet ist. Längst hat sich als geheimer Refrain an sehr vielen Stellen der Medien und des politischen Marketings der damals noch ironisch gemeinte Spruch einer Limonadenfirma etabliert: »Sind wir nicht alle ein bisschen Bluna?«

Mein Schmunzeln damals über Karl Klops und Siggi Spargel sollte zur Lebensstiländerung motivieren. Den Machern ist es zumindest gelungen, dass ich mich heute noch an den Clip erinnere – und ein Klops ist bisher nicht aus mir geworden. Insofern habe ich mich da, etwas zumindest, in die richtige Richtung schubsen, also nudgen lassen. Nudging ist die spielerische Anleitung zum guten Leben. Das Grundlagenbuch von Richard H. Thaler und Cass R. Sunstein »Nudge: Wie man kluge Entscheidungen anstößt« stammt aus dem Jahr 2008, doch in den letzten Jahren wurde Nudging allgegenwärtig, erst in der Ökonomie, zunehmend in der Politik. Ob man gesunde Ernährung oder klimabewussten Konsum oder rücksichtsvolles Fahren promoten will: Nudging ist der Königsweg.

Beim Nudging geht es nicht um Verpflichtungen, sondern um unwillkürlich wirkende Lenkungsmechanismen. Spaß lockt oft. Thaler/Sunstein sprechen von »libertärem Paternalismus«. Das klingt wie ein hölzernes Eisen, doch die Pioniere können es begründen: »Paternalismus ist deshalb wichtig, weil es unserer Überzeugung nach für Entscheidungsarchitekten legitim ist, das Verhalten der Menschen so zu lenken, dass sie hinterher besser dastehen – und zwar gemessen an ihren eigenen Maßstäben. (...) Unter Nudge verstehen wir also alle Maßnahmen, mit denen Entscheidungsarchitekten das Verhalten von Menschen in vorhersagbarer Weise verändern können, ohne irgendwelche Optionen auszuschließen oder wirtschaftliche Anreize stark zu verändern. Ein Nudge muss zugleich leicht und ohne großen Aufwand zu umgehen sein. Er ist nur ein Anstoß, keine Anordnung. Das Obst in der Kantine auf Augenhöhe zu drapieren zählt als Nudge. Junkfood aus dem Angebot zu nehmen hingegen nicht.«

So weit die Theorie von 2008. Ein klassisches Beispiel ist damit vollständig kompatibel: die Fliege im Urinal. Sie haben davon nichts gehört, liebe Leserinnen? Dann kann ich aus einiger Erfahrung einer Vielzahl von Herrentoilettenbesuchen ein Geheimnis lüften: Die Fliege lebt. Sie ist bis heute beliebtes Bildmotiv in weißer Sanitärmuschel, denn »wenn ein Mann eine Fliege sieht, dann versucht er sie zu treffen«. Sagt der Fliege-im-Urinal-Erfinder Aad Kieboom, der im Amsterdamer Flughafen Schiphol seinen ersten Feld- beziehungsweise Toilettenversuch startete. Mit durchschlagendem Erfolg. Dank der aufgemalten Fliege gingen »80 Prozent weniger daneben«. Ein aufgemaltes Insekt hat den Harnstrahl diszipliniert. Wenn's doch immer so einfach wäre, das Nudgen.

Was ist zum Beispiel davon zu halten, dass Unternehmen eigens für eine sehr junge Klientel Videos veröffentlichen, in denen das scheinbar stocknüchterne Auspacken von Produktneuheiten, das »Unboxing«, Kaufanreize auslösen soll? Kinder-Marketing kommt ohne Nudging nicht aus. Auch in der Medizin wird gern Nudging praktiziert. Ist »Green Nudging« – etwa die farbliche Hervorhebung von »klimafreundlichen Gerichten« auf der Speisekarte – ein sinnvoller Weg hin zu mehr Umweltschutz? Oder muss ob der Wichtigkeit des Zieles mehr als nur gestupst werden? Ist es ethisch vertretbar, jeden Bürger bis auf Widerruf zum postmortalen Organspender zu erklären, wie es in einigen Ländern praktiziert wird? »Beim Klima«, sagt der Verhaltensökonom Nick Netzer, »geht es um ein öffentliches Gut, nicht um persönliches Wohlergehen. Ich sehe nicht ein, warum man hier nur sanft schubsen soll und jede Person weiterhin frei entscheiden darf, ob sie die Umwelt belasten will.« Sind es in dieser Fluchtlinie gute Nachrichten für unsere Demokratien, wenn ich bei Zareh Asatryan vom Leibniz-Zentrum für Europäische Wirtschaftsforschung lese, dass »laut OECD in lokalen, nationalen und supranationalen Institutionen weltweit mehr als zweihundert Einheiten eingerichtet wurden, die sich mit der Konzeption und Umsetzung von Nudging-Methoden beschäftigen«?

In allen diesen Fällen, so der Psychologe Ralph Hertwig vom Berliner Max-Planck-Institut für Bildungsforschung, steht dahinter die »Grundannahme, dass die Leute große motivationale und kognitive Defizite haben. Und wir deswegen die

Entscheidungsumgebung neu gestalten. Damit stupsen wir sie immer in die richtige Richtung. In die Richtung, von der wir vermuten, dass es den Leuten gefallen würde und die wir für richtig halten.« Damit ist das große, das unauflösbare Dilemma jedweden Nudgings benannt. Was dem Einzelnen gefällt und was die Nudger, die Firmen, Organisationen, Staaten, für richtig halten, ist längst nicht immer dasselbe.

Zu leicht machen es sich Thaler/Sunstein mit ihrer Formulierung, Nudging verhelfe der besseren Entscheidung nach den »eigenen Maßstäben« der jeweiligen Person zum Durchbruch. So altruistisch geht es keineswegs zu. Wer jemanden anstupst oder anschubst, das sagt schon das Wort, gibt eine Richtung vor. Der will die Wahrscheinlichkeit maximieren, dass seine Wertehierarchie sich durchsetzt. Nudging ist sanfte Manipulation zu Zwecken, die für gut gehalten werden. Mit Nudging nimmt man Erwachsene bei der Hand, als wären es Kinder. Oder packt Kinder bei ihren kindlichsten Instinkten. So oder so zementiert das Nudging hierarchische Verhältnisse. Es ist immer dann erfolgreich, »wenn eine übermittelte Information neu ist und zu einer veränderten Sichtweise führt« (Stefan Bauernschuster und Ramona Rekers).

Darum stimme ich eher dem Berliner Psychologen Ralph Hertwig als den Verhaltensökonomen Thaler und Sunstein zu. Hertwig deutet das politische Nudging wie folgt: »Der Gesetzgeber sagt: ›Ich weiß, was für Dich gut ist, ich weiß, was für die Gemeinschaft gut ist‹, und so baue ich die Entscheidungsumgebung jetzt so, dass Du ständig die Stupse kriegst in die Richtung, die ich für richtig halte. Und der andere Punkt ist ein relativ dunkles Menschenbild, das dahintersteckt, nämlich, dass wir zutiefst von motivationalen und kognitiven Problemen befallen seien. Und dass das Ausmaß der Probleme so groß ist, dass es gar nicht mehr lohnt, die Leute aufzuklären.«

Das ist nun vielleicht seinerseits etwas zu dunkel gedacht. Wenngleich auch der Nudging-Experte Robert Lepenies erklärt, wenn man die Leute »zu ihrem Glück anstupsen« muss, liege diesem Denken und diesem Vorgehen »ein Weltbild zugrunde, dass Menschen systematisch unvernünftig sind«. Einen antiaufklärerischen Generalangriff auf die Spätmoderne erkenne ich im Nudging nicht. Wohl aber ist es ein abgründiges Mittel wohlmeinender Infantilisierung. Letztlich war auch der im achten Kapitel vorgestellte Florian Schmidt, der grüne Baustadtrat von Kreuzberg, Herr grüner Punkte auf Straßenbelag, ein großer Nudger vor dem Herrn. Die Disziplinierung der Autofahrer, wir erinnern uns, brachte ihm wenig Glück.

Durch Gute-Laune-Gesetze wird der Souverän unmündig gehalten. Er soll auf die Einsicht gestoßen werden, dass alle Politik zu seinem Besten geschehe und er sich mit Detailfragen nicht befassen müsse. Durch kindliche Erzähl- und Redeweisen soll er in den Stand eines Kindes zurückversetzt werden. Kindern kann man die Richtung vorgeben, Kinder kann man leicht beeindrucken. So lautet das Kalkül, das vielen Kindern und allen Erwachsenen unrecht tut. Kindern könne man mit der großen Pose und dem noch größeren Gefühl Gefolgschaft abverlangen. Darauf setzt das ebenfalls von infantilisierender Warte vorangetriebene Wir-Pathos. Es ruft nach Eingemeindung und lässt die Kriterien im Ungefähren.

Nehmen wir etwa die Rede des deutschen Bundespräsidenten zur Coronavirus-Krise. Er hielt sie am 11. April 2020. Es war keine schlechte, keine misslungene Rede. Verdammungswort und Hohn sind fehl am Platz. Sie bediente aber im Kern ein infantiles Sprechmuster: Seid brav, meine Kleinen, ihr habt das bisher so toll gemacht, hört weiter auf die Großen, dann wird das schon. Das Staatsoberhaupt trat auf als Bürgerermutiger. Das darf er natürlich, das muss er manchmal sogar. Ihm stehen nur Worte zur Verfügung, also setzt er sie ein. Soll er in schwieriger Lage etwa zetern und schimpfen oder sich blasiert, pikiert, beleidigt geben? Soll er aufstampfen vor Zorn, mit bebender Zunge? Natürlich nicht. Die wohltemperierte Ermutigung gehört zum Standardrepertoire eines jeden Bundespräsidenten. Auch des Frank-Walter Steinmeier.

Erst kommt das Lob, der »Toll!«-Moment, ohne den keine Regierung auskommt, die auf Zustimmung angewiesen ist und Loyalitätsgemeinschaft schaffen will. »Jeder von Ihnen hat sein Leben radikal geändert, jeder von Ihnen hat dadurch Menschenleben gerettet und rettet täglich mehr. (...) So viele von Ihnen wachsen jetzt über sich selbst hinaus. Ich danke Ihnen dafür.« Aber stimmt das denn? Jeder habe sein Leben radikal geändert? Woher will der Präsident das im April 2020 wissen? Busfahrer fahren dieselben Linien wie vor »Corona«, aber die Busse sind weniger gefüllt, und der vordere Eingang ist geschlossen. Reicht das für eine radikale Lebensänderung?

Die Bäckersfrau trägt vielleicht Mundschutz, vielleicht Handschuhe: Ist das eine radikale Lebensänderung? Die Mutter kümmert sich zu Hause um ihren Sohn, weil die Kita geschlossen ist. Hat sie ihr Leben radikal geändert und »dadurch« Menschenleben gerettet? Die Postboten stellen die Briefe zu wie ehedem, die Tierpfleger füttern die Elefanten wie immer, der Kranke liegt noch immer im Bett und träumt von besseren Tagen. Von Radikalität keine Spur. Da ein Gegenbeleg reicht, um eine These zu falsifizieren, müssen wir leider sagen: Herr Steinmeier, Sie irren sich, wenn Sie behaupten, jede und jeder der 82 Millionen Deutschen habe ihr, habe sein Leben radikal geändert. Das ist einfach nicht wahr, Herr Präsident.

Wer lobt, der darf fordern, und womöglich hat er nur deshalb gelobt. »Ich bitte Sie auch alle weiterhin um Vertrauen, denn die Regierenden in Bund und Ländern wissen um ihre riesige Verantwortung.« Die kausale Verkettung verwundert. Vertrauen soll der Bürger, soll der Souverän den von ihm auf Zeit und widerruflich ermächtigten »Regierenden«, weil diese ihre »riesige Verantwortung« kennen? Unter Erwachsenen vertraut man sich, weil man sich lange persönlich kennt und miteinander durch dick und dünn gegangen, weil also Vertrauen nicht enttäuscht worden ist. Vertrauen wächst in Zeit und Tat. Vertrauen gründet sich nicht auf Absichtserklärungen. Niemand käme auf die Idee, einem flüchtig bekannten Passanten zu vertrauen, nur weil dieser im Brustton der Überzeugung sagt, ihm könne man vertrauen, er wisse schließlich, was ein kostbares Ding dieses Vertrauen doch sei. Eine Regierung kann sich Vertrauen ausschließlich durch bewiesene Kompetenz verdienen, nicht dadurch, dass sie sich zum Konzept einer vertrauensvollen Beziehung bekennt. Auch wer weiß, dass er eine »riesige Verantwortung« trägt, kann diese durch Inkompetenz verscherzen.

Außerdem sprach Steinmeier: »Wir stehen jetzt an einer Wegscheide. (…) Die Solidarität, die Sie jetzt jeden Tag beweisen, die brauchen wir in Zukunft umso mehr! Wir werden nach dieser Krise eine andere Gesellschaft sein.« Die Geschichte wird's weisen, ob es so kommt. Gemeinhin werden Brüche über- und Kontinuitäten unterschätzt von denen, die sich als Führer durch die unwegsame Landschaft der Disruption anbieten. Wer auf Normalität pocht, hat die Erfahrung und die Menschennatur auf seiner Seite, aber er streicht keine moralischen Sofortgewinne ein. Man muss »Alarm, Alarm!« schreien, will man in der Rolle des Feuerwehrmanns überzeugen.

»Und natürlich«, erklärt der Präsident, »weiß ich: Wir alle sehnen uns nach Normalität. Aber was heißt das eigentlich?

Nur möglichst schnell zurück in den alten Trott, zu alten Gewohnheiten? Nein, die Welt danach wird eine andere sein.« Eine solche Dienstanweisung steht ihm nicht zu. Für den moralischen Imperativ, von »alten Gewohnheiten« solle künftig jedermann lassen, hat der Präsident kein Mandat. Ich für meinen Teil habe gerne jenen »alten Trott« zurück, in dem wir uns frei in der Öffentlichkeit bewegen dürfen und keine Mund-und-Nasen-Masken tragen.

Die alte Gewohnheit, einem Bundespräsidenten mit Respekt zu begegnen, verschmäht vermutlich auch Frank-Walter Steinmeier nicht. Und hoffentlich ebenso wenig die demokratische Normalität, einem Staatsoberhaupt zu widersprechen. Zumal dann, wenn dieses völlig zu Recht sagt: »Wir können eine Gesellschaft sein mit mehr Vertrauen, mit mehr Rücksicht und mit mehr Zuversicht.« Nur eine klitzekleine Ergänzung erlaube ich mir: Es trennt den Erwachsenen vom Kind, dass er sich Zuversicht nicht verordnen lässt und Rücksicht gerade von dem fordert, der sie ihm abverlangt. Dass er also aus jedem Wir ein Ich heraushört, das sich verkleidet hat.

Wie also retten wir unsere Erwachsenheit vor den kindlichen Vereinfachern? Und vor unseren eigenen Kindereien? Zeit wird's, ein Fazit zu ziehen.

11

WIE MAN ERWACHSEN WIRD

Vom Glück der Souveränität

Sie wollte, dass wir in Panik geraten, und auf einmal war sie da, die Panik. Doch wo war Greta Thunberg geblieben, die sie so vehement eingefordert hatte? Die mittlerweile 17-Jährige gab Ende März 2020 bekannt, sie habe sich »sehr wahrscheinlich« mit dem neuen Coronavirus infiziert, mit jenem Virus namens SARS-CoV-2, das die Welt seit Januar in Atem hielt. In der chinesischen Provinzhauptstadt und Millionenmetropole Wuhan war es zuerst aufgetreten. Relativ rasch verbreitete es sich bis nach Europa, Afrika, Nord- und Südamerika und sorgte für Erkrankungen, Todesfälle und Verunsicherung. Nun ändere sich alles, stand zu lesen, es gebe eine Vor- und eine Nach-Corona-Zeit, das Wirtschaften werde sich auf jeden Fall fundamental ändern, unser Umgang miteinander auch, unsere Politik, unsere Kultur, unsere Routinen, einfach alles. Plötzlich war Disruption nicht mehr nur ein Wort und Rezession keine Reminiszenz an vergangene Tage. Sollte sich ein Virus als Gamechanger erweisen?

Ob die Selbstdiagnose Greta Thunbergs zutraf, weiß ich nicht. Ein Krankheitsverlauf nebst Genesung ist nicht überliefert. Freuen wir uns, dass sie Ende April 2020 wieder oder noch gesund war. Zumindest beschloss sie da, ihr Licht nicht unter den Scheffel zu stellen und bekannt geben zu lassen, dass sie 100 000 US-Dollar aus eigenem Vermögen dem Kinderhilfswerk der Vereinten Nationen (UNICEF) gespendet habe. Eine junge Frau mit offenbar beträchtlichen Einkünften gibt einen erklecklichen Teil ab, um das Leid von Kindern zu lindern. Generös und philanthropisch ist das und eine löbliche Ausnahme. Die wenigsten Menschen gelangen in ihrer Jugend zu Reichtum, und wenige teilen ihn. Greta Thunberg tat es, denn, sprach sie, »wie die Klimakrise ist auch die Coronavirus-Pandemie eine Kinderrechtskrise«.

Damit stellte Thunberg eine Parallele her, die viele Protagonisten der Umweltschutzbewegung im Coronahalbjahr zogen, die Parallele zwischen Seuche und Klimawandel, und ging darüber hinaus. Krisen lassen sich natürlich immer zusammen denken, vielleicht sollte man das auch, markieren sie doch fundamentale soziale, politische und im vorliegenden Fall gesundheitliche Herausforderungen. Zugleich zeigt die Geschichte, dass Krisen sich bewältigen lassen, dass Krisen kommen und gehen. Ein Zeitalter ohne Krise gibt es ebenso wenig wie eine ewige Krise. Ob freilich eine Seuche, die mehrheitlich ältere und vorerkrankte Menschen erfasst und mitunter schlimm dahinrafft, auf eine Krise der Kinderrechte deutet, ist sehr fraglich. Mich überzeugt diese Zuspitzung Thunbergs nicht – obwohl ich weiß, dass es für Kinder besser ist, wenn sie gemeinsam in Schulen statt alleine zu Hause lernen. Fast bin ich versucht, an den Spruch vom Mann mit dem Hammer zu erinnern, für den jedes Problem ein Nagel ist. Was sonst soll er tun mit dem einzigen Werkzeug, über das er verfügt? Schlagen muss er auf die Wand. Frau Thunberg firmiert als Anwältin der Kinder und war selbst bis vor Kurzem noch eins.

Sollte es tatsächlich zu jenen »beispiellosen Veränderungen in allen Aspekten der Gesellschaft« kommen, die Greta Thunberg im Januar 2019 auf dem Weltwirtschaftsforum von Davos gefordert hatte, dann werden sie zwar angstgetrieben sein, aber die Angst wird nicht dem Klimawandel, sondern dem Gestaltwandel der Wirtschaft aus Gründen der Gesundheitsvor- und -nachsorge gelten. So stellte sich die Lage dar auf dem Vordergrund der Covid-19-Pandemie und vor dem Hintergrund einer ökonomisch unsicheren Zukunft. Die Redeweisen, die wir in diesem Buch bisher kennengelernt haben, blieben vertraut, ihr Anwendungsbereich verschob sich. Aus »Mit der Natur verhandelt man nicht« (Greta Thunberg) wurde »Mit einer Naturgewalt verhandelt man nicht«. So war ein Artikel im Berliner »Tagesspiegel« über SARS-CoV-2 Ende April 2020 überschrieben. Der Mensch begegnet demnach im Virus einer Macht, die für seine menschlichen Einreden taub ist. In diese Richtung zielt auch die erwartbar fatalistische Deutung, die Bundeskanzlerin Angela Merkel der Pandemie am 20. April 2020 gab: »Das ist eine Pandemie, die über uns gekommen ist.« Schicksal, wieder einmal, blind verhängt.

Wenn aber aus dem verheerenden Virus die Natur spricht, lässt sich das liebliche Bild von der Natur als treusorgender Lehrerin und von Tieren als besseren Menschen nicht aufrechterhalten. Sarkastisch gewendet: Wenigstens war es kein Wolf, der SARS-CoV-2 übertrug, sondern vermutlich eine Fledermaus. Sonst hätten unsere Wolfsfreunde, Schauspieler Andreas Hoppe, Schriftsteller und Politiker Robert Habeck und NABU-Sänger Eckhard Pieper, ein Problem. Es dürfte ihnen gleichwohl Freude bereitet haben, dass der Wolf seinen Lauf westwärts fortsetzte. Anfang Mai 2020 erfuhr man, dass eine Wolfsdame bereits zu Beginn des Jahres Berlin besucht hatte. Vier Tage habe sie sich in der Metropole aufgehalten. Die Deutsche Presseagentur dpa freute sich, »erstmals ist es nun auch in der Hauptstadt gelungen, die Anwesenheit eines Isegrim zu belegen. (…) Am Jahresanfang steckte sie ihre neugierige Nase auch nach Berlin-Adlershof hinein.«

Putzig, so ein Wolf, wie direkt dem Kinderbuch entsprungen. Auch die dpa möchte mitsurfen auf der Infantilisierungswelle. Wer zu solchen vermenschlichenden Formulierungen greift und dem Raubtier eine »neugierige Nase« andichtet, der verschmäht die Wirklichkeit, von der zu berichten er vorgibt. Der erzählt im Märchenton von »Isegrim« und hätte besser geschwiegen. Was ein Debakel für eine Nachrichtenagentur. Wenig possierlich las sich zur selben Zeit die Kunde aus Sachsen, jener Region, der auch die Berliner Wölfin entstammte: »In Wellerswalde bei Oschatz hat wieder ein Wolf zugeschlagen. Diesmal musste eine Ricke (weibliches Reh) dran glauben. Im Vorjahr hatten Wölfe in Wellerswalde ein Blutbad in einer Schafherde angerichtet.«

Die Zeitschrift »National Geographic«, die im August 2017 bekanntlich auf dem Cover »Die Rückkehr der Wölfe« verkündet und gefragt hatte: »Sind wir bereit für so viel Wildnis?«, schrieb im Mai 2020: »Wölfe finden in Deutschland mehr geeignete Lebensräume als bislang angenommen. Zu diesem Ergebnis kommt eine neue Studie, die das Bundesamt für Naturschutz veröffentlicht hat. Demnach könnten die Beutegreifer in weiten Teilen des Landes sesshaft werden. Mit durchwandernden Wölfen müsse überall gerechnet werden.« Der WWF Deutschland wird mit den Worten zitiert: »(…) wir müssen uns somit in ganz Deutschland auf den Wolf als Mitbewohner einstellen.« Das große Wir muss wieder einmal müssen, ohne dass es im Einzelnen befragt worden wäre. Solchen Appellen ohne Mandat ist stets zu misstrauen.

In China brach das neuartige Virus zuerst aus. War es vielleicht doch der Mensch, der dort durch seine Manipulation der Natur das coronale Unheil erst hervorbrachte, es züchtete? Auch diese Interpretation ist zu haben. Setzte sie sich durch, müsste man keine allzu großen Retuschen vornehmen am ethischen Goldrand, mit dem die Natur gern versehen wird. Nicht auszuschließen scheint in der Tat, dass das Virus einem chinesischen Labor entstammt und dort entfleuchte. Darüber streiten die Gelehrten und Politiker, während ich diese Zeilen schreibe, und vielleicht streiten sie noch, wenn Sie sie lesen.

Ob es dennoch eine gute Idee war, den viralen Bedeutungsbruch mit jenen Worten zu schienen, welche die Direktoren des Potsdam-Instituts für Klimafolgenforschung wählten? Ottmar Edenhofer und Johan Rockström schrieben in einer gemeinsamen Erklärung, über die am 25. April 2020 berichtet wurde, Klima- und Coronakrise gehörten zum selben »Systemversagen«; in beiden Fällen habe der Mensch in das »Erdsystem« eingegriffen. Wenngleich »Erdsystem« auch als Fachausdruck taugt: Bei solchen Begriffsbildern sind Erdgöttin Gaia und das selig entschlummerte esoterische Zeitalter des Wassermanns, die New-Age-Gefühligkeit, nicht weit. Oh, Mensch, legt solche Rede nah, störe die Kreise der Erde besser nicht, sie weiß, was dir frommt, lass sie wehen, stürmen, toben, beben. Reißt eure Fabriken ein, schließt eure Industrien. Die Erde will es so. Peace, Bruder Ottmar, cool an' easy, Johan. In letzter Konsequenz wird durch solche Infantilismen die Aufklärung abgewickelt – wenngleich es nicht so gemeint gewesen war.

So lernten wir aufs Neue im Coronavirus-Halbjahr 2020: Wissenschaft wird von Wissenschaftlern gemacht, aber nicht alle Wissenschaftler reden immer wissenschaftlich. Und schon gar nicht ergibt die Summe aller Aussagen von Wissenschaftlern *die* Wissenschaft. Solche Naivität herrscht vor in infantilen Gesellschaften, in denen die jeweils genehmste Aussage einer größeren oder kleineren Gruppe von Wissenschaftlern zur Botschaft *der* Wissenschaft – und das meint: der schlechthin einzig möglichen Wissenschaft – aufgeblasen wird. Selbst ein weitgehender Konsens bedeutet keine Einstimmigkeit. Wissenschaft ist organisierter Zweifel. Deshalb kommt sie nie an ein Ende, glücklicherweise. Das Dogma von heute ist die Häresie von morgen.

Wenn Greta Thunberg 2019 mitteilte, sie »kommunizierenur das, was die Wissenschaft sagt«, kann sie diesen Anspruch ebenso wenig einlösen wie Klimaaktivistin Luisa Neubauer, die auf dem Höhepunkt der Coronavirus-Krise bekräftigte, die Klimakrise sei »die Fundamentalkrise schlechthin«. In ihr solle man wie nun auf »die Virologen« endlich auf die »Experten von ›Scientists for Future‹« hören. Wissenschaft ist jedoch prinzipiell Rede bis zum Beweis des Gegenteils, sind Stimmen, nicht Chöre. Was »die Wissenschaft« sagt, ist immer vielstimmig. Auch »die Virologen« halten nicht nur die eine Botschaft bereit. Wo niemand widerspricht, ist die Wissenschaft am Ende. In dieser Hinsicht brachte die Coronavirus-Krise einen Schnellkurs im Erwachsenwerden mit sich.

Aus dem Salzburger Aufruf des amerikanischen Opernregisseurs Peter Sellars vom Juli 2019, von dem wir im zweiten Kapitel lasen, »Hört auf eure Kinder!«, war ein ebenso pauschales »Hört auf die Wissenschaftler!« geworden; die aber mussten erst einmal sich wechselseitig lauschen. Unüberhörbar nämlich wurden in den Coronamonaten dissonante Stimmen, die vom Trugbild einer monolithischen Wissenschaft nichts übrig ließen. »Alles und alle müssen sich ändern«, hatte Thunberg gefordert. Nun erkannte die Weltgesellschaft, dass die Kriterien, Kennzahlen und Ziffernfolgen, auf die sich eine solche Totalumwandlung des Bestehenden stützen müsste, eine schwankende Sache sind. Wo es aber nur Grade verschiedener Wahrscheinlichkeiten gibt, da kann keine Revolution friedlich ins Werk gesetzt werden.

Greta Thunberg büßte im Jahr 2020 ihren Status als »unser Gewissen« erst einmal ein. Diesen inoffiziellen Ehrentitel hatte ihr und ihrer Bewegung der Bürgermeister von New York im September 2019 verliehen (siehe das fünfte Kapitel). Als in seiner Stadt das Virus wütete, machte Bill de Blasio keine gute Figur. So verschwand mit dem Lob für Thunberg auch ihr Lobredner aus dem Scheinwerferlicht der Öffentlichkeit. Wer aus dem Kreise der Beobachter (nicht der interessierten Aktivisten wie Thunberg oder Neubauer) auf einer Gleichrangigkeit von Klima- und Coronavirus-Krise pochte, der musste über Bande spielen. Der Modeschöpfer Wolfgang Joop tat es, als er im April 2020 in einem Interview mit dem Magazin »Focus« darlegte: »Man könnte beinahe denken, Greta Thunberg, über die man sich schon lustig machen wollte, hat plötzlich eine mächtige Kollegin gefunden: Corona. Auf einmal besinnen wir uns. Das ist ein positiver Aspekt. Und wir merken: Wir müssen nicht mehr so viele Leute kennen, wie wir glaubten. Wir müssen nicht mehr andauernd unterwegs sein.« Die Pflicht zur Entschleunigung, die erzwungene Immobilität, das verordnete Distanzgebot als Einübung in eine moralisch sowieso gebotene neue Lebensweise? Das sahen all jene anders, denen die Seuche Arbeitslosigkeit, Insolvenz oder den Verlust eines geliebten Menschen bescherte.

Dass man in Krisen zurückgeworfen wird auf fundamentale Daseinsvollzüge, schlimmstenfalls auf den Kampf ums bloße Überleben, setzt aller theoretisch wünschenswerten Fernstenliebe praktische Grenzen – in räumlicher wie zeitlicher Hinsicht. Wenn buchstäblich, um Greta Thunbergs Sprachbild zu zitieren, das eigene Haus vor der eigenen Nase brennt, »unser Haus steht in Flammen«, hatte sie 2019 mehrfach gesagt, dann werden die prognostizierten Flammen der Zukunft ebenso unwichtig wie die Nachrichten vom Leid weit entfernter Nachbarn. Ein Pragmatismus des Eigenen bricht sich Bahn. Das darf man bedauern, entspricht aber dem nicht nur von Jean-Jacques Rousseau hochgehaltenen »sicheren Instinkt« des Menschen in Notlagen.

Doch beileibe nicht flächendeckend brach 2020 die große Ernsthaftigkeit aus. Die alte Unvernunft kam wunderbar durch die Coronazeit. Die infantile Gesellschaft ließ sich ihre gute Laune nicht nehmen. Der bayerische Ministerpräsident Markus Söder berichtete am 20. März 2020 in einer Pressekonferenz von »Jugendlichen, die sich einen Spaß machen, Ältere anzuhusten und ›Corona!‹ zu rufen«. Sie trieben mit dem Entsetzen, das sie auslösen wollten, Scherz. Ob nämlich die dreisten Jungs und Mädels zum Zeitpunkt ihrer Attacken auf Senioren das Virus in sich trugen, werden sie nicht einmal selbst gewusst haben. Bekanntlich, lernten wir, können zwei Wochen oder mehr vergehen, ehe ein infizierter Mensch Symptome verspürt. Auch der scheinbar Gesunde kann einen anderen Menschen anstecken, zumal, wenn dieser aufgrund seines Alters geschwächt ist. Sagen wir es offen: Es war nicht nur ein infantiler, es war ein kranker Spaß, den diese Jugendlichen veranstalteten. Insofern war Robert Habecks Appell Ende Mai, das Wahlalter solle auf 16 Jahre abgesenkt werden, weil die Jugendlichen in der Coronavirus-Krise »politische Reife« bewiesen und sich »absolut vorbildlich« verhalten hätten, auch von parteipolitischen Interessen geprägt.

Von »Coronapartys« berichtete Markus Söder am 20. März weiterhin. Auch darum verhängte die Bayerische Staatsregierung »grundlegende Ausgangssperren« ab der folgenden Nacht. Friseursalons würden geschlossen, Restaurants, die meisten Geschäfte, im Homeoffice solle gearbeitet werden: »›Bleiben Sie zu Hause‹ ist das Motto.« Nur so könne man »die Welle der Infektionen« brechen. Es komme darauf an, Menschen zu schützen, »auch solche vor sich selbst«. Die folgenden Wochen seien ein »Charaktertest für Bayern«. Söder schloss die dramatische Pressekonferenz, der noch viele, viele folgen sollten, mit den Worten: »Gott schütze unsere Heimat, und bleiben Sie gesund.«

Keine süddeutsche Regionalspezialität waren indes die »Coronapartys«. An vielen Ecken der Republik kamen lustige

Gesellen zusammen, um entgegen behördlicher Anordnung munter draufloszufeiern, in kleiner oder größerer Runde, drinnen oder draußen, aber immer mit alkoholischen Erfrischungsgetränken und unter Umgehung jenes Sicherheitsabstands, der vor Tröpfcheninfektion schützen soll. Sie riskierten so die Gesundheit gänzlich Unbeteiligter. Es war dann aber doch München, wo eine besonders bescheuerte »Corona-Challenge« stattfand. Instagram, die beliebte digitale Anwendung für Bildnachrichten, ist Zeuge.

Ein 33-Jähriger hat dort dokumentiert, wie er in München den Handlauf einer Rolltreppe, die Haltestange in der U-Bahn und einen Fahrkartenautomaten ableckt. Mit der Zunge also es drauf ankommen lässt, ob er nur Schmutz, Dreck, Bakterien sich reinzieht oder auch das neuartige Virus. Ist das ekliger oder dümmer? Man mag es ebenso wenig entscheiden wie beim Mitte April zu begutachtenden Foto einer jungen Frau, die die Sitzbrille eines Wasserklosetts ableckt. Später erfuhr ich, es handele sich um eine Influencerin namens Ava Louise. Wenn alles Spaß machen soll, wird auf jede neue Lage spaßig reagiert. Dann ist die Suche nach möglichst bizarren Handlungen die einzige Alternative zum Schweigen. Dann kommt es zu entwürdigenden Ausbrüchen fehlgeleiteter Infantilität.

Von anderer Qualität, doch nicht minder unvernünftig war jene »wilde Coronaparty«, die sich Berlin am 1. Mai 2020 gönnte. Berlin, wir erinnern uns, ist eine deutsche Hauptstadt, in welcher der aktivistische Arm der Stadtregierung die Kieze verschönert und die regierende Abteilung der Stadtaktivisten an Senatssitzungen teilnimmt. Dort geht Party immer, doch selbst der feiertoleranten Bezirksbürgermeisterin von Friedrichshain-Kreuzberg, Monika Herrmann (Grüne), platzte hernach der Kragen. Rund 1000 linke Vermummte hatten sich wie jedes Jahr am 1. Mai Scharmützel mit der Polizei geliefert –

obwohl solche großen, zudem beweglichen Menschenansammlungen damals unzulässig waren.

Noch mehr Schaulustige hatten das Gedränge komplettiert, dicht an dicht, Tröpfchen für Tröpfchen. »Wenn man das, was im Laufe des Abends passiert ist, betrachtet, dass viele Menschen aufeinandertrafen – ich glaube, das war eine wilde Coronaparty. (…) Bei denen gerade, die dann Rudelbildung gemacht haben zum Abend hin, da ist eindeutig etwas schiefgelaufen. Die haben das völlig ignoriert und sehr egomanisch ihr Ding durchgezogen. Da ist jeder selber auch mit verantwortlich, wenn wir wieder steigende Infektionszahlen haben.« Sprach aus eigener Ansicht und Erfahrung Monika Herrmann. Ein Video zeigt lockere Biertrinkerinnen im Nahverhältnis, die sich über die »spannenden« Situationen auf der Straße amüsieren. Zu drastisch steigenden Infektionszahlen kam es in der zweiten Mai-Hälfte glücklicherweise doch nicht.

Auch außerhalb Deutschlands bestätigte die Coronazeit tief sitzende Infantilismen. An den Stränden Floridas wollten Studenten nicht auf die traditionelle Feier der Spring Breaks verzichten, der Frühjahrsferien. Alkoholisierte Leiber im Überschwang: Das war 2020 riskanter als in den Jahren zuvor. Die University of Tampa gab bekannt, dass sich fünf ihrer Studenten mit dem Coronavirus angesteckt hätten. Eine knappe Woche später verbot der Gouverneur von Florida solche Lustbarkeiten. Zu groß war »die Wut über das ignorante, infantile Verhalten der feiernden Studenten« geworden, so der »Stern«. Mediale Wut ergoss sich auch über die walisische Band »Stereophonics«, die noch am 14. März 2020 Tausende Fans in Cardiff beglückt hatte. Gruppenschwitzen war da angesagt bei absolutem Kontaktgebot.

Die sogenannten »Hygiene-Demos«, die im Mai 2020 in mehreren Städten der Bundesrepublik stattfanden, etwa in

München, Stuttgart, Berlin, gerieten ebenfalls zu Hochfesten viraler Sorglosigkeit. Um gegen die Maßnahmen der Bundesregierung zur Eindämmung der Pandemie und manches andere ein Zeichen zu setzen, klatschten, tanzten und pfiffen große Mengen in großer Nähe. Wenigstens eine Befürchtung konnte der Berliner Innensenator Andreas Geisel (SPD) der besorgten Weltöffentlichkeit danach nehmen: Das linksautonome Spektrum der 1.-Mai-Demonstrationen stellte »offenbar nicht die Teilnehmer der Hygiene-Demonstration. Das muss man sorgsam auseinanderhalten«. Gut, dass wir verglichen haben.

Lieber schweigen sollten wir von der damals 18-jährigen amerikanischen Sängerin Billie Eilish. Gerade noch geadelt durch ihre Vierfach-Auszeichnung bei den Grammys im Januar 2020 und ihre Veröffentlichung des Titelsongs zum nächsten »James Bond«-Film im Februar 2020, »No Time To Die«, konnte man einen Videoschnipsel entdecken bei TikTok, der App aus China für junge und ganz junge Videofans. Im Ausschnitt aus einem Konzert sah man, wie die junge Frau mit den grünen Haaren und im grünen Überwurf sich eine Plastikflasche reichen lässt, die Flasche zum Mund führt, nuckelnd daraus trinkt und den verbliebenen Flascheninhalt in die Menge spritzt. Aus selbiger war kurz zuvor ein Ruf zu hören gewesen: »Gimme your Coronavirus«, »her mit deinem Virus«, du goldige Billie. »When the party's over« lautet einer ihrer Hits. So kam es dann auch. Kurz nach der riskanten Wassertaufe zwang die Seuche Eilishs Tournee in die Knie. Das bespritzte Publikum fand nach allem, was wir wissen, keine Zeit zum Sterben. Die Mutprobe mit fremder Leute Leben scheint gut ausgegangen zu sein.

Man infantilisierte sich munter weiter oder ließ sich infantilisieren. Daran änderte sich im Coronahalbjahr nichts. Daran wird sich vermutlich auf absehbare Zeit nichts ändern. Nudging blieb und bleibt gefragt, halb schob es einen, halb wurde man gestupst zum Ziel, das andere vorgaben. Dem in der Coronavirus-Krise zunächst arg unglücklich agierenden britischen Premierminister Boris Johnson wurde unterstellt, sich allzu sehr auf seine Verhaltensforscher zu verlassen, auf die regierungseigene »Nudge Unit« unter David Halpern, eine Abteilung zum besseren Nudgen, die weltweit erste. Halpern hatte über seine Arbeit im Dienst der Regierung Ihrer Majestät schon 2015 ein Buch vorgelegt: »Inside the Nudge Unit: How small changes can make a big difference.« Unter den aktuellen Herausforderungen lautete die Erkenntnis der britischen Nudge-Profis, sanfte, anstupsende Mittel seien harten Maßnahmen wie Quarantänen und Kontaktverboten vorzuziehen, weil diese zu einer raschen Ermüdung führten und dann nicht mehr befolgt würden. So hieß lange Zeit das handlungsleitende Motto der Regierung Johnson: »Keep calm and wash your hands.«

Tony Yates, ehemals Professor für Wirtschaftswissenschaften an der Universität Birmingham, schreibt dazu kritisch: »Im Zentrum der britischen Strategie stehen Vorhersagen über menschliches Verhalten. Diese Vorhersagen basieren auf der Analyse vergangener Episoden – ein häufig fehlerbehafteter Prozess, um Rückschlüsse auf zukünftiges, in vielerlei Hinsicht unabsehbares Verhalten zu ziehen. Auf welche Analysen menschlichen Verhaltens stützen sich die Wissenschaftler der Regierung? Und wie vergleichbar sind sie? Warum sind Ermüdung und Verdruss ein solches Problem für neue Coronavirus-Maßnahmen, bei der alltäglichen staatlichen Verabschiedung und Umsetzung von Gesetzen und Normen, die unser Leben dauerhaft regeln, aber nicht?« So oder so änderte sich Britanniens Kurs nach Johnsons' schwerer Covid-19-Erkrankung im April 2020. Auf 50 zu 50 bezifferte der Premier rückblickend seine Überlebenschancen.

Auf jeden Fall ist der pure Appell an ein gewünschtes Verhalten, auch wenn sich eine Regierung hierbei auf »die Referenzen ihrer Berater und Verhaltensforscher« (Yates) beruft, ein niedrigschwelliges Nudging-Verfahren. Stringenter sind da schon die europaweit zu beobachtenden »visuellen ›Erinnerungshilfen‹ (Klebestreifen am Boden, Piktogramme in Waschräumen etc.), mit denen das Verhalten der Menschen subtil beeinflusst werden könne«. Über solche Methoden wurde im April 2020 auf einem Workshop der WHO diskutiert, was Martin Kugler vom Austrian Institute of Technology zur Frage provozierte: »Das alte Thema des Nudging (Anstupsen) ist wieder da – Methoden, um Menschen dazu zu bringen, ›freiwillig‹ allgemein als sinnvoll erachtete Dinge zu tun, die sie normalerweise nicht machen würden. Die gezielte Anwendung solcher psychologischen Tricks wurde viel kritisiert – etwa dass die Menschen entmündigt und in eine ›Glücksdiktatur‹ gezwungen würden. Man kann so argumentieren. Aber was ist in einer Pandemie die Alternative dazu? Rigoroses Strafen?«

In einer Demokratie jedoch, denke ich, muss es hinreichend viele Abstufungen geben zwischen psychologischer Manipulation und legislatorischer Machtausübung. An der Rückholbarkeit der Entscheidungen und der Transparenz der Entscheidungswege entscheidet sich alles. Nudging bleibt ein Herrschaftsinstrument und ist als solches immer rechenschaftspflichtig. Und Nudging setzt stets, wenn auch zu womöglich guten Zwecken, die Fähigkeit des mündigen Erwachsenen zu eigenverantwortlichen Entscheidungen herab.

Der offenbar unaufhaltsame Aufstieg der Tolle-Laune-Gesetze bleibt ein nur besonders bizarres Nudging-Beispiel. Das Bundesfamilienministerium unter der SPD-Politikerin Franziska Giffey sollte sich als stilprägend erweisen. Böse Zungen behaupten, solche Pioniertat sei unvermeidlich gewesen, spreche doch Frau Giffey auch ohne kindgemäß etikettierte Gesetze »zur Öffentlichkeit wie zu Kindergartenkindern«. So die nicht eben freundliche Einschätzung des langjährigen SPD-Mitglieds Susanne Gaschke, einer Journalistin, die Anfang Mai 2020 öffentlich ihren Parteiaustritt erklärte.

Mittlerweile erblickte nach dem Gute-Kita-Gesetz und dem Starke-Familien-Gesetz auch ein Fairer-Kassenwettbewerb-Gesetz das Licht des Bundesanzeigers. Was der Gesundheitsminister damit erreichen will, gibt der Titel unmissverständlich an. Jens Spahn will »den Wettbewerb zwischen den Krankenkassen gerechter« machen und neue Haftungsregeln, neue Strukturen etablieren. Ob das Ziel sich einstellt, weiß noch niemand – und das ist ja, orientieren wir uns an dem unübertroffenen, wenngleich fiktiven Politpragmatiker Sir Appleby aus der Politsatire »Yes Minister«, gar nicht wichtig. Hauptsache, der Apparat schnurrt. Hauptsache, unterhalb der Überschrift lässt sich die jeweils notwendige praktische Arbeit unterbringen.

Die zuerst brachialen, dann, vor allem nach den Beschlüssen der Bundesregierung und der Länder vom 6. Mai 2020, deutlich sanfteren Maßnahmen wider die Ausbreitung des Coronavirus lassen sich als gigantisches Sanktionsexperiment sehen, das in ein Nudging überging. Man sei nach den erheblichen »Lockerungen«, sagte die skeptische Bundeskanzlerin an jenem 6. Mai, »fast noch mehr auf das Mitmachen der Menschen angewiesen«. Auf mich konnte die Kanzlerin da zählen. Ich bin in dieser Hinsicht ängstlich genug, um mich schubsen zu lassen. Ich kaufte mir Atemschutzmasken, trug Handschuhe, mied den öffentlichen Personennahverkehr, wusch mir ausdauernd und andauernd die Hände und werkelte brav im Homeoffice, wo auch dieses Buch entstanden ist.

Meine grundskeptische Seite grummelte immer wieder gegen die Freiheitsbeschränkungen, mir missfiel die Selbstverständlichkeit massiv, mit der Grundrechte außer Kraft gesetzt wurden, mir behagte nicht der forciert paternalistische Ton, der sich Bahn brach. Insofern nickte ich, als der Journalist Nikolaus Blome eine Bemerkung Christian Lindners im April 2020, von der schon die Rede war (»die Regierung spricht zu ihrem Souverän – zu den Bürgerinnen und Bürgern dieses Landes – wie zu Kindern, die man im Unklaren lässt, wie es denn nun weitergeht«), aufnahm und in seiner Kolumne für den »Spiegel« schrieb, die Kanzlerin »hält uns für Kinder. (…) Wenn Angela Merkel im kleinen Kreis über die Menschen ›draußen im Land‹ redet, dann klingt sie, als zöge sie mit der Botanisiertrommel durch den Märchenwald.«

Blome erinnerte an Angela Merkels Satz aus einer Pressekonferenz, mit dem sie den Coronavirus-bedingten Verzicht auf Auslandsreisen dem Volk schmackhaft zu machen versuchte, »in Deutschland ist es auch schön«, und brach über sie den Stab: »So wie Merkel reden sonst nur Eltern, wenn sie die Sommerferien am Strand abblasen müssen und die Kinder anfangen zu heulen. Allein: Könnten wir über Reisen nicht auch selbst entscheiden, vorausgesetzt, die anderen Länder machen ihre Grenzen für uns auf?« Keineswegs nur in Deutschland wuchs der Verdacht, die Regierenden nutzten die krisenhafte Situation, um ihre Wähler geistig endgültig in die Kita zu schicken. Zumal in dieser nun Platz genug war, blieb sie doch für echte Kinder geschlossen. Bestsellerautor Ian McEwan befand Mitte Mai 2020, bezogen auf die pandemische Lage in England: »Die institutionelle Gewohnheit, Wähler wie Kinder zu behandeln, lässt sich nur schwer ausrotten.« Was Blome Merkels Urlaubsvertröstung, »in Deutschland ist es auch schön«, war Ian McEwan die Nachricht aus Downing Street, dem Wohnsitz des Premierministers, Boris Johnson sei »heiter«. Und da war der Premier schon übel erkrankt. Ian McEwan mag solchen Unernst nicht mehr ertragen. Er erneuerte seine »Aufforderung zur Politik von Erwachsenen für Erwachsene«.

Nickend fand man mich auch vor, als ein Anlegermagazin, »Smart Investor«, in seinem Wochenkommentar Mitte April 2020 eine Parallele zog zwischen Kontaktverbot und Hausarrest. Es sei nun »ein bisschen wie in Kindertagen. Wir sitzen in einer Art Stubenarrest und versuchen durch eigenes Wohlverhalten ein baldiges Ende der Zwangsmaßnahmen herbeizuführen. Wie in Kindertagen hängt aber das Ende der Beschränkungen gar nicht primär von unserem eigenen Verhalten ab, sondern von den Gedanken und Entscheidungen Dritter und – wenn man so will – von ›den Umständen‹. Streng genommen sind es auch gar nicht die Umstände selbst, sondern deren Interpretation.« Doch dann dachte ich wieder an die Bilder aus Norditalien, wo sie die Verstorbenen im Lastwagen weggebracht hatten, an die Berichte aus Spanien, Russland, den Vereinigten Staaten, an die Mahnungen und Warnungen von Ärzten, Krankenschwestern, Epidemiologen, Virologen, und Angst gewann die Oberhand, eine Weile wenigstens. Ich war gespalten. Ich war unzufrieden. Ich fügte mich.

Damit befand ich mich in großer Gesellschaft. Nicht zuletzt die Wirtschaft machte ihre niederschmetternden Erfahrungen mit den Restriktionen und sah doch weitgehend ein, dass es übergeordnete Güter gibt, die den eigenen Interessen vorausgehen. Bis zu welchen Grenzen freilich, das war und bleibt umstritten. In welcher Form etwa die neue Mobilität, von der im sechsten Kapitel die Rede war, aus dem Abschwung hervorgehen wird, ist nicht zu prognostizieren. Wird das privat genutzte Auto in Städten nachhaltig boomen, weil sich Busse und Bahnen als virale Hochrisikogebiete erwiesen haben? Kommt es zum neuerlichen Schub für die E-Scooter, weil man auf ihnen in frischer Luft unterwegs ist?

Die rollenden Bretter für spaßvergnügte Männer wurden nicht mehr gar so euphorisch gepriesen, wie es Bundesverkehrsminister Andreas Scheuer routiniert getan hatte. Werden wirklich, wie es Julian Blessin vom E-Scooter-Verleih »Tier« Ende 2019 voraussagte, die Innenstädte in den nächsten zehn Jahren komplett abgasfrei sein? Erst einmal erwischte die Krise die junge Branche. Die E-Scooter-Anbieter »Lime«, »Jump«, »Bird« und »Voi« – was für putzig-knappe Namen aber auch – stellten ihre Dienste im März 2020 erst einmal ein, für einen Monat oder länger. »Tier« blieb kämpferisch und erhielt ein reduziertes Angebot aufrecht. Im Mai begann man sogar, in Berlin zusätzlich Elektromopeds auszuleihen. Dennoch, so ein Branchenkenner im Mai, verschärfe sich der »Überlebenskampf«.

Soll der gute Bürger die Mopeds und Roller dann aber ohne oder mit Atemschutzmaske nutzen? Zumal, wenn er nicht alleine von dannen düst? Praktisch hilfreich könnte sich da ein Clip von tagesschau.de von Mitte März 2020 erweisen, der in bester Siggi-Spargel-trifft-Karl-Klops-Manier Erwachsene in kindgemäßer Form anspricht. Auf einer Länge von 45 Sekunden, ohne gesprochenen Text, dafür mit stupide pulsierenden Synthesizertönen, die der Bilderfolge die Anmutung einer Science-Fiction-Dystopie verleihen, lesen wir: »#kurzerklärt Atemschutzmasken – Zwei relevante Masken-Arten – OP-Maske aus Flies – hemmt Weiterverbreitung (ein Niesen ist zu hören) – kein Schutz vor Ansteckung – nur sinnvoll für bereits Infizierte – FFP-Maske mit Atemventil schützt vor Ansteckung – nur sinnvoll für medizinisches Personal«. Und sehen dazu schwarze Silhouetten von Gesichtern, die weiße Masken tragen, und lustig schwirrende Virenkugeln, blutrot, mal eindringend, mal abprallend. Der große Spaß erhebt sein trauriges Gesicht in schwerer Zeit.

Das billige Design entspricht der fragwürdigen, dann rasch überholten Botschaft. Sollten Masken wirklich »nur« für die kleine Gruppen der Infizierten und das medizinische Personal sinnvoll sein, warum wurde Ende April 2020 in Deutschland eine Maskenpflicht für alle Menschen in öffentlich zugänglichen Innenräumen erlassen? Viele andere Staaten hatten es da bereits getan. Zumal auch der symptomfreie Mensch infiziert sein kann. Das doppelte »nur sinnvoll« erwies sich als zweifach sinnlos. Dieser Clip war Quark in bunten Bildern und mit albernen Klängen. Und Vlies, werte tagesschau.de, bleibt Vlies, nicht »Flies«, da hilft auch keine Rechtschreibreform.

Wie erging es unterdessen den Straßen von Berlin, auf denen die urbane Elite abgasfrei dahindüsen soll? Ein grüner Stadtbaurat von Friedrichshain-Kreuzberg namens Florian Schmidt wollte den Autos nur noch den Status von »Gästen« zubilligen und den öffentlichen Straßenraum neu aufteilen. Die Straße sollte ein »attraktiver Lebensort« werden, verkündete die grüne Fraktionsvorsitzende. Weitere Informationen sind Kapitel 8 zu entnehmen. Schmidts »Parklets« in der »Begegnungszone« waren dann teuer, aber sinnlos. Stattdessen versuchte man sich nun in Friedrichshain-Kreuzberg an »Pop-up-Bikelanes«, temporären Fahrradwegen, aufgebaut in zwei oder zehn Tagen. Den Autos wurde eine Spur genommen, den Zweirädern eine gegeben, die Pandemie beschleunigte die Umsetzung auf dem Wege der Baustellenführung. Felix Weisbrich, Leiter des bezirklichen Straßen- und Grünflächenamtes, wurde deshalb von »rbb Inforadio« am 13. Mai 2020 zum »Macher in der Krise« erklärt. Zeitgleich wurden »temporäre Spielzonen« errichtet für Mami und Kind statt Vati und Töfftöff. Man sieht: Jede Berliner Neuerung mündet in eine Infantilisierung, mal gewollt, man unwillkürlich. Wo noch Autos sind, sollen Spiel- und Begegnungszonen werden.

Als ich das Kapitel schrieb über »Felix, Greta & Co.«, inspirierte mich – so nennt man Anregungen ja mittlerweile, nicht wahr, Frau von der Leyen? – das Foto eines zornigen Mädchens vor einem Weizenfeld. Sie warb für eine »enkeltaugliche Landwirtschaft«. Der minderjährige blies dem erwachsenen Menschen den Marsch. Damit der junge Mensch, alt und sehr alt geworden hoffentlich, später davon profitiere. Darf ich ein Geheimnis lüften? Ein anderes Foto war ebenfalls wichtig für meine Überlegungen zur infantilen Gesellschaft, genauer gesagt eine winzige Szene aus einem Beitrag im ZDF-»heute journal« vom 28. Juni 2019. Besagter Beitrag stand unter der Überschrift »Kein Rutschen ohne Aufsicht – Strandbädern droht Ärger«. Niemand wird sich daran erinnern.

Moderatorin Marietta Slomka rief ein Urteil des Bundesgerichtshofes von 2017 auf, das nun, im Sommer des Jahres 2019, an Bayerns Badeseen ganz praktische Folgen habe. Konkret erfuhr man sodann, dass »ohne Badeaufsicht keiner mehr von Rutschen ins Wasser gleiten oder von Sprungtürmen springen« darf. Das entsprechende Bildmaterial zeigte den ambitionierten Herrschinger Bürgermeister im Strandgespräch mit lachenden, jungen Menschen in Freizeit- oder Badekleidung, drei Männern, einer Frau. Es muss recht heiß gewesen sein. Die junge Frau stand in der Mitte und trug ein T-Shirt mit dem Spruch: »I don't think. I feel.«

Was auf T-Shirts geschrieben steht, ist selten für bare Münze zu nehmen. Abgesehen vielleicht von Treuebekundungen für Vereine, Musikbands, Heimatorte oder Lieblingsmenschen ist der Baumwolle immer Ironie beigemischt. Das muss auch für »I don't think. I feel« berücksichtigt werden. Durchaus wahrscheinlich also ist es, dass die junge Frau vom Ammersee gerade nicht prinzipiell den Gefühlen vor dem Denken den Vorrang einräumt. Dass sie eine besonders Kluge, Besonnene,

Abwägende ist, die mit der behaupteten Umkehrung gegen das Bild von sich aufbegehrt. Ironisch eben, mit einem entwaffnenden Lächeln. Ein Ätsch in Textilform. Guckt, ich bin gar nicht die Superrationale, als die ihr mich immer hinstellt, zumindest nicht nur und zumindest nicht jetzt im Strandbad von Herrsching. Ich kann auch alles Denken hintanstellen und nur noch fühlen.

Der Spruch aber ist das Regierungsprogramm der Kindsköpfe aller Länder, der kategorische Imperativ der infantilen Gesellschaft. Erwachsene handeln wie Kinder oder lassen sich wie Kinder behandeln, wenn sie fühlen, statt zu denken, wenn sie sich nur noch rühren statt zum Zweifel bewegen lassen. Wenn Gefühl und Intellekt, Herz und Vernunft sich nicht im Gleichgewicht befinden, sondern die Emotion die Ratio niederstreckt. Wenn da nicht mehr situationsabhängig entschieden wird, sondern jedes Problem als Gefühlsstörung begriffen wird und jede Lösung nur im guten Gefühl bestehen kann. Das gute Gefühl kann durchaus mit Schmerz und Trauer einher- oder aus Trauer und Schmerz hervorgehen, aber nie findet es den Weg zum Argument. Deshalb steht die infantile Gesellschaft am Ende aller Diskurse. Sie verhindert Streit, sie verunmöglicht Debatten, sie verbarrikadiert den Weg zum Nächsten ebenso wie zur Republik. Sie kennt nur das eigene Wohlsein, nie das Gemeinwohl.

Die infantile ist zugleich die sterile Gesellschaft. Alles ist in ihr Gefühl und darum alles ein Problem, denn mit den Gefühlen der anderen kann ich nicht rechnen. Jede Einmischung ins eigene Gefühl verbittet sich das fühlend gefühlige Ich. In der infantilen Gesellschaft hat jedes Gefühl Bestandsschutz und Ewigkeitsgarantie, ist jeder sich selbst sein eigenes Podest. Da steht er, erhöht sich fortwährend selbst und will Applaus nicht für sein Sein, nicht für sein Haben, nicht für sein Tun, sondern für die Rechtmäßigkeit der Selbstwahrnehmung. Für das eigene unvergleichliche Ich.

Und weil ihm die Welt zum Bauchnabel zusammenschnurrt und der Nabel die Welt ist, lässt er sich gerne abrichten. Das eben ist das heillos Paradoxe der infantilen Gesellschaft, die noch in der Welt sein wird, wenn nur Greise sie bevölkern, kindische Greise: Das gute Gefühl korrumpiert. Es macht wehrlos gegenüber allen Machtstrategien, die ihr Dominanzverlangen als Gefühl ausgeben. Wer in einer infantilen Gesellschaft herrschen will, muss nur dafür sorgen, dass die Gefühle regieren. Und an diese appellieren zu eigenen Zwecken. Der infantile ist der leicht zu steuernde Mensch. Jedes Mündel bekommt einen Vormund, alle Unmündigen scharen sich um eine Autorität. Ob das dann Vater Staat ist, Mutter Natur oder der Moloch Konsum, ist einerlei.

Jean-Jacques Rousseau aus Genf kann man vieles vorwerfen. Auch die These, der Kommunismus gehe auf ihn und »seine Idee der ›Religion des Menschen‹ zurück«, kann man vertreten. Peter Sloterdijk tat es anno 2011 im Gespräch mit Slavoj Žižek. Natürlich ist es wahr, dass Rousseau ein Leben an der »Kette der Gefühle« imaginierte. Falsch aber ist es, plump und bestenfalls vulgärrousseauistisch, aus ihm einen Vordenker des Gefühlsabsolutismus zu machen. Der beste Kenner seines Werks, Jean Starobinski, wusste zu unterscheiden: »Rousseau ist für das Unmittelbare und nicht für das Irrationale. Die unmittelbare Gewissheit kann abwechselnd dem Gefühl, der Empfindung oder der Vernunft zukommen.« Im »Émile« heißt es hart und klar, es gezieme sich »Männern gegenüber Vernunft; das bringt die Ordnung der Natur mit sich; der Weise bedarf keiner Gesetze.« Auf infantile Art lässt sich der von Rousseau verabscheuten »Tyrannei der hergebrachten Meinung« nicht widerstehen. Im Gegenteil: Diese Tyrannei, die damals wie heute ihre Knechte sucht, bricht in sich zusammen, sobald der erwachsene Mensch tut, wozu er berufen ist, sobald er Zweifel anmeldet, Fragen stellt, Skepsis walten lässt, gegenüber anderen und gegenüber sich. Der nicht stillgestellte ist der erwachsene Mensch, weil er nicht stehen bleibt.

So ist der Weg aus selbstverschuldeter Unreife, die wir lustvoll suchen, weil wir ewig Kind sein und nie Verantwortung übernehmen wollen, der Weg aus einer Unmündigkeit, in der wir uns halten lassen, weil wir Bequemlichkeit dem Zweifel, das Vertraute dem Ungewohnten, das Vorgekaute dem eigenen Gedanken, die Sicherheit dem Unbekannten vorziehen – so ist dieser Weg ins Freie ein Weg heraus aus der Kohorte. Der reife Mensch ist weder ein Egozentriker, dem das aktuelle Lüstchen oder die gegenwärtige Beschwernis das Himmelreich ist, noch ist er ein Herdenmensch, der sich an der Kette fremder Gefühle durch die Arena der Republik ziehen lässt. Der erwachsene Mensch vergisst nicht, dass er Kind war, aber er weiß, dass er es gewesen ist. Er kennt seine Gefühle gut genug, um sie nicht allen Menschen zumuten zu müssen. Er ist souverän genug, zu sich selbst auf Abstand zu gehen, und erträgt darum Distanz zu anderen. Er spürt sein Herz fest schlagen und muss es deshalb nicht auf der Zunge tragen. Er traut anderen zu, wozu er selbst entschlossen ist: einen eigenen Weg zu finden. Er hat keine Angst vor Ablehnung, weil er Grundsätze gefunden hat und eine innere Verfassung. Wenn er irrt, zerbricht er nicht. Wenn er vom Weg abkam, kann er umkehren.

Peter Pan, dreist und furchtlos und gierig nach Abwechslung, das ewige, das tötende Kind, konnte das nicht. Er war launisch, nicht souverän, und Souveränität ist der größte anzunehmende Gegenentwurf zur Infantilität. Vom »Geist der Kindheit«, den der amerikanische Schriftsteller Ralph Waldo Emerson pries, muss der reife Mensch sich verabschieden. Er akzeptiert das Vergangene als vergangen, ohne sich geschichtsblind oder naseweis darüber zu erheben. Er hat Erinnerungen, aber keine Ressentiments. Er weiß, dass »wir geschaffen sind, Männer zu werden« (Rousseau) oder Frauen, und er weint nicht lebenslang kindlichen Späßen nach. Er gibt der Rumpelstilzchen- und der Suppenkasper- und der Jekami-Gesellschaft ebenso wenig eine Chance wie der Peter-Pan-Gesellschaft. Nicht, weil er sich geniert für Peter Pan oder ihn verabscheut, sondern weil er nicht sein kann wie er. Er macht es sich nicht leichter, als es sein muss. Er kapituliert nicht vor dem Einfachen, auch nicht vor Leichter Sprache, weil er nicht vor jedem Problem davonläuft. Er ist immer bereit, etwas zu lernen, und freut sich, wenn er Sinnvolles lehren kann.

Der reife Mensch erliegt nicht den Sirenenklängen der Industrie und den Versprechungen des Konsums, wenn diese ihn in Unmündigkeit binden wollen. Er hält weder die Welt für eine Ausformung des Ichs noch das Ich für einen bloßen Wurmfortsatz der Welt. Er vertauscht nicht den Ernst mit dem Spiel und rettet so beide. Er träumt, weil er Fantasie hat, und er arbeitet, weil er es kann. Er richtet sich nicht ein in Untergängen, denn er traut sich und anderen etwas zu. Er trägt keine rosarote Brille, denn er kennt sich und andere gut. Er weiß um die Unendlichkeit der Gefühle und die Endlichkeit des Lebens und sieht deshalb nicht in jeder Grenze eine Kränkung. Er liebt, solange er lebt, er lebt, solange er liebt, doch nicht seine Liebe und nicht sein Leben publiziert er vor Fremden. Er hat Freude am Leben, weil er Freunde hat, aber er liefert sich nicht anderen Menschen aus. Er braucht weder einen Dolmetscher noch einen Lautsprecher für sein Herz.

Wir müssen uns den erwachsenen als einen glücklichen Menschen vorstellen. Sind Sie bereit?